Axel Stirl

ENTWICKLUNG UND BESTIMMUNGSGRÜNDE DER DIREKTINVESTITIONEN DER VEREINIGTEN STAATEN VON AMERIKA IN NORDRHEIN-WESTFALEN

KÖLNER FORSCHUNGEN

ZUR WIRTSCHAFTS- UND SOZIALGEOGRAPHIE

HERAUSGEGEBEN VON EWALD GLÄSSER
UND GÖTZ VOPPEL

BAND 47

ENTWICKLUNG UND BESTIMMUNGSGRÜNDE DER DIREKTINVESTITIONEN DER VEREINIGTEN STAATEN VON AMERIKA IN NORDRHEIN-WESTFALEN

VON

AXEL STIRL

1996

SELBSTVERLAG IM WIRTSCHAFTS- UND SOZIAL-
GEOGRAPHISCHEN INSTITUT DER UNIVERSITÄT ZU KÖLN

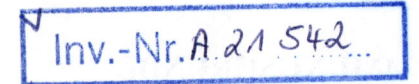

Schriftleitung: Jochen Legewie

ISSN 0452-2702
ISBN 3-921 790-25-5

Alle Rechte, auch die der Übersetzung, vorbehalten.

Druck: Bagher Mortazavi, Offsetdruck
       Franzstraße 24
       50931 Köln
       Tel.: 0221 / 40 38 48

Bestellungen bitte an:

       Selbstverlag im
       Wirtschafts- und Sozialgeographischen
       Institut der Universität zu Köln
       Albertus-Magnus-Platz
       50923 Köln

Vorwort

Wenn in diesen Tagen durch die Geburt meiner Tochter Melina ein neuer Lebensabschnitt begonnen hat, so endet nun auch eine schöne Phase des Schaffens. Die Anfertigung einer Dissertation hat sich vor etwas mehr als zwei Jahren noch als ein Gedanke dargestellt, welcher sich nach der erfolgreichen Beendigung meines Studiums sehr schnell zur konkreten Aufgabe wandelte und heute zu einem Element meines Lebensweges geworden ist, das mich mit Stolz erfüllt. Ich betrachte das Erreichen dieses Zieles auch als ein Produkt der Gemeinschaft von Menschen, die mich umgeben. Mit dem Dank an sie geht der Wunsch einher, auch in Zukunft mit ihnen verbunden zu bleiben.

Gesondert möchte ich Herrn Prof. Dr. G. Voppel erwähnen, der in mir, durch seine Art Wirtschaftsgeographie zu lehren, soviel Begeisterung geweckt und mir gleichzeitig ausreichend Kenntnisse vermittelt hat, daß ich die Arbeit in der heute vorliegenden Form mit Freude anfertigen konnte. Frau Prof. Dr. S. Wied-Nebbeling danke ich herzlich für die Übernahme des Korreferats.

Unter der Vielzahl erwähnenswerter Stützen sei Dr. Carl Bauerschmitz genannt, welcher sich in fachlicher, insbesondere aber auch in menschlicher Hinsicht als wertvoller Begleiter erwiesen hat.

Die Finanzierung der Firmenbefragung wurde durch die Gesellschaft für Wirtschaftsförderung Nordrhein-Westfalen mbH getragen, der an dieser Stelle ausdrücklich für ihre Unterstützung gedankt sei.

Abschließend möchte ich den Dank aussprechen, der mir am meisten am Herzen liegt; er gilt meinen Eltern Sigrid und Wolfgang Stirl und in der späteren Phase meines Lebens auch meinen Schwiegereltern Käte und Ewald Wrusch, die mir meine Ausbildung ermöglicht haben und immer ermunternd zur Seite standen. Abschließend sei nun meiner Frau Anja gedankt, die liebevoll alle meine Höhen und Tiefen geteilt und so einen unverzichtbaren Beitrag zum erfolgreichen Abschluß der Promotion geleistet hat.

Köln, im Februar 1996

Inhaltsverzeichnis   Seite

Abbildungsverzeichnis   11
Tabellenverzeichnis   15
Abkürzungsverzeichnis   19

Teil 1 Grundlegung   21

  1.1   Problemstellung   21

  1.2   Zielsetzung   22

  1.3   Vorgehensweise   23

      1.3.1 Theoretische Einordnung   23

      1.3.2 Methodik   26

  1.4   Definitorische Abgrenzung "Direktinvestition"   29

      1.4.1 Wesentliche Elemente   29

      1.4.2 Abgrenzung und Erfassung durch die Deutsche Bundesbank   31

  1.5   Nordrhein-Westfalen als Untersuchungsraum   35

      1.5.1 Vorbemerkung   35

      1.5.2 Wirtschaftsräumliche Gliederung Nordrhein-Westfalens   36

      1.5.3 Verkehrserschließung und Wirtschaftsstruktur Nordrhein-Westfalens   43

Teil 2 Entwicklung der amerikanischen Direktinvestitionen   49

  2.1   Vorbemerkung   49

  2.2   Politischer Rahmen   50

  2.3   Entwicklung der amerikanischen Direktinvestitionen weltweit   52

  2.4   Regionale Entwicklung der amerikanischen Direktinvestitionen innerhalb Europas   64

  2.5   Sektorale Entwicklung der amerikanischen Direktinvestitionen innerhalb Europas (regional differenziert)   71

Seite

2.6	Ausländische Direktinvestitionen in der Bundesrepublik Deutschland seit 1976	78
	2.6.1 Stand der Direktinvestitionen Ende 1976	78
	2.6.2 Entwicklung der Direktinvestitionen 1976-1991	80
2.7	Amerikanische Direktinvestitionen in der Bundesrepublik Deutschland seit 1976	84
	2.7.1 Stand der Direktinvestitionen Ende 1976	84
	2.7.2 Entwicklung der Direktinvestitionen 1976-1991	88
2.8	Amerikanische Direktinvestitionen in Nordrhein-Westfalen seit 1976	98
	2.8.1 Vorbemerkung	98
	2.8.2 Entwicklung seit 1976 und Stand 1991	99

Teil 3 Standortbewertung der amerikanischen Direktinvestoren in Nordrhein-Westfalen   **105**

3.1	Klassifikation der Datenerhebung	105
	3.1.1 Konzeption der Befragung	105
	3.1.2 Datenlage und Struktur der Datenbasis	106
	3.1.2.1 Repräsentativität der Stichprobe	106
	3.1.2.2 Struktur der Stichprobe	108
3.2	Bedeutung der Standortfaktoren	120
	3.2.1 Die Standortfaktorengruppen im Überblick	121
	3.2.2 Absatz- und Beschaffungsmarkt	123
	3.2.3 Verkehrsverbindungen	125
	3.2.4 Boden und Gebäude	127
	3.2.5 Fühlungsvorteile	128
	3.2.6 Arbeitsmarkt	130
	3.2.7 Allgemeine Versorgung	131
	3.2.8 Öffentliche Unterstützung	133
	3.2.9 Sonstige Faktoren	134

                                                                    Seite

3.3   Bewertung der Standortfaktoren   135

    3.3.1   Die Standortfaktorengruppen im Überblick und im
           intertemporalen Vergleich   136

        3.3.1.1   Überblick   136

        3.3.1.2   Intertemporaler Vergleich   138

    3.3.2   Absatz- und Beschaffungsmarkt   139

    3.3.3   Verkehrsverbindungen   143

    3.3.4   Boden und Gebäude   156

    3.3.5   Fühlungsvorteile   159

    3.3.6   Arbeitsmarkt   163

    3.3.7   Allgemeine Versorgung   168

    3.3.8   Öffentliche Unterstützung   172

    3.3.9   Sonstige Faktoren   176

Teil 4 Abschließende Betrachtung und Ansatzpunkte zur Entwicklung von Handlungsempfehlungen   177

Literatur- und Quellenverzeichnis   185

Unternehmensfragebogen   207

Abbildungsverzeichnis   Seite

Abbildung 1:   Methodischer Aufbau der Arbeit   27

Abbildung 2:   Erfassungsarten von Direktinvestitionen   32

Abbildung 3:   Nordrhein-Westfalen nach Wirtschaftsregionen   37

Abbildung 4:   Verkehrswege in Nordrhein-Westfalen   44

Abbildung 5:   Nordrhein-Westfalens Stellung in der Bundesrepublik
               Deutschland (neue Abgrenzung) - ausgewählte Indika-
               toren   45

Abbildung 6:   Anteil der Wirtschaftsbereiche an der Bruttowert-
               schöpfung Nordrhein-Westfalens (zu Marktpreisen)
               in %   47

Abbildung 7:   Regionale Entwicklung der US-Direktinvestitions-
               buchwertbestände weltweit (1950-1985)   54

Abbildung 8:   Regionale Entwicklung der US-Direktinvestitions-
               buchwertbestände in ausgewählten Regionen
               (1950-1985)   59

Abbildung 9:   Regionale Entwicklung der US-Direktinvestitions-
               buchwertbestände in Europa (1950-1985)   64

Abbildung 10: US-Direktinvestitionsbestände in der EWG und in
               Großbritannien im Vergleich (1957-1967)   65

Abbildung 11: Entwicklung der unmittelbaren Direktinvestitionen in
               der Bundesrepublik Deutschland in absoluten Zahlen
               (1976-1991)   80

Seite

Abbildung 12: Vergleich der Direktinvestitionsbeziehung der Bundesrepublik Deutschland mit den Vereinigten Staaten von Amerika und anderen ausgewählten Staaten (1976)   84

Abbildung 13: Sektorale Veränderungen der unmittelbaren Direktinvestitionen aus den Vereinigten Staaten von Amerika und der Europäischen Gemeinschaft in der Bundesrepublik Deutschland im Vergleich (1980-1990)   91

Abbildung 14: Verteilung der unmittelbaren Direktinvestitionen des gesamten Auslands auf die Bundesländer in der Bundesrepublik Deutschland (neue Abgrenzung) 1991   99

Abbildung 15: Entwicklung des Buchwerts der amerikanischen unmittelbaren Direktinvestitionen in Nordrhein-Westfalen (1976-1991)   101

Abbildung 16: Amerikanische unmittelbare Direktinvestitionen in Deutschland und in Nordrhein-Westfalen (1976-1990) - vergleichende Betrachtung der Anteilswerte   102

Abbildung 17: Räumliche Verteilung der amerikanischen Direktinvestitionsunternehmungen nach Städten   109

Abbildung 18: Die Bedeutung der Standortfaktorengruppen   122

Abbildung 19: Die Bedeutung des Absatz- und Beschaffungsmarktes   123

Abbildung 20: Die Bedeutung der Verkehrsverbindungen   125

Abbildung 21: Die Bedeutung von Boden und Gebäuden   127

Abbildung 22: Die Bedeutung der Fühlungsvorteile   128

Abbildung 23: Die Bedeutung des Arbeitsmarktes   130

                                                                    Seite

Abbildung 24:   Die Bedeutung der allgemeinen Versorgung   131

Abbildung 25:   Die Bedeutung der öffentlichen Unterstützung   133

Abbildung 26:   Die Bedeutung sonstiger Faktoren   134

Abbildung 27:   Die Bewertung der Standortfaktorengruppen   137

Abbildung 28:   Die Bewertung des Absatz- und Beschaffungsmarktes   140

Abbildung 29:   Die Bewertung der Verkehrsverbindungen   143

Abbildung 30:   Die Bewertung von Boden und Gebäuden   156

Abbildung 31:   Die Bewertung der Fühlungsvorteile   159

Abbildung 32:   Die Bewertung des Arbeitsmarktes   163

Abbildung 33:   Die Bewertung der allgemeinen Versorgung   168

Abbildung 34:   Die Bewertung der öffentlichen Unterstützung   172

Abbildung 35:   Die Bewertung der sonstigen Faktoren   176

Abbildung 36:   Die Bewertung der 10 wichtigsten Standortfaktoren   178

Tabellenverzeichnis   **Seite**

Tabelle 1:	Europaorientierung einzelner amerikanischer Industrien (1964)	63
Tabelle 2:	Ausrichtung der amerikanischen Direktinvestitionen auf wachsende Nationalökonomien Europas	66
Tabelle 3:	Durchschnittliche Stundenlöhne (US-Dollar) im Vergleich ausgewählter Nationen (1962)	68
Tabelle 4:	Regionale und sektorale Verteilung der US-Direktinvestitionsbestände in Europa (1976)	72
Tabelle 5:	Regionale Verteilung der US-Direktinvestitionsbestände in Europa innerhalb der Verarbeitenden Industrie (1976)	73
Tabelle 6:	Relative Bedeutung ausländischer Direktinvestitionen in ausgesuchten Wirtschaftszweigen der Bundesrepublik Deutschland (1976)	79
Tabelle 7:	Sektorale Entwicklung der unmittelbaren Direktinvestitionsbestände in der Bundesrepublik Deutschland (1976-1991)	82
Tabelle 8:	Relatives Wachstum der unmittelbaren Direktinvestitionsbestände ausgewählter Wirtschaftsbereiche (1976-1991)	83
Tabelle 9:	Vergleich der sektoralen Direktinvestitionsbeziehung der Bundesrepublik Deutschland mit den Vereinigten Staaten von Amerika im internationalen Rahmen (1976)	85

Seite

Tabelle 10:	Vergleich der sektoralen Direktinvestitionsbeziehung innerhalb des Verarbeitenden Gewerbes der Bundesrepublik Deutschland mit den Vereinigten Staaten von Amerika im internationalen Rahmen (1976)	86
Tabelle 11:	Wachstum des Bestandes amerikanischer unmittelbarer Direktinvestitionen in der Bundesrepublik Deutschland (1976-1991)	88
Tabelle 12:	Sektorale Veränderung der unmittelbaren Direktinvestitionen aus den Vereinigten Staaten von Amerika und der Europäischen Gemeinschaft in der Bundesrepublik Deutschland im Vergleich (1980-1990)	90
Tabelle 13:	Räumliche Verlagerung amerikanischen Direktinvestitionskapitals innerhalb der EG (Auswahl) und der Schweiz (1980-1992)	93
Tabelle 14:	Jährliche Wachstumsraten amerikanischer und europäischer unmittelbarer Direktinvestitionen in der Bundesrepublik Deutschland in ausgewählten Wirtschaftszweigen in Prozent (1980-1990)	95
Tabelle 15:	Wachstumsraten amerikanischer unmittelbarer Direktinvestitionsbestände in ausgewählten Industriezweigen in der Bundesrepublik Deutschland (1981-1988)	97
Tabelle 16:	Verteilung des Fragebogenrücklaufs nach Wirtschaftsregionen	108
Tabelle 17:	Sektorale Verteilung des Fragebogenrücklaufs	111
Tabelle 18:	Verteilung der Stichprobe innerhalb des Verarbeitenden Gewerbes und Bergbaus	112
Tabelle 19:	Regionale Verteilung der Betriebe im Bergbau und Verarbeitenden Gewerbe	113

			Seite
Tabelle 20:	Verteilung der Stichprobe auf Betriebsgrößenklassen		118
Tabelle 21:	Regionale Verteilung der Absatz- und Beschaffungsmarktanteile in der Stichprobe		119

Abkürzungsverzeichnis

Abkürzungen im Text:

Abb.	Abbildung
AG	Aktiengesellschaft
Bd.	Band
CO_2	Kohlendioxyd
DM	Deutsche Mark
Ed.	Edition
ERP	European Recovery Program
EStG	Einkommensteuergesetz
GARIOA	Government Appropriation and Relief for Import in Occupied Areas
GmbH	Gesellschaft mit beschränkter Haftung
GUS	Gemeinschaft unabhängiger Staaten
IC	Intercity
ICE	Intercity Express
IHK	Industrie- und Handelskammer
HGV	Hochgeschwindigkeitsverkehr
Jg.	Jahrgang
km	Kilometer
m	Meter
Mio.	Millionen
Mrd.	Milliarden
t	Tonnen
Tab.	Tabelle
u.	und
Vgl.	Vergleiche
Vol.	Volume

Zusätzliche Abkürzungen in den Abbildungen und Tabellen:

abs.	absolute
Ak	Arbeitskräfte
ausld.	ausländische
Bank. u. Vers.	Banken und Versicherungen
Belg. u. Lux.	Belgien und Luxemburg
BIP	Bruttoinlandsprodukt
BSP	Bruttosozialprodukt
DI	Direktinvestition
Erdölind.	Erdölindustrie
EU	Europäische Union
EWG	Europäische Wirtschaftsgemeinschaft
NW	Nordrhein-Westfalen
restl.	restlich
unm.	unmittelbare
US	United States
USA	United States of America
Verarb. Ind.	Verarbeitende Industrie
v. H.	von Hundert

Teil 1 Grundlegung

1.1 Problemstellung

Zu den Merkmalen der sich globalisierenden Weltwirtschaft ist neben wachsenden Handelsströmen und steigender internationaler Arbeitsteilung auch das Größenwachstum der Freihandelszonen und Binnenmärkte zu zählen. Gerade die Regionalisierung von Märkten setzt drohenden Handelsrestriktionen vorbeugend den Anreiz, sich mittels einer Auslandsinvestition eine Position als Marktakteur im fremden Binnenmarkt zu sichern.

Sinkende Transportkostenanteile, steigende internationale Kapitalmobilität und der Fortschritt in der Kommunikationstechnik setzen die Wirtschaftsräume der Erde als Produktions- und Handelsstandorte wachsendem Konkurrenzdruck aus. Ein Wirtschaftsstandort mit industrieller Tradition, wie es Nordrhein-Westfalen ist, sieht sich der Konkurrenzsituation in ambivalenter Form ausgesetzt:

Zum einen besteht im Wettbewerb um international mobiles Kapital des Auslands die Möglichkeit, zusätzliches Kapital für den eigenen Standort zu gewinnen und dies einer produktiven Verwendung zuzuführen. Zum anderen steht der heimische Standort unter ständigem Druck, dem eigenen international mobilen Kapital Produktionsbedingungen zu bieten, die ausreichend Anreiz zur Beharrung am Standort gewährleisten.

Das Bestreben amerikanischer Investoren, sich mittels einer Direktinvestition eine ständige Teilnahme an den Märkten der Europäischen Union und anderen europäischen Märkten zu sichern, setzt Nordrhein-Westfalen einem räumlich gesehen nahezu europaweiten Vergleich mit anderen Wirtschaftsräumen aus. Während Nordrhein-Westfalen in der Phase nach Beendigung des zweiten Weltkriegs aufgrund seiner natürlichen Ressourcen begünstigt war, amerikanisches Kapital für den industriellen Aufbau der Bundesrepublik Deutschland an sich zu binden, sieht es sich heute, nach dem Wegfall der historisch bedingten Gunstsituation, einem politisch unverzerrten Wettbewerb um Direktinvestitionskapital ausgesetzt. Hierbei konkurriert Nordrhein-Westfalen mit anderen deutschen sowie ausländischen Standorten im Bemühen um den Zufluß amerikanischer Direktinvestitionen, wobei neben der Lage der Standorte insbesondere die Ausstattung dieser mit Potentialen von Bedeutung ist.

1.2 Zielsetzung

Der Entscheidungsprozeß um den Ansiedlungsstandort einer Direktinvestitionsunternehmung wird von unternehmungs-, sektor- und raumspezifischen Faktoren beeinflußt. Ziel dieser Untersuchung ist es, die Standortvorteile und Standortnachteile Nordrhein-Westfalens im Hinblick auf das Vermögen, amerikanische Direktinvestitionen anzuziehen, herauszuarbeiten.

Als Untersuchung im Rahmen der Standortforschung wird in dieser wirtschaftsgeographischen Arbeit das Augenmerk vor allem auf die Potentialausstattung des Raumes gerichtet, wobei neben den allgemeinen Voraussetzungen wirtschaftlichen Handelns besonders den spezifischen Anforderungen an den Raum, die sich dadurch ergeben, daß ausschließlich amerikanische Investoren betrachtet werden, Berücksichtigung geschenkt wird.

Dazu ist es zunächst notwendig festzustellen, welche raumbezogenen Entscheidungsdeterminanten aus Sicht der amerikanischen Direktinvestoren bedeutungsvoll sind, was über eine primärstatistische Datenerhebung geschehen wird.

Im Rahmen der primärstatistischen Erhebung wird ferner eine Bewertung der Qualität der Standortfaktoren Nordrhein-Westfalens aus Sicht der ansässigen amerikanischen Direktinvestoren erfolgen.

Letztlich soll durch die Untersuchung einerseits die Standortzufriedenheit und damit der Grad der künftig zu erwartenden Standortbeharrung der amerikanischen Unternehmungen festgestellt werden. Andererseits soll aber auch ein Qualifikationsprofil der Wirtschaftsregion Nordrhein-Westfalens aus Sicht der amerikanischen Investoren erstellt werden, welches es zuläßt, das Potential des Landes, amerikanische Direktinvestitionen mittelfristig zu attrahieren, bewerten zu können.

Darüber hinaus wird intendiert, solche Ansatzpunkte wirtschaftsfördender Maßnahmen herauszustellen, die von besonderer Bedeutung im Prozeß der Standortwahl amerikanischer Direktinvestoren sind.

1.3 Vorgehensweise

1.3.1 Theoretische Einordnung

In der Untersuchung stehen die räumlichen Aspekte Nordrhein-Westfalens im Vordergrund, was sich durch die Orientierung an der Potentialausstattung des Raumes dokumentiert. Die Wirkung der Raumausstattung auf die Ansiedlungsentscheidungen der amerikanischen Investoren ist aufgrund des wechselseitigen Einflusses ebenso von Bedeutung wie die Wirkung, die durch das Vorhandensein der amerikanischen Unternehmungen im Raum auf den Wirtschaftsraum ausgeht.[1] Auf der Basis regionaler Differenziertheit[2] werden die wirtschaftlichen Erscheinungen als Einheit in ihrer Verknüpfung miteinander sowie im einzelnen unabhängig voneinander, jedoch jeweils in ihrer Bindung an den Raum analysiert.[3]

Dabei dienen Theorien zur Bestimmung der Standorte von Industriebetrieben[4] gleichermaßen wie Theorien zur Determination einer Ordnung im Raum[5] als Arbeitsinstrumente, obgleich sie nur in indirekter Form Eingang in die Arbeit finden.

Der Untersuchungsgegenstand "Direktinvestitionen der Vereinigten Staaten von Amerika" gibt Anlaß zu prüfen, inwieweit es geeignet ist, sich nationalökonomi-

---

1 Vgl. Voppel 1975, S. 12.
2 Vgl. auch Voppel 1969, S. 46.
3 Vgl. auch Voppel 1975, S. 14.
4 Vgl. Launhardt 1882, S. 5 ff.; Weber 1909, S. 1 ff.
5 Vgl. Christaller 1933, S. 1 ff.; von Thünen 1826, S. 1 ff.

scher Ansätze der Außenhandelstheorie[6] zu bedienen. Allen diesen Ansätzen ist jedoch gemein, daß sie sich nicht oder nur peripher an den Gegebenheiten des Untersuchungsraumes orientieren und somit kaum Wirkungen regionaler Differenziertheit zulassen. In diesem Zusammenhang sind die Arbeiten von Ricardo[7] sowie von Heckscher und Ohlin[8] zu nennen, die als Brückenschlag von der Nationalökonomie in die Richtung der raumdifferenzierenden Analysen angesehen werden können.

Vielversprechender scheint der Versuch zu sein, sich reiner Direktinvestitionstheorien zu bedienen. Eine Vielzahl dieser Theorien ist in den 1960er und 1970er Jahren entstanden mit dem Ziel, das weltweit wachsende Aufkommen amerikanischer Direktinvestitionen zu erklären.[9]

Am weitesten von einer raumbezogenen Analyse entfernt sind die Theorien, welche auf firmenspezifischen Determinanten des Direktinvestitionsmotivs basieren.[10] Hier sind insbesondere die

- Portfoliohypothese[11],
- Verhaltenshypothese[12],
- Oligopolistische Reaktionshypothese[13] und
- Liquiditätshypothese[14]

zu nennen. Allen diesen Theorien ist gemein, daß die vorrangige Determinante der Direktinvestition ohne konkreten Bezug zum Standort mit seinen spezifischen Gegebenheiten definiert ist.

---

6   Hier kämen beispielsweise folgende Ansätze in Betracht:
    Corden 1974, S. 209 ff.; Hirsch 1976, S. 258 ff.
7   Vgl. Ricardo 1924, S. 114 ff.
8   Vgl. Ohlin 1933, S. 1 ff.; Heckscher, Ohlin 1991, S. 87 ff.
9   Vgl. Stehn 1992, S. 1.
10 Vgl. Stehn 1992, S. 18.
11 Vgl. Ragazzi 1973, S. 471 ff.
12 Vgl. Aharoni 1966, S. 1 ff.
13 Vgl. Knickerbocker 1973, S. 1 ff.
14 Vgl. Barlow, Wender 1955, S. 1 ff.

Den Landesspezifika näher stehend sind die Theorien, die Stehn[15] unter länderspezifisch determinierte Theorien subsumiert. Hierzu zählen die

- Renditenhypothese[16],

- Output-[17] und Marktvolumenhypothese[18],

- Produktzyklushypothese[19] und

- Währungsraumhypothese[20].

Diese Theorien berücksichtigen zwar die Existenz voneinander verschiedener eigenständiger Wirtschaftsräume, vermögen aber nicht die Differenzierungskriterien der Wirtschaftsräume in der Form zu berücksichtigen, daß sie als deterministisch hinsichtlich einzelner Direktinvestitionen angesehen werden können. Ferner bleiben die Theorien eine Erklärung wechselseitiger Direktinvestitionsbeziehungen, wie sie für die heutigen Industriestaaten typisch sind, schuldig.[21] Insbesondere im Hinblick auf diesen Sachverhalt können die auf den Raumdifferenzierungen aufbauenden wirtschaftsgeographischen Analysen einen fruchtbareren Beitrag leisten.

Die aufgezählten Direktinvestitionstheorien finden dadurch, daß die Investitionsmotive, auf denen sie basieren, im Rahmen der primärstatistischen Erhebung bei der Fragebogenerstellung berücksichtigt wurden, Eingang in die Untersuchung.

---

15 Vgl. Stehn 1992, S. 18.
16 Vgl. Branson 1970, S. 235 ff.
17 Vgl. Jorgenson 1963, S. 247 ff.
18 Vgl. Scaperlanda 1969, S. 558 ff.
19 Vgl. Vernon 1966, S. 190 ff.
20 Vgl. Aliber 1971, S. 49 ff.
21 Vgl. Stehn 1992, S. 2.

1.3.2 Methodik

Nachdem in Teil 1 die Begriffsbestimmung erfolgt und der Untersuchungsraum im Hinblick auf die Fragestellung abgegrenzt sowie in einzeln zu betrachtende Wirtschaftsräume unterteilt ist, folgt die Bearbeitung des Kerns der Fragestellung in zwei Schritten:

Teil 2 der Arbeit dient der Erarbeitung des Direktinvestitionsverhaltens der Investoren der Vereinigten Staaten von Amerika seit Ende des zweiten Weltkriegs. Diese Hinleitung zur Kernthematik der Arbeit geschieht einerseits über eine zunehmend stärkere räumliche Differenzierung von der Ebene des weltweiten Engagements und der Rolle Europas in diesem über die Position der Bundesrepublik Deutschland innerhalb Europas bis hin zur Analyse der amerikanischen Unternehmungen in Nordrhein-Westfalen. Auf Bundeslandebene wird anschließend das amerikanische Direktinvestitionsverhalten auf dem Gebiet der Bundesrepublik Deutschland verglichen, um eine mögliche Sonderstellung Nordrhein-Westfalens erkennbar zu machen.

Parallel zur räumlichen Heranführung an die Kernthematik wird in zeitlicher Dimension auf den Untersuchungsschwerpunkt hingearbeitet.

Bedingt durch die Verfügbarkeit des Datenmaterials ergibt sich 1976 eine inhaltlich nicht gerechtfertigte Herausstellung dieses Zeitpunkts in der Gliederungsabfolge. Seit diesem Datum liegen nach Bundesländern differenzierte Direktinvestitionsdaten vor, so daß auf der Basis sekundärstatistischen Datenmaterials erstmals konkret auf den Untersuchungsraum eingegangen werden kann.

Abbildung 1: Methodischer Aufbau der Arbeit

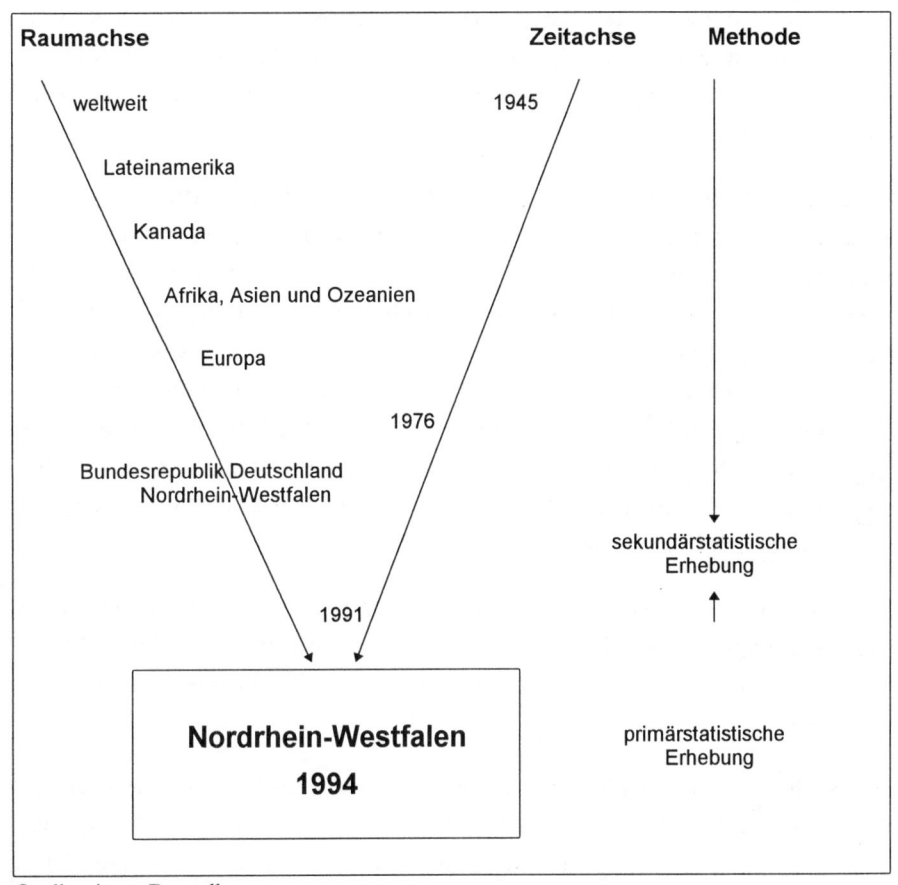

Raumachse	Zeitachse	Methode
weltweit	1945	
Lateinamerika		
Kanada		
Afrika, Asien und Ozeanien		
Europa		
	1976	
Bundesrepublik Deutschland Nordrhein-Westfalen		sekundärstatistische Erhebung
	1991	
Nordrhein-Westfalen 1994		primärstatistische Erhebung

Quelle: eigene Darstellung

Die Ausweitung des zeitlichen sowie des räumlichen Untersuchungsrahmens in der vorliegenden Form dient der Erarbeitung der Direktinvestitionsmotive der amerikanischen Investoren. Einerseits läßt sich auf diese Weise ein möglicher Motivwandel in zeitlicher Hinsicht aufdecken, andererseits können auf makroräumlicher Ebene eventuell vorhandene zielraumgebundene Direktinvestitionsmotive herausgearbeitet werden.

Teil 3 der Arbeit dient der Erarbeitung der Kernthematik. Mittels einer primärstatistischen Erhebung werden erstmalig auf Bundeslandebene Erkenntnisse über die sektorale Zusammensetzung des amerikanischen Direktinvestitionsbestandes in Nordrhein-Westfalen sowie über die Verteilung dieser Unternehmungen im Untersuchungsraum gewonnen.

Die Unternehmungen werden zunächst hinsichtlich ihrer grundsätzlichen, durch ihre Unternehmungstätigkeit determinierten Anforderungen an den Standort untersucht. In dem darauffolgenden Schritt wird die Einschätzung der Qualität des von der Unternehmung gewählten Standortes, nach Standortfaktoren aufgeschlüsselt, analysiert.

Die Frage nach der grundsätzlichen Bedeutung einzelner Standortfaktoren für die jeweilige Unternehmung wird getrennt von der Frage nach der Bewertung der Standortqualität gestellt, um zu gewährleisten, daß sich die voneinander verschiedenen Aspekte im Rahmen der Fragebogenbeantwortung so wenig wie möglich wechselseitig beeinflussen. Auch die Analyse der Antworten wird voneinander getrennt vorgenommen, wobei im Rahmen der Auswertung der Standortanforderungen rein deskriptiv gearbeitet wird. Interpretatorische Aussagen, die auf den über die Standortanforderungen gewonnenen Erkenntnissen basieren, werden erst im Rahmen der Bewertung der Eignung des Standortes, amerikanische Direktinvestitionen anzuziehen, getroffen.

Während im Teil 2 die amerikanischen Unternehmungen in ihrer Gesamtheit betrachtet werden, wird in diesem dritten Teil hinsichtlich ihres Standortes im Untersuchungsraum sowie hinsichtlich ihrer sektoralen Zugehörigkeit differenziert gearbeitet.

Die Analyse der Gegebenheiten im Untersuchungsraum geschieht einerseits nach Potentialen gegliedert und andererseits im Rahmen der Erörterung der Standortbewertung durch die befragten Unternehmungen, also in integrierter Form. Diese Vorgehensweise stellt sicher, daß die Bewertung der Standortfaktoren durch die Untersuchungsobjekte in direkter Weise an der tatsächlichen Potentialausstattung des Raumes reflektiert werden kann.

Die Verbindung der ermittelten Bedeutung der einzelnen Standortfaktoren mit der Qualitätsbewertung derselben läßt durch den direkten Bezug auf die tatsächliche Potentialausstattung des Raumes zu, daß Standortvorteile bzw. Standortnachteile zielbezogen aufgedeckt werden können.

Im Teil 4 der Arbeit werden die wesentlichen Erkenntnisse der Untersuchung in komprimierter Form aufgezeigt. Ferner wird an einigen Stellen der Versuch gewagt, Ansatzpunkte zur Steigerung der Standortqualität aus Sicht der amerikanischen Direktinvestoren aufzuzeigen.

1.4 Definitorische Abgrenzung "Direktinvestition"

1.4.1 Wesentliche Elemente

Als besondere Form internationaler Kapitalbewegungen läßt sich für Direktinvestitionen eine Vielzahl von Definitionen finden.[22] Hier sollen die wichtigsten Merkmale der Direktinvestition dargestellt werden, wobei das Spezielle dieser Kapitalverkehrsform im Vordergrund steht. Anschließend wird die dem sekundärstatistischen Teil der Arbeit zugrundeliegende Definition der Deutschen Bundesbank vorgestellt, wobei der Wirkung dieser Abgrenzungsform auf Statistiken besondere Aufmerksamkeit geschenkt wird:

Zunächst lassen sich Direktinvestitionen hinsichtlich der Richtung des Kapitalflusses voneinander abgrenzen. Investieren inländische Unternehmungen im Ausland, so wird dies im Ursprungsland als inländische Direktinvestition oder ohne Zusatz als Direktinvestition bezeichnet. Ausländische Direktinvestitionen werden in der Literatur in der Regel als die Direktinvestitionen ausländischer Unternehmungen oder Personen im Inland verstanden.

"Wesentliches Charakteristikum der Direktinvestition ist es, daß der Investor die Kontrolle über die im Ausland gelegene Unternehmung ausübt oder zumindestens wesentlichen Einfluß auf die Geschäftsführung nimmt. Konkret kann es sich dabei um den Erwerb einer Beteiligung an einer schon existierenden Unternehmung, um die Neugründung einer Tochterunternehmung, um die Errichtung von Zweigniederlassungen, Geschäftsstellen, Verkaufsbüros usw. oder um die Erweiterung schon bestehender Unternehmungen, Zweigniederlassungen usw. des Investors im Ausland handeln. In allen Fällen erlangt er einen maßgeblichen Einfluß auf die betreffende Unternehmung oder erweitert ihn noch."[23]

---

[22] Vgl. Stehn 1992, S. 4;. Ehrenfeld 1985, S. 8 ff.; Adebahr 1981, S. 1 ff.; Hymer 1976, S. 1 ff. und viele andere.

[23] Adebahr 1981, S. 9.

Das charakteristische Element des maßgeblichen Einflusses oder auch der Kontrollintention unterscheidet die Direktinvestition von der Portfolioinvestition. Dies hat direkte Wirkung auf die Zusammensetzung der Investorengruppe: Portfolioinvestitionen werden vorwiegend von Privatpersonen vorgenommen, während als Direktinvestoren hauptsächlich Unternehmungen auftreten.[24]

Alle gängigen Direktinvestitionsdefinitionen enthalten das Element des grenzüberschreitenden Kapitalverkehrs[25] und das des Einflusses auf die Unternehmungssteuerung. Aus der Dehnbarkeit des Begriffes "Einfluß auf die Unternehmungssteuerung" ergibt sich einerseits das Problem der Vergleichbarkeit von Direktinvestitionen im internationalen Rahmen und andererseits die Schwierigkeit, trennscharf zu definieren, ab welchem Kapitalanteil oder Stimmrechtsanteil ein wesentlicher Einfluß auf die Unternehmungsführung vorliegt.[26]

Die unterschiedlichen Erfassungsmethoden einerseits und die divergierenden Einschätzungen über das zur Ausübung eines Einflusses auf die Unternehmungsführung notwendige Maß an Unternehmungsanteilen andererseits verringern die Vergleichbarkeit von Direktinvestitionsstatistiken im internationalen Rahmen erheblich. Neben diesen Aspekten tragen die international uneinheitliche Behandlung der Zurechnung von Krediten an Unternehmungen mit ausländischem Beteiligungskapital sowie die verschiedenen Zurechnungsmodi reinvestierter Gewinne dieser Unternehmungen zur Einschränkung der Vergleichbarkeit internationaler Statistiken bei.[27]

---

24 Vgl. Deitmers 1982, S. 8 f.; vgl. auch Franke, Hax 1990, S. 252.

25 Eine Konstellation, unter der eine Direktinvestition auch ohne grenzüberschreitenden Kapitalverkehr stattfinden kann, findet sich bei Deitmers 1982, S. 8.

26 Denkbar ist, daß die Frage des wesentlichen Einflusses auf die Unternehmungsführung überhaupt nicht mittels einer rein quantitativen Abgrenzung hinsichtlich der Kapitalanteile oder der Stimmrechte beantwortet werden kann. Neben der Unternehmungsstruktur können diverse andere Aspekte eine tragende Rolle spielen: Befindet sich eine Unternehmung beispielsweise in Liquiditätsschwierigkeiten und tritt ein neuer (ausländischer) Investor mit 10% Kapital hinzu, so kann daraus eine im Vergleich zu der Anteilsposition überproportional starke Machtposition resultieren. Ist diese Investition nun mit der Intention getätigt worden, die Unternehmung aus ihren Schwierigkeiten herauszuführen, so handelt es sich dem Wesen nach um eine Direktinvestition, welche als solche definitorisch nicht erfaßt wird.

27 Probleme der Vergleichbarkeit internationaler Direktinvestitionsstatistiken werden in übersichtlicher Weise bei Krägenau 1975, S. 30 f. und derselbe 1977, S. 12 f. dargestellt. Vgl. Monatsberichte der Deutschen Bundesbank April 1993, S. 48 f.

1.4.2 Abgrenzung und Erfassung durch die Deutsche Bundesbank

Die Definition der Deutschen Bundesbank setzt sich aus den zwei oben genannten Wesensmerkmalen zusammen, wobei sie als "Kapitalanlagen im internationalen Kapitalverkehr",[28] "die mit einem unmittelbaren Einfluß auf die Geschäftstätigkeit der kapitalnehmenden Unternehmung verbunden sind",[29] bezeichnet werden.

Der unmittelbare Einfluß auf die Geschäftstätigkeit liegt nach Einschätzungen der Deutschen Bundesbank dann vor, wenn Anteile am Nominalkapital oder Stimmrechtsanteile 20% oder mehr betragen. Vor ihrer Absenkung Ende September 1989 lag diese Grenze bei 25%. Diese Herabsenkung macht die Schwierigkeiten der statistischen Abgrenzung von Direktinvestitionen in besonderem Maße deutlich.

Nach Aussage der Bundesbank hat diese Veränderung in der definitorischen Abgrenzung jedoch keinen nennenswerten Effekt auf die Werte der Statistik gehabt, das heißt, daß definitionsbedingt kein nennenswerter Anstieg der Direktinvestitionsbestände zu verzeichnen war.[30, 31]

Die statistische Erfassung der Direktinvestitionen in der Bundesrepublik Deutschland geschieht mittels zweier Methoden auf drei verschiedene Arten:

---

[28] Vgl. Monatsberichte der Deutschen Bundesbank Dezember 1965, S. 19.
[29] Vgl. Monatsberichte der Deutschen Bundesbank, Oktober 1975, S. 31.
[30] Vgl. Monatsberichte der Deutschen Bundesbank April 1991, S. 21.
[31] Weitere Abgrenzungen ergeben sich aus den Erfassungsmethoden an sich sowie aus den Regulatorien zur Meldepflicht und des Meldungsinhaltes im Rahmen der Bestandswertestatistik.

Abbildung 2: Erfassungsarten von Direktinvestitionen

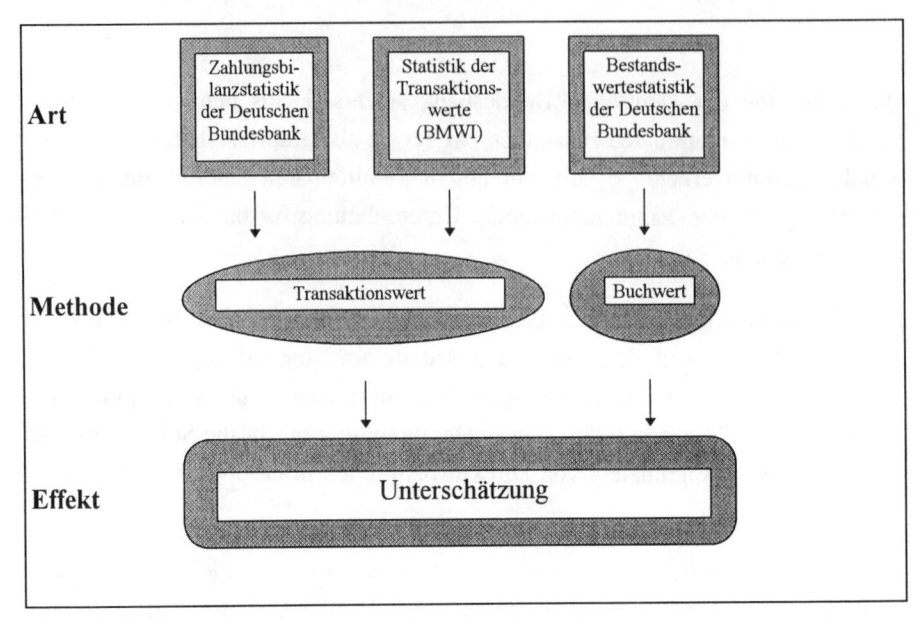

Art	Zahlungsbilanzstatistik der Deutschen Bundesbank	Statistik der Transaktionswerte (BMWI)	Bestandswertestatistik der Deutschen Bundesbank
Methode	Transaktionswert		Buchwert
Effekt	Unterschätzung		

Quelle: eigene Darstellung

Der allen drei Erfassungsarten immanente Effekt der Unterschätzung der tatsächlichen Direktinvestitionshöhen ist auf methodische Unzulänglichkeiten der beiden verwendeten Methoden zurückzuführen, wobei dieser Effekt im Rahmen der Transaktionswertmethode am stärksten ausfällt, da Kredite von ausländischen Unternehmungen an inländische Töchter nur dann berücksichtigt werden, wenn die Laufzeit mehr als ein Jahr beträgt. Ferner werden reinvestierte Gewinne nicht berücksichtigt, da dies keinen grenzüberschreitenden Vorgang darstellt.[32]

Zusätzlich entspricht die Verwendung der Transaktionswertmethode dem Charakter der Direktinvestitionen am wenigsten: Direktinvestitionen werden mit der Intention der Einflußnahme auf die Geschäftsführung getätigt, woraus ein mittel- bis langfristiger Bindungsbedarf des Kapitals resultiert. Das Betrachten von Stromgrößen in (relativ kurzen) Jahresintervallen wird daher dem Kapitalbindungsmotiv nicht gerecht. Vielmehr entspricht eine vergleichende Betrachtung von Bestandswerten im Zeitablauf dem Wesen der Direktinvestitionen am ehe-

---

[32] Vgl. Monatsberichte der Deutschen Bundesbank April 1993, S. 35 f.

sten, wobei Untersuchungszeitpunkte und Betrachtungsintervalle auf das spezifische Untersuchungsziel flexibel abgestimmt werden können.

Der bei Verwendung der Bestandswertestatistik verbleibende Unterzeichnungseffekt resultiert aus der Berücksichtigung der Vorgaben des Bilanzrichtlinien-Gesetzes, welches die Unternehmungen zwingt (und es ihnen auch ermöglicht), stille Reserven zu bilden sowie im Rahmen der Wahrung der Regeln des Vorsichtsprinzips ihre Bestandswerte mit zu niedrigen Werten in der Bilanz auszuweisen.[33]

Ferner führt die fehlende Meldepflicht für Unternehmungen mit einem Bruttobetriebsvermögen von bis zu 500000,- DM zur weiteren Stützung des Unterschätzungseffektes.[34]

Es besteht die Möglichkeit, indirekte Kapitalbeziehungen aus Beteiligungen von Ausländern an inländischen Unternehmungen über abhängige Holdinggesellschaften mit Sitz in der Bundesrepublik Deutschland in die statistische Betrachtung mit einzubeziehen. Eine solche mittelbare Direktinvestition ist dann gegeben, wenn eine ausländische Unternehmung zu mindestens 50% an einer inländischen Holdinggesellschaft beteiligt ist und diese mehr als 20% des Nominalkapitals oder der Stimmrechte an einer weiteren inländischen Unternehmung hält.

Da es unklar ist, ob das Kapital unter Auflage einer bestimmten Investitionsverwendung in die Holdinggesellschaft eingebracht wurde, ist es nicht sinnvoll, die konsolidierten (unmittelbaren und mittelbaren) Zahlenreihen der Statistik zu betrachten. Insbesondere bei einer sektoralen Analyse der Wirkungen von Standortfaktoren ist dieses Vorgehen ungeeignet, da es die Validität der sekundärstatistischen Analyse in negativer Weise beeinflußt.

Bei der ausschließlichen Orientierung an **unmittelbaren** Direktinvestitionen gehen diese Werte nicht verloren, sondern werden als Direktinvestitionen in Beteiligungsgesellschaften und sonstiger Vermögensverwaltung ausgewiesen. Dies

---

33 Vgl. Monatsberichte der Deutschen Bundesbank, April 1991, S. 28; Kloock 1990, S. 30 ff.
34 Vgl. Monatsberichte der Deutschen Bundesbank April 1993, S. 49.
   Die zu meldenden Tatbestände und das Meldeverfahren sind in der Außenwirtschaftsverordnung (§§ 56 a und b sowie 58 a und b) auf der rechtlichen Grundlage von § 26 Absatz 3 des Außenwirtschaftsgesetzes im einzelnen festgelegt worden. Vgl. Monatsberichte der Deutschen Bundesbank April 1979, S. 38.

birgt allerdings den Nachteil in sich, daß die letztendliche Verwendung des Kapitals unberücksichtigt bleiben muß.

Im sekundärstatistischen Teil der Arbeit werden, sofern nicht anders gekennzeichnet, nur unmittelbare Direktinvestitionen betrachtet, welche über die Bestandswertestatistik der Deutschen Bundesbank ermittelt wurden.

Abschließend sei angemerkt, daß in der Literatur Gemeinschaftsunternehmungen (joint ventures) immer wieder als Sonderform der Direktinvestition dargestellt werden. Legt man die weitergehende Definition des joint venture als *Zusammenarbeit von nicht gebietsansässigen Unternehmungen mit Partnern aus dem Gastland (Auslandsmarkt)*[35] zugrunde, ist die Verwendung des Terminus "Sonderform" nicht nachvollziehbar, da die Definitionskriterien der Direktinvestition enger gefaßt und somit hinreichend sind. Die vertragliche Ausgestaltung einer gemeinsamen Unternehmungsführung berührt streng formal betrachtet die Definitionskriterien nicht. Somit liegt hier keine Sonderform, sondern lediglich eine, in der Ausgestaltung der Kooperation weitergehend spezifizierte, Form der Direktinvestition vor.[36]

---

35   Vgl. Gabler 1988, o. S.

36   Nimmt man von dieser streng formalen Betrachtung Abstand, so werden joint ventures in diesem Kontext erwähnenswert. Eine 50/50-Gemeinschaftsunternehmung kann möglicher Angst vor Ausbeutung der Gastunternehmung vorbeugen und damit direktinvestitionsfördernd wirken. Dies ist im Falle des amerikanischen Engagements in Japan oft geschehen, da die Angst vor dem japanischen System (Sprachbarrieren u. v. m.) groß war. Vgl. Wilkins 1974, S. 314 f.

Zu Zeiten, als Überfremdungsangst die Deutsche Wirtschaft hinsichtlich amerikanischer Übernahmen vorsichtig werden ließ (1960-65), nutzten die Amerikaner den positiven psychologischen Effekt der Begrenzung von Anteilen auf maximal 50%, um weitere Beteiligungen realisieren zu können. Andererseits scheuten sich amerikanische Unternehmungen in der Vergangenheit, von vornherein Anteilsgrenzen für die Zukunft festzulegen. Vgl. Hellmann 1970, S. 220 ff.

In diesem Zusammenhang verdient auch die Lizenzvergabe Erwähnung, da sie als Risikominderungsinstrument oft zur Durchführung einer Probephase diente. Nach positivem Verlauf der Lizenzphase sind oftmals Beteiligungen zustande gekommen. Vgl. Standke 1965, S. 25 f.

1.5 Nordrhein-Westfalen als Untersuchungsraum

1.5.1 Vorbemerkung

Die analytische Erfassung eines Wirtschaftsraums ist durch eine Vielzahl möglicher Ansatzpunkte und Analysekonzepte gekennzeichnet.[37] Die Fülle der denkbaren Varianten zwingt den Untersuchenden dazu, anhand seiner Zielsetzung einen im Sinne der Zielerreichungsmöglichkeit geeigneten wie auch praktikablen Ansatz zu wählen.

Ein Bestandteil der Erfassung eines Wirtschaftsraumes ist die Festlegung seiner äußeren Grenzen. Versteht man unter einem Wirtschaftsraum ein primär nach wirtschaftlichen Kriterien abzugrenzendes Gebiet, welches die Gesamtheit wirtschaftlicher Erscheinungen und das dadurch bedingte Wirkungsgefüge umfaßt,[38] so können die äußeren Grenzen des funktional abgegrenzten Wirtschaftsraumes und die äußeren Grenzen des administrativ abgegrenzten Raumes mit der gleichen Bezeichnung auseinanderfallen. Dies ist immer dann der Fall, wenn sich wirtschaftliche Einflüsse in strukturbestimmender Weise über die Verwaltungsgrenzen hinaus in andere Verwaltungsräume hinein erstrecken.

Im Hinblick auf die zur Erarbeitung der Aufgabenstellung erforderliche Nutzung sekundärstatistischen Datenmaterials werden für Nordrhein-Westfalen die administrativ vorgegebenen Außengrenzen des Bundeslandes verwendet, obgleich der Raum zwecks Erarbeitung der hier vorliegenden Fragestellung in einigen Teilräumen um periphere Verflechtungsregionen erweitert oder auch eingeschränkt werden könnte.[39]

In seiner Gesamtheit kann Nordrhein-Westfalen weder als historisch gewachsenes Gebilde noch als wirtschaftsräumliche Einheit gesehen werden. Vielmehr stellt das Bundesland ein administrativ und in seinen Außengrenzen seit dem

---

[37] Vgl. auch Voppel 1969, S. 369.

[38] Vgl. Voppel 1969, S. 369 und dort zitiert: Kraus 1933, S. 13; Meynen 1955, S. 97; Otremba 1957, S. 114.

[39] Zu den Räumen grenzüberschreitender Verflechtungen vgl. Depenbrock, Reiners, Fink 1988, S. 241 ff.

zweiten Weltkrieg nur unwesentlich verändertes Gebilde dar,[40] das eine Vielzahl strukturell eigenständiger Teilräume umfaßt.

Diese Tatsache sowie die polyzentrische Struktur des Untersuchungsraums machen es notwendig, diesen in geeignete wirtschaftsräumliche Teileinheiten zu unterteilen. Die Frage der Eignung der Teileinheiten zur Analyse richtet sich nach dem Untersuchungsgegenstand. Die amerikanischen Direktinvestitionen in Nordrhein-Westfalen erstrecken sich über alle Wirtschaftssektoren hinweg, finden aber nach rein quantitativen Gesichtspunkten gemessen ihren Schwerpunkt bei den industriellen Unternehmungen (vgl. 3.1.2). Dies sowie die starke industrielle Prägung des Untersuchungsraumes legen es nahe, diesen in Regionen aufzuteilen, die sich vornehmlich an wirtschaftlichen Raumkriterien orientieren.

Alternativ wäre es denkbar, sich strikt an den Verwaltungszentren des Bundeslandes zu orientieren. Auch die naturräumliche Gliederung Nordrhein-Westfalens wäre zur regionalen Differenzierung geeignet, da die Elemente der natürlichen Ausstattung des Raumes die wirtschaftlichen oder parawirtschaftlichen Entscheidungen direkt oder indirekt beeinflussen.[41] Obwohl die vornehmlich nach industriellen Gesichtspunkten gegliederten Wirtschaftsräume auch teilweise der naturräumlichen Gliederung folgen, ergibt sich insbesondere gegenüber der administrativen Aufteilung[42] eine eigenständige Differenzierung des Wirtschaftsraumes Nordrhein-Westfalens.

1.5.2 Wirtschaftsräumliche Gliederung Nordrhein-Westfalens

Letztlich ist einerseits die starke industrielle Prägung Nordrhein-Westfalens und andererseits der Schwerpunkt der amerikanischen Direktinvestitionen in Nordrhein-Westfalen im industriellen Sektor ausschlaggebend dafür, daß folgende Gliederung der Untersuchung im weiteren zugrunde liegt:

---

40 Vgl. Voppel 1993, S. 1.
41 Vgl. Voppel 1993, S. 13.
42 Vgl. Voppel 1993, S. 8 ff.

Abbildung 3: Nordrhein-Westfalen nach Wirtschaftsregionen

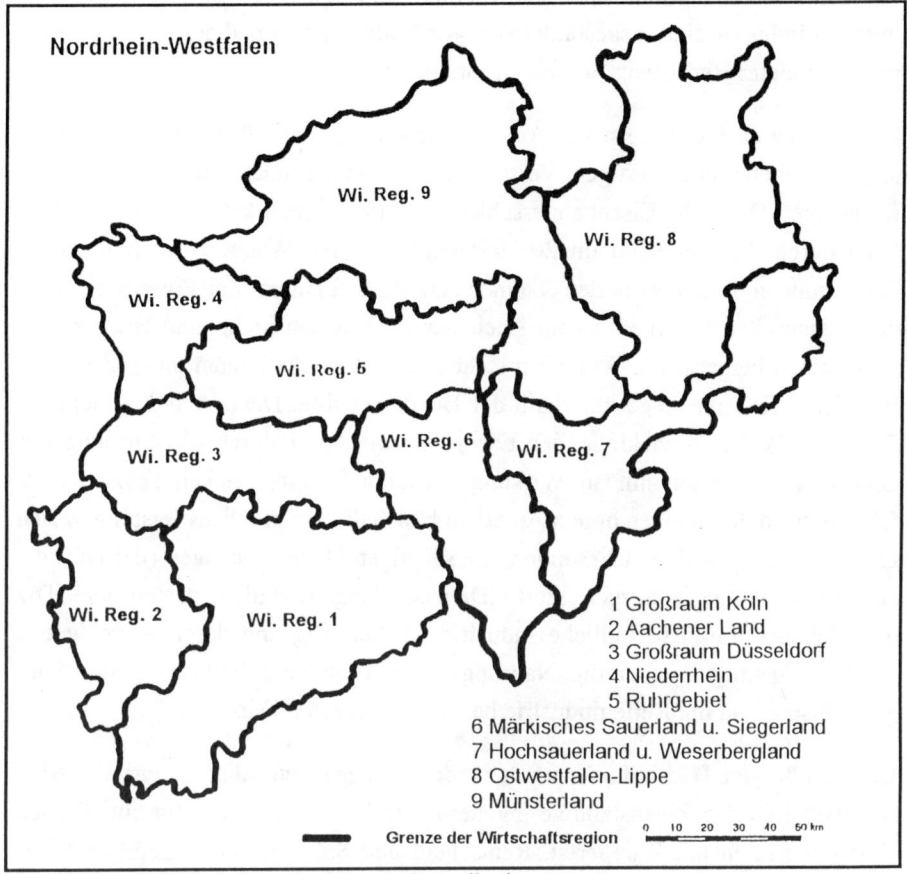

```
Nordrhein-Westfalen

Wi. Reg. 9
Wi. Reg. 8
Wi. Reg. 4
Wi. Reg. 5
Wi. Reg. 3
Wi. Reg. 6
Wi. Reg. 7
Wi. Reg. 2
Wi. Reg. 1

1 Großraum Köln
2 Aachener Land
3 Großraum Düsseldorf
4 Niederrhein
5 Ruhrgebiet
6 Märkisches Sauerland u. Siegerland
7 Hochsauerland u. Weserbergland
8 Ostwestfalen-Lippe
9 Münsterland

— Grenze der Wirtschaftsregion       0  10  20  30  40  50 km
```

Quelle: Voppel 1993, S. 10; teilweise verändert, teilweise ergänzt

Während die äußere Grenze des Untersuchungsraums der administrativen Grenze des Bundeslandes Nordrhein-Westfalen folgt, sind die Teilräume nach wirtschaftlich-funktionalen Gesichtspunkten gebildet, wobei jedoch die bestehenden Kreisgrenzen nicht verändert wurden.

Der Großraum Köln kann als monozentrisch geprägter Raum bezeichnet werden, dessen Zentrum Köln den ganzen Wirtschaftsraum mit Dienstleistungen versorgt. Eine Unregelmäßigkeit dazu bildet nur die Stadt Bonn, welche als Bundeshauptstadt Sonderfunktionen zu erfüllen hatte und auch künftig noch erfüllen wird. Auf dem Sektor der Dienstleistungen hat Köln im Versicherungswesen bundesweit eine hervorgehobene Versorgungsfunktion. Allerdings ist die Stadt Köln wie etliche weitere Standorte im Großraum Köln als Industriestandort zu bezeichnen, was letztlich auf die herausragende Verkehrslage der Kölner Bucht sowie auf den Rhein und seine Schiffbarkeit zurückzuführen ist. Neben der chemischen Industrie sind insbesondere der Kraftfahrzeugbau und der Maschinenbau von besonderer Bedeutung für den Großraum.[43]

Das Aachener Land weist mit Aachen ebenfalls nur ein Zentrum auf, welches auf der Ebene hochwertiger Versorgungsfunktionen noch im Einflußbereich Kölns liegt. Die frühe Eisenbahnerschließung (19. Jahrhundert) und die Erschließung durch die Autobahn im 20. Jahrhundert waren Wegbereiter industrieller Ansiedlungen besonders in den Räumen Aachen und Düren. Zur Eigenständigkeit der industriellen Entwicklung im Aachener Land haben Stein- und Braunkohlevorkommen beigetragen. Weiterhin steht dieser Wirtschaftsraum unter dem Einfluß der peripheren Lage innerhalb der Bundesrepublik Deutschland, welche im Zuge der Weiterentwicklung der Europäischen Union durch die Öffnung der Grenze nach Westen hin an Wirkung verlieren könnte. Aachen selbst ist als Oberzentrum durch einen hohen Anteil an Beschäftigten im Dienstleistungswesen gekennzeichnet, wobei insbesondere die sonstigen Dienstleistungen (darunter die auf Unternehmungen ausgerichteten Dienstleistungen) stark vertreten sind. Die im Aachener Raum befindliche Industrie ist vielseitig und durch verschiedene Einflüsse geprägt, wobei die Nahrungs- und Genußmittelindustrie, die Waggonindustrie und die Reifenindustrie besonders bedeutend sind.

Der Großraum Düsseldorf umfaßt in der vorliegenden Abgrenzung als Wirtschaftsregion das eigenständige Niederbergische Land, den Mittelbergischen Wirtschaftsraum mit Wuppertal, Remscheid und Solingen, den Krefelder Wirtschaftsraum und den Raum Mönchengladbach. Die hervorragende Verkehrslage und die unmittelbare Nähe zu den Ruhrkohlenvorkommen sowie die Nähe zu Duisburg und anderen Rheinhäfen haben die industrielle Entwicklung in der Wirtschaftsregion Düsseldorf geprägt. Auf dem Sektor der Dienstleistungen steht die Landeshauptstadt Düsseldorf in einer Konkurrenzbeziehung zu der Stadt Köln. Im Rahmen der produktionsorientierten Dienstleistungen versorgt Düsseldorf die Industrie der angrenzenden Wirtschaftsräume, wobei auch die gesamte Ruhragglomeration im Versorgungsraum liegt. Während im Zentrum Düsseldorf und in den eng mit diesem verflochtenen Randstädten Ratingen, Haan, Hilden und Erkrath fast alle Industriezweige vertreten sind, finden sich im Mittelbergischen Wirtschaftsraum vornehmlich Betriebe der Metallverarbeitung und des

---

[43] Für diese und die folgenden Kurzbeschreibungen der **Wirtschaftsregionen** Nordrhein-Westfalens vgl. Voppel 1993, S. 185 ff.

Maschinenbaus. Im Niederbergischen Land hat sich als Weiterentwicklung einer frühen Metall- und Kohlegewinnung eine spezialisierte Metallindustrie niedergelassen, die durch Betriebe des Wirtschaftszweiges Elektrotechnik ergänzt wird. Im Raum Krefeld hat sich zunächst eine Textilindustrie entwickelt und in Ausrichtung auf diese folgten dann insbesondere die chemische Industrie sowie der Maschinenbau. Durch die Nähe zur Ruhragglomeration begünstigt hat sich auch Stahlindustrie angesiedelt. Die Industrie der städtischen Agglomeration um Mönchengladbach hat sich ebenfalls in Ausrichtung auf eine ursprüngliche Textilindustrie entwickelt und ist heute um Bekleidungsindustrie sowie Zweige der Maschinenbauindustrie und der Kunststoffverarbeitung ergänzt.

Der Niederrhein weist als Region in seiner westlichen Hälfte noch heute eine überdurchschnittlich hohe agrarische Nutzung auf und dient als Naherholungsgebiet für die Bevölkerung der Ruhragglomeration. Als zentraler Ort der westlichen Hälfte ist Kleve zu nennen, dessen Einfluß in südlicher Richtung durch die Versorgungsfunktionen von Krefeld begrenzt wird. Auf der rechtsrheinischen Seite übernimmt Wesel die Funktionen eines zentralen Ortes. Ansonsten ist auch hier wie auf der gegenüberliegenden Rheinseite agrarischer Charakter dominant, wobei die Nutzung des Teilraumes als Naherholungsgebiet durch die Bevölkerung der benachbarten Ruhragglomeration noch intensiver ausfällt.

Das Ruhrgebiet ist in seiner Gesamtheit von den dortigen Steinkohlenvorkommen in strukturbestimmender Weise geprägt worden. Obwohl es im Rahmen der Standortforschung häufig als strukturell einheitliche industrielle Großagglomeration, in welcher der Bergbau und die eisenschaffende Industrie dominierten, betrachtet wird, ist es mit den Räumen Duisburg, Essen, Bochum, Dortmund, Hamm und dem Nordrevier möglich, eigenständige Teilräume zu bilden, die voneinander unterschiedliche sektorale Zusammensetzungen aufweisen. Insgesamt betrachtet entwickelt sich das Ruhrgebiet im Vergleich mit dem übrigen Nordrhein-Westfalen und der gesamten Bundesrepublik Deutschland eher schwach. Hauptursache dafür ist die Entwicklung in der Grundstoffindustrie, die ihrerseits wieder auf diese ausgerichtete Industriezweige schwächt. Über lange Zeit hinweg hat sich im Ruhrgebiet die industrielle Entwicklung ausschließlich an den Bedürfnissen des Bergbaus und der eisenschaffenden Industrie orientiert. Dieser Entwicklungsprozeß hat zu der spätestens seit Beginn der 1970er Jahre erkannten Strukturschwäche geführt, welche über Diversifikation der Industrie ausgeglichen werden soll. Die vorhandene Verkehrserschließung durch Autobahnen, Schienengleise und Wasserstraßen stellten für den angestrebten Diversifikationsprozeß eine gute Basis dar.

Der Wirtschaftsraum Duisburg ist an die Entwicklung in der eisenschaffenden Industrie gekoppelt gewachsen, wobei er vor allem durch seine Hafenfunktion gekennzeichnet ist. Die Lagegunst Duisburgs hat sich vor allem im Hinblick auf die im Ruhrgebiet dominierende Schwerindustrie im Verhältnis zu den anderen Wirtschaftsräumen der Agglomeration ständig verbessert, wodurch der Wirtschaftsraum Duisburg in der Konkurrenz mit europäischen und überseeischen Küstenstandorten in der Massenerzeugung die aussichtsreichste Position unter den deutschen Binnenstandorten einnimmt.[44] Auch im Güterumschlag des Freihafens hat sich das verlangsamte Wachstum der Grundstoffindustrie bemerkbar gemacht, was den Duisburger Hafen dazu zwingt, sich auf die durch den Strukturwandel entstehenden Aufgaben einzustellen.

Als im Zentrum des Ruhrgebiets gelegene Stadt profitiert Essen vor allem von der guten Verkehrserschließung. Während heute im Wirtschaftsraum Essen der Steinkohlenbergbau und die Grundstufen der Eisen- und Stahlindustrie so gut wie nicht mehr vertreten sind, haben andere jüngere Industriezweige, darunter insbesondere die Elektrotechnik, Fuß gefaßt.

Im Unterschied zu Duisburg und Essen ist Bochum nicht durch eine unmittelbare Lage an einer Wasserstraße begünstigt, was dazu führte, daß in der Eisen- und Stahlindustrie dieses Wirtschaftsraums schon sehr früh ein für das Ruhrgebiet überdurchschnittlich hoher Veredelungsgrad angestrebt wurde. Heute ist es insbesondere der Fahrzeugbau, der diesen Raum von den anderen Teilräumen abhebt. Typisch für alle Zentren in der Ruhragglomeration ist, daß das Dienstleistungswesen eher noch schwach entwickelt ist. Die erste Universität seit Beendigung des zweiten Weltkriegs wurde in Bochum gegründet und hat sich bis heute zu einer der größten Universitäten in der Bundesrepublik Deutschland entwickelt.

Dortmund verfügt im Gegensatz zu Bochum über eine gute Erschließung durch alle landgebundenen Verkehrssysteme. Allerdings ist im direkten Vergleich mit Duisburg und insbesondere mit Küstenstandorten der Eisen- und Stahlindustrie die Binnenlage nachteilig, so daß durch diese ein Druck ausgeübt wird, der von der Grundstoffindustrie weg hin zu Industrien mit einem höheren Veredlungsgrad wirkt. Im Rahmen dieser kurzen Charakterisierung ist im Wirtschaftsraum Dortmund die Existenz einer Maschinenbauindustrie, eines Brauereiwesens und eines der ältesten "Technologieparks" der Bundesrepublik Deutschland zu nennen.

---

44   Vgl. Voppel 1990b, S. 466 ff.

Das Nordrevier ist stark von den Strukturproblemen des Steinkohlenbergbaus betroffen, da dieser den Wirtschaftsraum in besonderem Maße tief geprägt hat. Heute sind es vor allem die chemische Industrie und stellenweise Betriebe der Stahl- und Maschinenbauindustrie, die diesen Wirtschaftsraum während seines Strukturwandels charakterisieren.

Im Wirtschaftsraum Hamm ist noch heute ein auch für das Ruhrgebiet überdurchschnittlich hoher Anteil an Beschäftigten im Steinkohlenbergbau zu finden, so daß hier eine erfolgreiche Bewältigung des angestrebten Strukturwandels ganz besonders dringlich ist. Die Stadt Hamm ist der östliche Eisenbahnknotenpunkt des Ruhrgebiets und gleichzeitig Zentrum des Wirtschaftsraumes Hamm. In der unmittelbaren Nähe dieser Stadt ist auch die dichteste Besiedlung mit industriellen Betrieben (Metallverarbeitung, Maschinenbau und Nahrungsmittelherstellung) zu finden.

Im **Märkischen Sauerland und Siegerland** ist eine Vielzahl verschiedener spezialisierter Unternehmungen der Eisen- und Stahlindustrie beheimatet. Insbesondere in der Nähe Hagens lassen die industriellen Betriebe erkennen, daß sie sich unter dem Einfluß der Ruhrgebietsindustrie beeinflußt in ihrer Gesamtheit entwickelt haben. Neben Metallverarbeitung und Maschinenbauindustrie ist eine Nahrungs- und Genußmittelindustrie sowie in nicht unbedeutendem Umfang Verbrauchsgüterindustrie zu finden. Die Umgebung Iserlohns ist aus verkehrsgeographischer Sicht etwas abseits der Haupterschließungsachsen gelegen, was, ähnlich der Situation Bochums, zu einem Druck in Richtung der Erreichung höherer Veredelungsstufen geführt hat und sich heute durch eine breite Auswahl verschiedener Industriezweige dokumentiert. In dem Raum um Lüdenscheid hat sich einerseits aus verkehrsgeographischen Gründen, andererseits durch den Mangel an größeren zusammenhängenden Flächen eine Vielzahl kleinerer und mittlerer Betriebe niedergelassen, die nicht ausschließlich Metallverarbeitung betreiben. Vielmehr finden sich Betriebe, die Erzeugnisse der elektrotechnischen Industrie sowie Zubehör für diese herstellen. Weiterhin werden Zulieferteile für die Fahrzeugindustrie und Produkte der Kunststoffverarbeitung hergestellt. Auch der Raum Olpe ist durch eine verkehrsgeographisch als peripher anzusehende Lage in seiner Entwicklung geprägt worden, so daß die industrielle Struktur der Lüdenscheids ähnelt. Obwohl der Eisenerzbergbau schon in den 1960er Jahren im Siegerland eingestellt wurde, dominiert die metallverarbeitende Industrie noch heute den im rechtsrheinischen Schiefergebirge gelegenen Raum. Stützend für die Wirtschaft des Siegerlandes erweisen sich Betriebe der elektrotechnischen Industrie. Allerdings können auch diese das aus der verkehrsgeographisch und topographisch nachteiligen Lage des Raumes enstehende Defizit nicht vollkommen kompensieren.

Das Hochsauerland und das Weserbergland lassen sich für eine grobe Charakterisierung in drei Teile untergliedern. Im Nordsauerland, um sein Zentrum Arnsberg herum, findet sich aufgrund des Autobahnanschlusses an die bedeutenden Industriegebiete Nordrhein-Westfalen noch eine durch kleine und mittlere Betriebe vertretene Industrieansiedlung, die sich vor allem hoher Fertigungsstufen angenommen hat. Der südliche Teil des Raumes ist vornehmlich aufgrund seiner peripheren Lage und unzureichenden verkehrsgeographischen Erschließung durch einen geringen Inustrieanteil geprägt. Neben bäuerlicher Forstwirtschaft ist in vielen Teilen Fremdenverkehr im Rahmen der Naherholung zu finden. Das östlich peripher gelegene Weserbergland verfügt ähnlich wie das Hochsauerland über sehr wenig Industrie, ist aber in einigen Gemeinden durch landwirtschaftliche Nutzung geprägt.

Ostwestfalen-Lippe stellt sich in der vorliegenden Abgrenzung als eine Wirtschaftsregion dar, die sich durch eine Vielzahl verschiedenartiger gewerblicher Standorte auszeichnet, von denen hier nur Paderborn und Bielefeld als größte Agglomerationen näher betrachtet werden sollen. Das Umland von Paderborn wie auch von Bielefeld ist in eindeutiger Weise auf sein Zentrum ausgerichtet, was sich in der Konzentration des Dienstleistungswesens beider Räume in ihren Zentren dokumentiert. In Paderborn ist neben einer bedeutenden Entwicklung und Herstellung von büro- und elektrotechnischen Erzeugnissen Möbelindustrie sowie Maschinenbau zu finden. Die Industrie um Bielefeld herum hat sich in ihrer Entwicklung an der dort vorhandenen Textilindustrie ausgerichtet und ist heute um Bekleidungsindustrie, Textilmaschinenbau, Fahrradbau sowie um eine bedeutende Nahrungsmittelindustrie ergänzt.

Das Münsterland ist in vielen Teilen der Region durch landwirtschaftlich geprägte Räume charakterisiert. Das durch Straße und Schiene gut erschlossene Zentrum der Wirtschaftsregion Münster ist nach Düsseldorf die bedeutendste Verwaltungszentrale in Nordrhein-Westfalen und versorgt das Umland in vielen weiteren Funktionen. Während im Zentrum ein ausgeprägt hoher Anteil an Dienstleistungen dominiert, sind im näheren Umland Betriebe verschiedener Industriezweige zu finden. Außer dem direkten Umland Münsters finden sich erwähnenswerte industrielle Ansiedlungen im Wirtschaftsraum Münsterland nur noch im Raum Rheine-Steinfurt, Gronau-Ahaus und Bocholt-Borken, wobei in allen drei Räumen größtenteils Textilindustrie und auf diese ausgerichtete Folgeindustrien ansässig sind.

1.5.3 Verkehrserschließung und Wirtschaftsstruktur Nordrhein-Westfalens

Die räumliche Ordnung der Industrie und der überörtlich bedeutsamen Dienstleistungen in Nordrhein-Westfalen insgesamt ist durch die Verkehrserschließung des Landes geprägt.[45] Die auf Ebene des gesamten Untersuchungsraum betrachtet dichte Verkehrserschließung durch die landgebundenen Verkehrssysteme (vgl. Abbildung 4 (ohne Rohrleitungen)) wird durch Leitungs- und Funknetze moderner Telekommunikationsmedien sowie durch international bedeutende Flughäfen und Regionalflughäfen ergänzt. Die Topographie des Raumes hat in Nordrhein-Westfalen wesentlichen Einfluß auf die Trassierung der Landverkehrssysteme.[46]

---

[45] Vgl. Voppel 1993, S. 20.

[46] Zu Verläufen und Kapazitäten der einzelnen Verkehrssysteme vgl. 3.3.3 und vgl. auch kartographische Darstellung bei Voppel 1993, S. 9.

Abbildung 4: Verkehrswege in Nordrhein-Westfalen

Quelle: Voppel 1993, S. 9; teilweise verändert, teilweise ergänzt

Abbildung 5: Nordrhein-Westfalens Stellung in der Bundesrepublik Deutschland (neue Abgrenzung) - ausgewählte Indikatoren

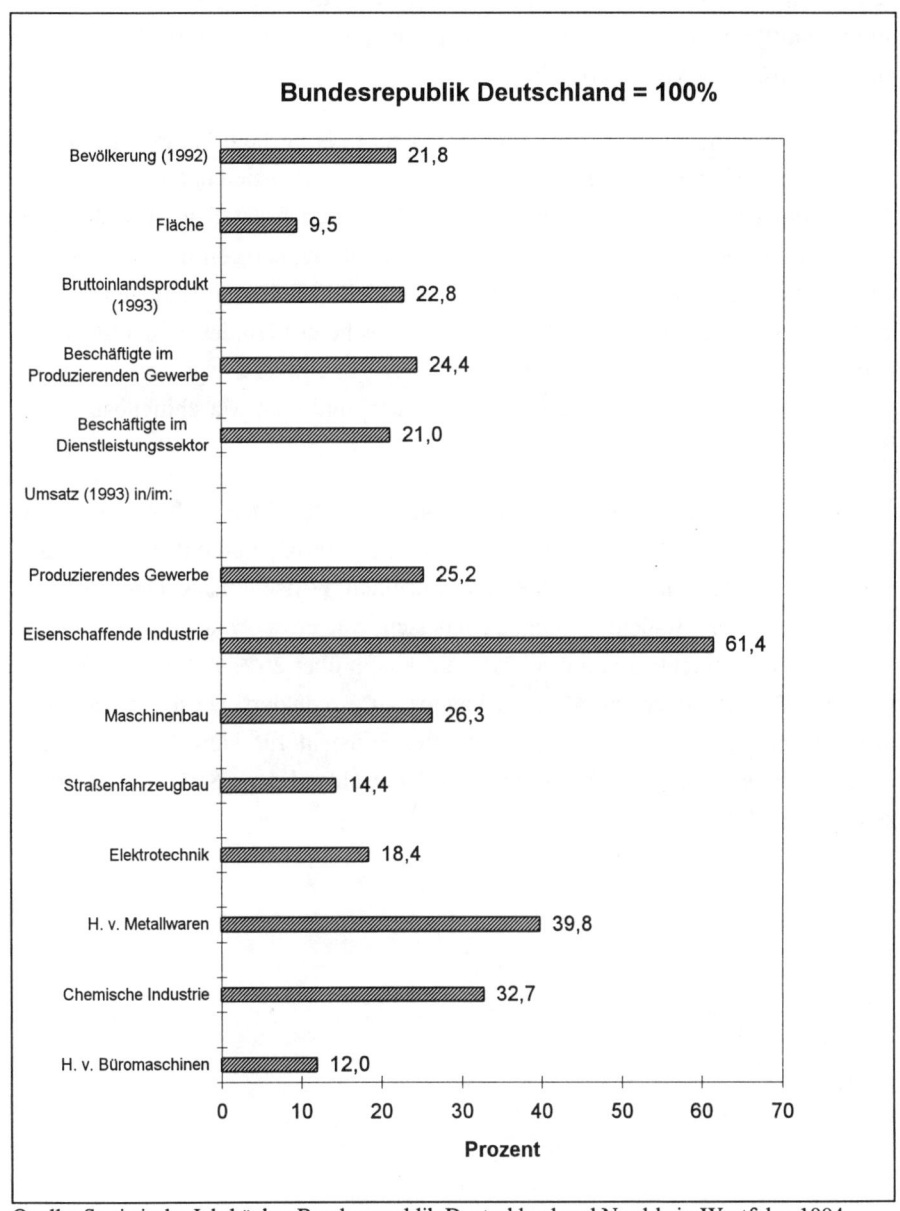

Bundesrepublik Deutschland = 100%

Indikator	Prozent
Bevölkerung (1992)	21,8
Fläche	9,5
Bruttoinlandsprodukt (1993)	22,8
Beschäftigte im Produzierenden Gewerbe	24,4
Beschäftigte im Dienstleistungssektor	21,0
Umsatz (1993) in/im:	
Produzierendes Gewerbe	25,2
Eisenschaffende Industrie	61,4
Maschinenbau	26,3
Straßenfahrzeugbau	14,4
Elektrotechnik	18,4
H. v. Metallwaren	39,8
Chemische Industrie	32,7
H. v. Büromaschinen	12,0

Quelle: Statistische Jahrbücher Bundesrepublik Deutschland und Nordrhein-Westfalen 1994

Die Fläche Nordrhein-Westfalens beträgt knapp 10% der Fläche der gesamten Bundesrepublik Deutschland. Hier leben jedoch etwa 22% der gesamten Bevölkerung, was deutlich macht, daß Nordrhein-Westfalen im Ländervergleich ein dicht besiedeltes Bundesland ist. Der nah am Prozentanteil der Bevölkerung liegende Anteil am bundesdeutschen Bruttoinlandsprodukt zeigt weiterhin, daß die durchschnittliche Wertschöpfung pro Kopf für die Bundesrepublik Deutschland durchschnittliches Niveau erreicht.[47]

Während das Produzierende Gewerbe insgesamt in Nordrhein-Westfalen im bundesdeutschen Vergleich leicht überrepräsentiert ist, lassen sich unter den Anteilen der einzelnen Industriezweige erhebliche Differenzen feststellen. Am augenfälligsten ist der hohe Anteil an der eisenschaffenden Industrie in der Bundesrepublik Deutschland, was angesichts der im weltweiten Rahmen gesunkenen Konkurrenzfähigkeit dieser eine große Strukturschwäche des Landes verdeutlicht. Als vorteilhaft sind die überdurchschnittlich großen Anteile an der chemischen Industrie sowie an der Herstellung von Metallwaren und dem Maschinenbau in der Bundesrepublik Deutschland zu bewerten.

Gegenüber der alten Abgrenzung der Bundesrepublik Deutschland haben die Werte der einzelnen Indikatoren jeweils um etwa 5 Prozentpunkte abgenommen, wobei aber Unterschiede zwischen den einzelnen Wirtschaftszweigen zu beobachten sind: Der Straßenfahrzeugbau hat sich von etwa 27% 1991 auf 14,4% 1993, der Maschinenbau von rund 32% auf knapp über 26% und die Herstellung von Metallwaren sogar von 48% auf knappe 40% reduziert. Diese Verschiebungen machen deutlich, wo sich in sektoraler Hinsicht für Nordrhein-Westfalen durch die Erweiterung der Bundesrepublik Deutschland neue Standortkonkurrenzen entwickelt haben.

---

[47] Zu regionalen Unterschieden innerhalb Nordrhein-Westfalens und zu systematischen Unterschieden in Kerngebieten und deren Randzonen vgl. Voppel 1993, S. 183.

Abbildung: 6   Anteil der Wirtschaftsbereiche an der Bruttowertschöpfung Nordrhein-Westfalens (zu Marktpreisen) in %

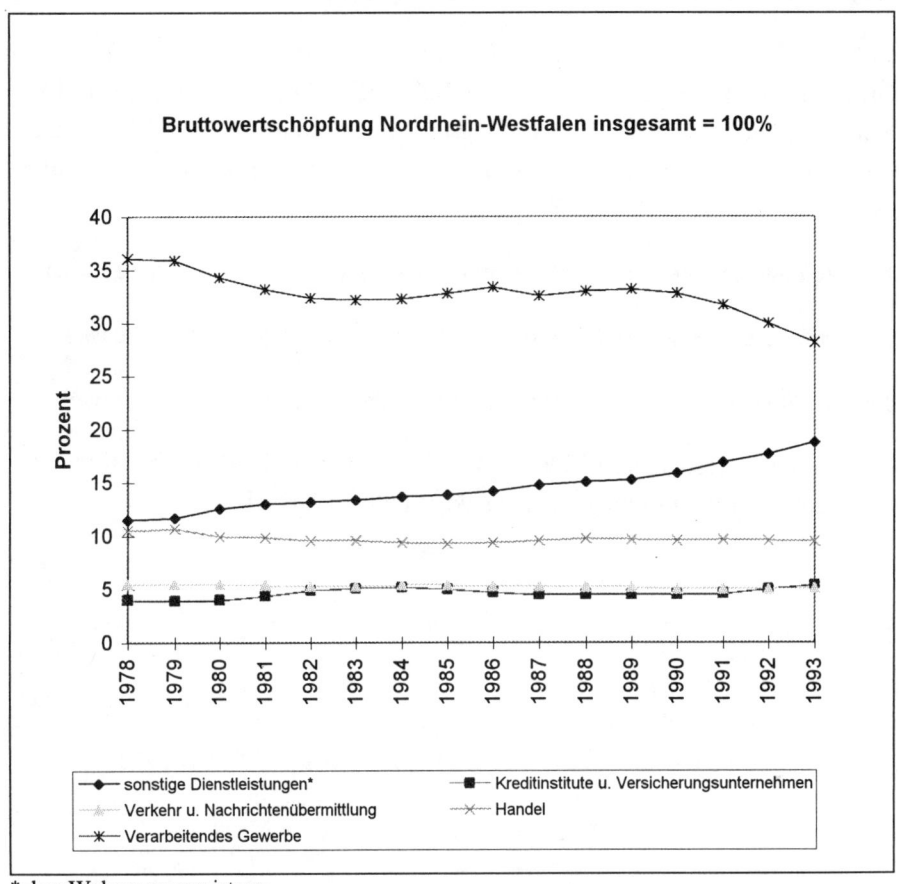

Bruttowertschöpfung Nordrhein-Westfalen insgesamt = 100%

- sonstige Dienstleistungen*
- Verkehr u. Nachrichtenübermittlung
- Verarbeitendes Gewerbe
- Kreditinstitute u. Versicherungsunternehmen
- Handel

*ohne Wohnungsvermietung
Quelle: Statistisches Jahrbuch Nordrhein-Westfalen 1994

Obwohl sich während der letzten 15 Jahre der Anteil des Verarbeitenden Gewerbes an der Bruttowertschöpfung Nordrhein-Westfalens um fast 25% verringert hat, kann die Industrie nach wie vor als dominierender Wirtschaftszweig bezeichnet werden. Dies gilt vor allem, wenn man berücksichtigt, daß bedeutende Teile der in der Statistik als sonstige Dienstleistungen ausgewiesenen Wertschöpfung von der Sache her den gütererzeugenden Zweigen zuzurechnen sind.[48] Kumuliert man die Werte der Reihen des Verarbeitenden Gewerbes und der sonstigen Dienstleistungen, so ist festzustellen, daß der gemeinsame Anteil im Jahre

---

48   Vgl. Voppel 1993, S. 63 und S. 135 ff.

1978 bei etwa 47,6% der Bruttowertschöpfung des Landes lag und 1993 immer noch 47% betrug, damit also nahezu konstant geblieben ist.

Um künftig als ein vielseitig strukturiertes und durch produktionsbezogene Dienstleistungen ausreichend gestütztes Industrieland bestehen zu können, kann Nordrhein-Westfalen seine Entwicklung im wesentlichen auf vier Säulen stützen, welche in dieser Form in der Bundesrepublik Deutschland positiv standortdifferenzierend wirken:[49]

1. Die Lage am Niederrhein als leistungsfähigstem Binnenwasserweg Europas,

2. eine ausreichende Verfügbarkeit von Braunkohle als Primärenergiebasis,

3. die Nähe zu anderen bedeutenden europäischen Industrieregionen sowie

4. eine hohe Besiedlungsdichte, an welche ein hohes Kaufkraftniveau und die Chance zur Realisierung von Kontaktvorteilen gekoppelt ist.

---

[49] Vgl. Voppel 1993, S. 7 und S. 72 ff.

Teil 2 Entwicklung der amerikanischen Direktinvestitionen

2.1 Vorbemerkung

In diesem Teil der Arbeit werden im wesentlichen zwei Ziele verfolgt:

Das erste Ziel ist die Darstellung der Entwicklung der amerikanischen Direktinvestitionen seit Ende des zweiten Weltkriegs, wobei ein kurzer Überblick über die weltweiten Direktinvestitionsverflechtungen der amerikanischen Unternehmungen und der diesen zugrunde liegenden Motive gegeben wird. Dies ermöglicht es, die Rolle Europas als Investitionsstandort aus amerikanischer Sicht zu verdeutlichen.

In der Regel werden Direktinvestitionen zwar von privaten Unternehmungen getätigt, dennoch unterliegen sie zu einem gewissen Grad der Steuerung durch den Staat des Heimat- oder des Gastlandes. Lenkungsinstrumente liegen in verschiedenen Formen vor, vor allem sind aber tarifäre und nicht-tarifäre Handelshemnisse, Doppelbesteuerungsabkommen und staatliche Garantieerklärungen zu Eigentumsverhältnissen von Bedeutung. Dies führt dazu, daß neben unternehmungsspezifischen Motiven auf makroräumlicher Ebene auch staatliche Interessen berücksichtigt werden müssen.

Das zweite Ziel ist, mögliche standortbedingte Unterschiede im Direktinvestitionsverhalten der amerikanischen Unternehmungen auf nationaler Ebene innerhalb Europas und auf Bundeslandebene innerhalb der Bundesrepublik Deutschland aufzuzeigen.

Das Erreichen des zweiten Ziels wird dadurch erschwert, daß nach Direktinvestorstaaten differenzierte Daten auf Bundeslandebene erst ab 1976 vorliegen. Nach sektoralen Gesichtspunkten differenzierte Daten einzelner Anlegerstaaten liegen auf Bundeslandebene überhaupt nicht vor.

An dieser Stelle sei noch angemerkt, daß zwischen Nordrhein-Westfalen und den Vereinigten Staaten von Amerika durchaus eine bipolare Direktinvestitionsbeziehung besteht; aber aufgrund der thematischen Ausrichtung der Arbeit werden nur die amerikanischen Direktinvestitionen im Inland berücksichtigt.

2.2 Politischer Rahmen

Die europäische und insbesondere die deutsche Wirtschaft befanden sich nach dem zweiten Weltkrieg in einer Situation, welche durch zerstörte Anlagenbestände, fehlende Kaufkraft und Kapitalarmut gekennzeichnet war. Westdeutschland hatte zudem eine nur zum Teil autark handlungsbevollmächtigte Regierung, welche sich nicht nur den Problemen des Wiederaufbaus, sondern auch denen der Wiedergutmachung, der Kriegsopferversorgung und des Lastenausgleichs zu stellen hatte.[50]

Neben den langfristig zu lösenden Problemen bestand dringender Handlungsbedarf, um so schnell wie möglich für die Bevölkerung eine angemessene Nahrungsmittelversorgung, Unterbringung und medizinische Versorgung aufzubauen.

Schon 1941 hatten sich die Amerikaner im Rahmen der "Atlantik-Charta" zu einer "open door policy" für die Nachkriegszeit bekannt.[51] Damit war die ideologische Voraussetzung für die Unterstützungsrolle der Amerikaner bei der Etablierung eines freien Welthandels geschaffen. Obwohl sich innerhalb dieses ideologischen Rahmens sehr konkrete Einzelinteressen der Vereinigten Staaten von Amerika verbargen (Führungsposition im Welthandel, Rohstoffsicherung, industrielle Vorreiterrolle),[52] war er doch Voraussetzung für eine Übernahme der Verantwortung zum Wiederaufbau der westlichen Länder Europas.

Während des zweiten Weltkriegs hatte der Vorkriegsbestand an amerikanischen Direktinvestitionen in Deutschland von über 200 Mill. US-Dollar auf dem Wege von Liquidationen und Gewinneinbehaltungen kontinuierlich abgenommen. Zum Ende des Krieges waren drei Viertel des amerikanischen Anlagenbestandes zerstört.[53]

Zu diesem Zeitpunkt waren die wirtschaftspolitischen und rechtlichen Verhältnisse in Westdeutschland noch zu instabil, als daß Deutschland als Direktinvesti-

---

50 Vgl. Henning 1991, S. 237 f.
51 Vgl. Konstroffer 1994, o. S.
52 Vgl. Kolko 1971, S. 64 ff.
53 Vgl. Konstroffer 1994, o. S.

tionsstandort für private Unternehmungen in Frage gekommen wäre.[54] Länderrisiko, Preisrisiko und Gewinntransferrisiko ließen es nicht zu, betriebswirtschaftliche Entscheidungen zu Gunsten von Direktinvestitionen treffen zu können.[55]

Die stark benötigte Hilfe, insbesondere um der Kapitalarmut zu begegnen, kam von staatlicher Seite. Am 5.6.1947 verkündete der US-Außenminister Marshall das European Recovery Programm (ERP), in dessen Rahmen zwischen 1948 und 1952 1,3 Mrd. US-Dollar Devisenhilfe (Marshall-Plan) nach Westdeutschland flossen. Weiterhin erhielt Westdeutschland im Rahmen des Government Appropriation and Relief for Import in Occupied Areas-Programms (GARIOA) zusätzliche Rohstoff- und Nahrungsmittellieferungen im Wert von etwa 1,8 Mrd. US-Dollar. Noch heute gelten diese Mittel als Initialzündung des wirtschaftlichen Aufschwungs zwischen 1948 und 1965.[56]

Neben den rein monätaren Wirkungen des ERP sind auch Wirkungen in den "Köpfen" von Unternehmern, Politikern und Arbeitnehmern eingetreten. In einer Rede im Amerikahaus in Frankfurt a.M. am 29.6 1967 stellt Fritz Dietz (Präsident der Industrie- und Handelskammer Frankfurt a.M.) folgende Einsichten als Resultat der Praxis der Umsetzung des ERP und der politischen Zielsetzung des Marshall-Plans heraus:

"1. Der Wille der Unternehmer und Arbeitnehmer, das wirtschaftliche Elend der Nachkriegszeit zu überwinden;

2. die politische Einsicht, daß der Abbau der Handelshemnisse Voraussetzung für eine weltweite Ausdehnung des Handels und damit eine größere Produktivität ist;

---

[54] Privates amerikanisches Engagement war indes im Rahmen der Care-Aktion in Form von Spenden vorhanden.

[55] Zur Einstellung der amerikanischen Investoren gegenüber speziellen Risiken und der Absicherung dieser durch Inanspruchnahme entsprechenden staatlichen Versicherungsschutzes findet der Leser nach Investitionsregionen und nach Risikoarten spezifizierte Ausführungen bei Scharrer 1972, S. 163 ff.

Vgl. auch Brünning 1978, S. 70 ff.

[56] Vgl. Konstroffer 1994, o. S.

3. daß zweiseitige Handelsbeziehungen und ein ausschließlich auf Exportsteigerung gerichtetes Denken wirtschaftliches Wachstum begrenzen."[57]

Zusammenfassend für die amerikanische Außenpolitik der Jahre 1945 bis 1950 lassen sich als "europarelevante Säulen" nennen:

- Verantwortungsübernahme beim Wiederaufbau Westeuropas,

- Stärkung der westlichen Wirtschaft als Machtfaktor in Europa und

- Vorbereitung der Partizipation am künftigen Wirtschaftswachstum der westeuropäischen Industrienationen.

2.3 Entwicklung der amerikanischen Direktinvestitionen weltweit

Die weltweite Entwicklung der amerikanischen Direktinvestitionsverflechtungen muß vor dem Hintergrund sinkender (relativer) Transport- und Kommunikationskosten bewertet werden. Beide Kostensenkungen begünstigen einerseits den Export von Gütern und fördern somit die Standortbeharrung bestehender Produktionsanlagen. Andererseits führen die Kostensenkungen aber auch dazu, daß der Radius, welcher den Raum möglicher Produktionsstandortalternativen begrenzt, erweitert wird. Tatsächlich ist zu beobachten, daß die Entwicklung des Direktinvestitionsvolumens mit der des Gütertransportes positiv korreliert.

Gegenüber der Produktion für den Export tragen Direktinvestitionen insofern ein höheres Risiko, als daß mehr Kapital im Zielland gebunden werden muß. Damit gewinnt die genaue Kenntnis des fremden Absatzmarktes an Relevanz. In aller Regel werden die Absatzmärkte der Gastländer vor Markteinführung mit Gütern

---

[57] Dietz 1969, S. 73.
   Wie tiefgreifend diese Einsichten waren, ist heute noch spürbar. Aus den Gegenwerten der erhaltenen Wirtschaftshilfe hat die Bundesrepublik Deutschland ein Sondervermögen gebildet, aus welchem ein Teil der Entwicklungshilfe sich entwickelnder Nationen Afrikas, Asiens und Lateinamerikas bestritten wird. Vgl. Dietz 1969, S. 74.

heimischer Produktion getestet, bevor Marktzugang mittels Direktinvestitionen gesucht wird.[58]

Unter diesem Aspekt ist die Entwicklung amerikanischer Direktinvestitionen weltweit auch verständlich (vgl. Abbildung 7). Es zeigt sich, daß bis in die 60er Jahre die räumlich nahegelegenen Wirtschaftsregionen Kanadas und Lateinamerikas am meisten amerikanisches Direktinvestitionskapital attrahieren konnten.

Monokausale Erklärungsansätze (hier räumliche Nähe) sind jedoch nicht geeignet, Direktinvestitionen hinreichend zu begründen. Vielmehr müssen regional differenzierte Untersuchungen angestellt werden, um die Motive oder Motivkombinationen zu erfassen, auf deren Grundlage eine Standortentscheidung getroffen worden ist.

In den folgenden Ausführungen innerhalb dieses Kapitels beschränkt sich die Analyse auf die Hauptmotive als Grundlage einer makroräumlichen Standortentscheidung.

---

[58] Vgl. Stehn 1992, S. 29; Vernon 1972, S. 6.

Abbildung 7: Regionale Entwicklung der US-Direktinvestitionsbuchwertbestände weltweit (1950-1985)

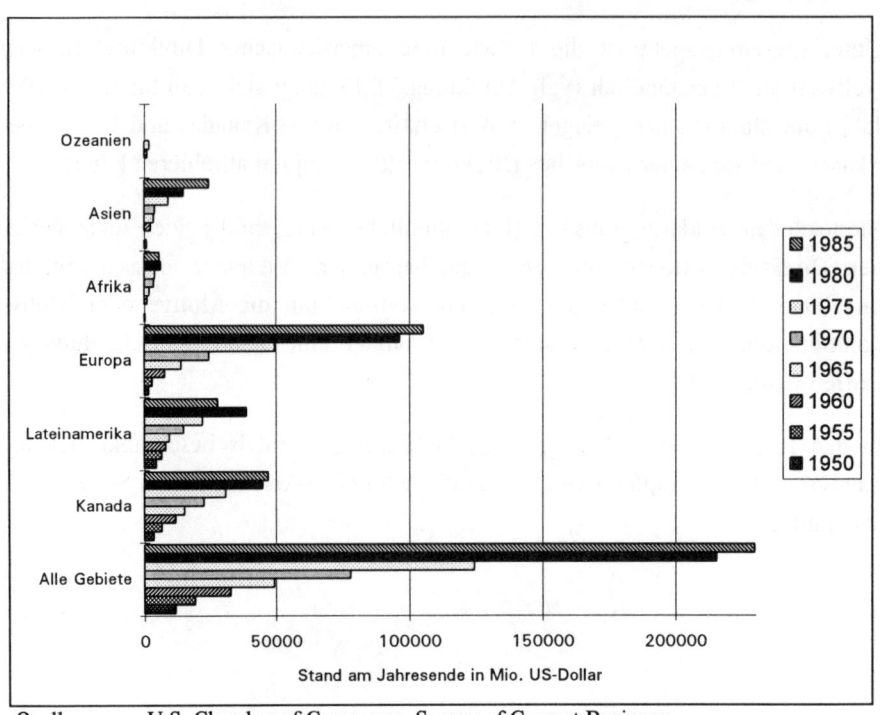

Quelle: U.S. Chamber of Commerce, Survey of Current Business: August 1957, Ausgabe 37, S. 24, Tafel 2; September 1960, Ausgabe 40, S. 20,Tafel 1; August 1962, Ausgabe 42, S. 22. Tafel 3; September 1967, Ausgabe 47, S. 42, Tafel 3; November 1972, Ausgabe 52, S. 30, Tafel 7b; August 1977, Ausgabe 57, S. 44, Tafel 13; August 1982, Ausgabe 62, S. 21, Tafel 13; August 1987, Ausgabe 67, S. 64, Tafel 12

Insbesondere der zweite Weltkrieg hat der amerikanischen Politik und Wirtschaft verdeutlicht, in welchem Umfang sie von fremden Rohstoffressourcen abhängig sind.

"Unsere eigene dynamische Ökonomie hat uns in bezug auf viele notwendige Rohstoffe von der Außenwelt abhängig gemacht."[59]

Zumindest in den frühen Jahren des betrachteten Zeitraums waren die amerikanischen Direktinvestitionen in Lateinamerika hauptsächlich auf Rohstoffsicherung

---

[59] Paul Hoffmann, ehemaliger Marshall-Plan-Administrator; zitiert nach Kolko 1971, S. 66.

ausgerichtet. Auf der Basis der gewonnen Rohstoffe siedelten sich amerikanische Unternehmungen des Verarbeitenden Gewerbes in Lateinamerika an.

Die sektorale Aufteilung des amerikanischen Beitrags zum Sozialprodukt Lateinamerikas (1955) macht die Rohstofforientierung deutlich: Von insgesamt 4771 Mio. US-Dollar entfielen 2109 Mio. US-Dollar auf die Erdölgewinnung, 757 Mio. auf Bergbau und Verhüttung. Lediglich 440 Mio. wurden in den Agrarsektor, 1464 Mio. US-Dollar in das Produzierende Gewerbe und nur 1 Mio. US-Dollar in das Dienstleistungsgewerbe investiert.[60]

Die amerikanische Erdölproduktion konzentrierte sich in Lateinamerika auf Venezuela (2/3 der Produktion), ansonsten auf Brasilien, Kolumbien und Peru. Die Gewinnung und Weiterverarbeitung von Eisenerz hatte ebenfalls ihren Schwerpunkt in Venezuela. Nichteisenmetalle (Blei, Zink, Kupfer) und Mineralien wurden vornehmlich in Chile, Mexiko und Peru gewonnen.[61]

Regional sowie sektoral haben sich bis in die 70er Jahre keine großen Verschiebungen in der Zusammensetzung der amerikanischen Direktinvestitionsstruktur in Lateinamerika ergeben.[62] Wegen der Verschlechterung des Investitionsklimas[63] in den 1970er Jahren in einigen Staaten Lateinamerikas haben sich die amerikanischen Direktinvestoren Kanada und Australien (Bergbau) oder aber "non-Latin - Latin American Countries" wie Surinam und Jamaika (Bauxit) zugewandt.[64]

Neben dem Aspekt der Rohstoffsicherung ist auch der der Gewinnerzielung durch Produktion für den Absatzmarkt im Gastland zu nennen. Dieses Motiv trifft für die größeren Staaten Lateinamerikas wie Argentinien, Brasilien und Mexiko zu.

---

60 Vgl. U.S. Chamber of Commerce January 1957, S. 6 ff.
61 Vgl. U.S. Chamber of Commerce January 1957, S. 6 ff.
62 Vgl. U.S. Chamber of Commerce August 1972 und August 1978; Wilkins 1974, S. 330.
63 Unter Investitionsklima wird hier eine sehr weite Begriffsauslegung verstanden, welche ökonomische Faktoren wie Möglichkeit der Kapitalrückführung, erlaubte Beteiligungsquote, Währungsstabilität, steuerliche Behandlung des ausländischen Kapitals (im Vergleich zu dem inländischen) und Inflationsrate umfaßt. Vgl. Stobaugh jr. 1969, S. 132.
64 Vgl. Wilkins 1974, S. 360.

Hinzugefügt werden muß, daß das Direktinvestitionsvolumen in Lateinamerika von einem hohen Währungsrisiko und vor allem Länderrisiko (Bürgerkriege, Regierungsstürze, Diktaturen) immer negativ beeinflußt war.[65]

Gegenüber den Unzulänglichkeiten des lateinamerikanischen Raumes zeichnet sich Kanada als Direktinvestitionsstandort amerikanischer Unternehmungen insbesondere durch Nichtexistenz sprachlicher Barrieren, durch politischen und sozialen Frieden sowie die Abstinenz kultureller Konflikte aus. Weiterhin ist die räumliche Nähe (makroräumlich betrachtet) ein begünstigender Faktor.

Eine grobe sektorale Untergliederung zeigt, daß 1950 von insgesamt 3579 Mio. US-Dollar (Stand des Buchwertes der Direktinvestitionen) 9% in den Bergbau, 12% in die Erdölproduktion, 53% in die Verarbeitende Industrie und 26% in den Handel und sonstige Sektoren investiert waren. Das amerikanische Engagement nahm im Zeitablauf stark zu, so daß die Vereinigten Staaten von Amerika 1963 46% der Verarbeitenden Industrie, 52% des Bergbaus (und Verhüttung) und 62% der Erdöl- und Erdgasproduktion Kanadas kontrollierten. Innerhalb der Verarbeitenden Industrie hatten die Amerikaner auch etliche Schlüsselindustrien unter ihrer Kontrolle. Hier sind insbesondere die Automobilindustrie und die chemische Industrie anzuführen.[66] Als Hauptmotive der amerikanischen Direktinvestitionen in Kanada ist erneut die Sicherung von Rohstoffen zu nennen, aber auch die Stärkung der eigenen Wirtschaft auf dem Weltmarkt sowie die Nutzung der vorhandenen Kaufkraft zählen dazu.

Die Probleme im lateinamerikanischen Raum förderten jedoch nicht nur die Direktinvestitionen in Kanada, sondern ließen auch andere Regionen interessant erscheinen.

Als Direktinvestitionsstandort spielten Afrika und Asien zumindest bis Beginn der 70er Jahre für amerikanische Unternehmungen nur eine untergeordnete Rolle (vgl. Abbildung 7).

Die Direktinvestitionen in Afrika dienten fast ausschließlich der Rohstoffsicherung (Nichteisenmetalle und Mineralien). Afrikanische Staaten waren stets bemüht auch industrielle Direktinvestitionen zu attrahieren, was aber aufgrund politischer Instabilitäten und wegen mangelnder Kaufkraft im Inlandsmarkt nie im

---

[65] Vgl. Halbach 1979, S. 65; Thunell 1977, S. 5.
[66] Vgl. Krägenau 1975, S. 402.

gewünschten Ausmaß gelang. Kulturelle Divergenzen, Sprachbarrieren und ein qualitativ auf niedrigem Niveau befindlicher lokaler Arbeitsmarkt kamen erschwerend hinzu.

Seit den 60er Jahren haben amerikanische Unternehmungen verstärkt in den asiatischen Staaten wie Südkorea, Taiwan und Hong Kong industrielle Betriebe aufgebaut. Anfangs nutzten die Amerikaner nur die handwerklich geschickten und sehr preiswerten Arbeitskräfte zur Lohnveredelung ihrer Produkte (insbesondere elektrische Geräte und elektronische Bauteile), um diese dann wieder zu exportieren. Mit zunehmender Kaufkraft im Gastland richteten sich die amerikanischen Investitionen immer stärker an den Konsumbedürfnissen der Gastländer aus, wobei technischer Fortschritt und ein gestiegener Bildungsstandard Diversifikation in der Produktionsstruktur zuließen.

Die Daten in der Abbildung 7 berücksichtigen für Asien den Mittleren Osten und Japan, welche zusammen über die Hälfte der amerikanischen Direktinvestitionen auf sich vereinigen (vgl. Abbildung 8).

Japan nimmt indes noch eine Sonderstellung ein, da amerikanische Direktinvestitionen erst sehr spät in den 60er Jahren in nennenswertem Umfang getätigt worden waren, obwohl wirtschaftliche Kontakte sich nach Kriegsende wieder sehr schnell etabliert hatten. Allein aufgrund der sprachlichen Barrieren boten sich, aus amerikanischer Sicht, joint ventures als optimale Unternehmungsform an. Andererseits war es auch die japanische Regierung, welche es zu vermeiden suchte, nationale Industrien in amerikanische Hand zu geben. Aus diesem Grund sahen auch sie das joint venture als optimale Kooperationsform an. Das Hauptinteresse der Japaner an den joint ventures galt der Begegnung mit den amerikanischen Techniken und den amerikanischen Managementformen.[67] Die fremden Managementformen wurden zwar genauestens studiert, gleichwohl aber nicht übernommen. Vielmehr wurden einzelne Elemente an das japanische Umfeld angepaßt und zu neuen Führungsformen zusammengefügt.

Wie in Europa galt das amerikanische Interesse hier hauptsächlich der Partizipation am schnellen Wachstum der japanischen Nationalökonomie.[68]

---

[67] Anfang der 50er Jahre hatten die Amerikaner gegenüber Japan einen technischen Vorsprung. Japan bemühte sich viele dieser Techniken zu kaufen, was aber selten gelang.

[68] Vgl. Wilkins 1974, S. 349.

Die Zahlenreihe für den Mittleren Osten (Abbildung 8) besteht hauptsächlich aus Direktinvestitionen im Rahmen der Erdölproduktion.[69]

Die Werte für Ozeanien stellen zum größten Teil Direktinvestitionen in Australien dar (vgl. Abbildung 8). Australien hatte im Zweiten Weltkrieg gemerkt, wie verletzbar es eigentlich war. Ferner wohnten in den 50er Jahren dort schon viele US-Bürger, was dazu beitrug, daß amerikanische Direktinvestitionen erwünscht waren. Den Amerikanern boten sich akzeptable Umstände (politischer Frieden, keine Sprachbarrieren und adäquate Lebensbedingungen) und sie waren gleichzeitig mit einer zunehmenden Verteuerung des Exports (Zölle) nach Australien konfrontiert. Diese Faktoren führten dazu, daß amerikanische Investoren nicht nur Rohstoffsicherung betrieben, sondern auch Betriebe in der Verarbeitenden Industrie gründeten.[70]

---

[69] Dem Bruch in der Zahlenreihe bei 1975 liegt keine Desinvestition zugrunde. Hier mußte, bedingt durch Vertragsbruch, vormals als amerikanisch verbuchtes Kapital in Kapital des Gastlandes umgebucht werden und somit waren die Direktinvestitionskriterien (Kontrollaspekt) nicht mehr erfüllt. Vgl. U.S. Chamber of Commerce August 1977, S. 40.

[70] Vgl. Wilkins 1974, S. 314.

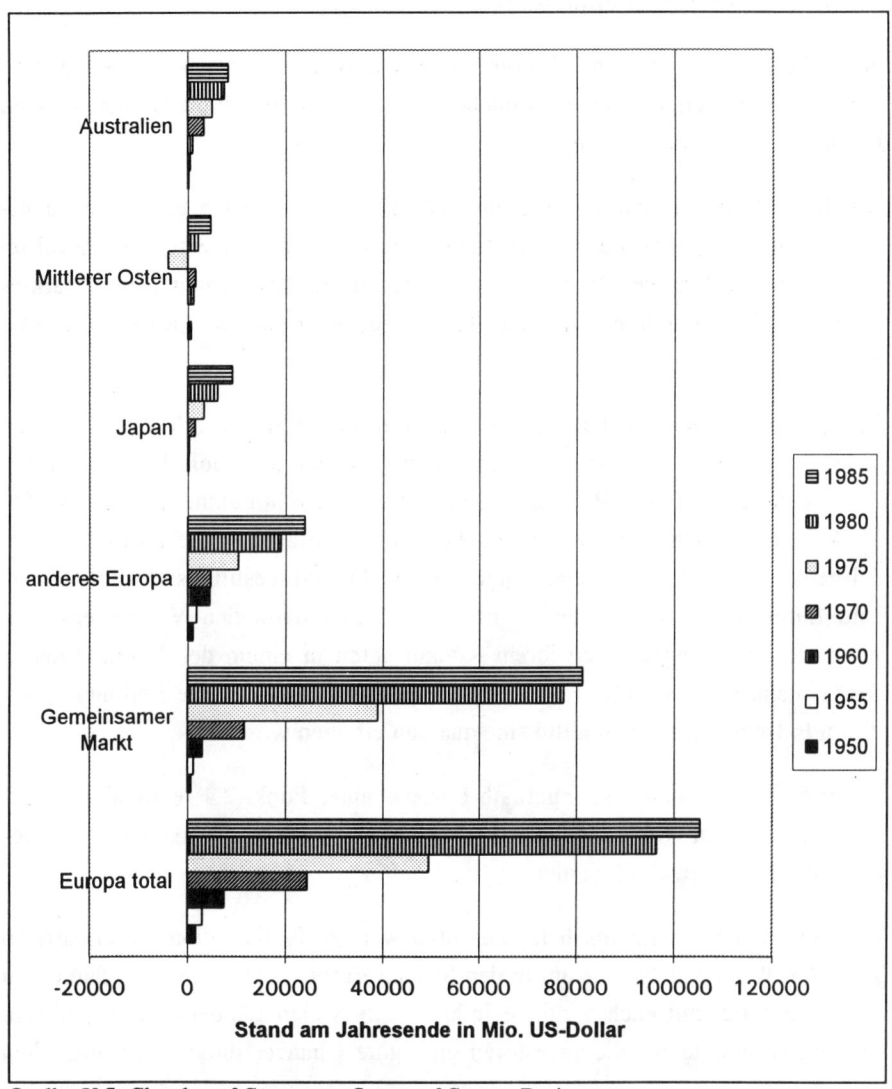

Abbildung 8: Regionale Entwicklung der US-Direktinvestitionsbuchwertbestände in ausgewählten Regionen (1950-1985)

Quelle: U.S. Chamber of Commerce, Survey of Current Business:
August 1957, Ausgabe 37, S. 24, Tafel 2; September 1960, Ausgabe 40, S. 20, Tafel 1; August 1962, Ausgabe 42, S. 22. Tafel 3; September 1967, Ausgabe 47, S. 42, Tafel 3; November 1972, Ausgabe 52, S. 30, Tafel 7b; August 1977, Ausgabe 57, S. 44, Tafel 13; August 1982, Ausgabe 62, S. 21, Tafel 13; August 1987, Ausgabe 67, S. 64, Tafel 12

Der Stellenwert Europas als Direktinvestitionsstandort amerikanischer Unternehmungen ist seit Beginn des 20. Jahrhunderts ständig gewachsen. 1903 ließ sich die amerikanische Handelskammer als erste ausländische Handelskammer auf deutschem Boden (Berlin) nieder.[71]

Wie Abbildung 7 zeigt, hat Europa als Standort amerikanischer Direktinvestitionen im weltweiten Rahmen Kanada und Lateinamerika 1960 als bevorzugten Direktinvestitionsstandort abgelöst.[72]

Abbildung 8 macht deutlich, daß innerhalb Europas seit 1965 das Hauptwachstum durch die Staaten des Gemeinsamen Marktes getragen wird. Der Wechsel Großbritanniens aus der Reihe anderes Europa in die des Gemeinsamen Marktes beeinflußt die Darstellung allerdings leicht zugunsten der Staaten des gemeinsamen Marktes.[73]

Grundsätzlich unterscheiden sich die Staaten des Gemeinsamen Marktes von den anderen Staaten Westeuropas im Entscheidungskalkül ausländischer Direktinvestoren dadurch, daß eine Präsenz in einem nach außen hin einheitlich agierenden Markt stets das Umgehen von möglichen (nicht-tarifären sowie tarifären) Handelshemmnissen sichert.[74] Demzufolge werden Direktinvestitionsstandorte innerhalb Europas, bei sonst gleicher Eignung, immer dann den Vorzug erhalten, wenn sie im Unterschied zu ihrem Konkurrenten in einem der Mitgliedstaaten des Gemeinsamen Marktes liegen.[75] Denkbar ist auch, daß diese Bedingung von vielen Entscheidern zur conditio sine qua non erhoben wird.

Bevor auf die Verhältnisse innerhalb Europas unter Punkt 2.4 regional differenziert eingegangen wird, soll Europa, als einheitliche Region verstanden, im globalen Rahmen betrachtet werden:

Hauptmotiv der amerikanischen Investoren war die Partizipation am erwarteten schnellen Wirtschaftswachstum in den Staaten Europas. Die zum Teil durch den Krieg zerstörte und auch veraltete Industrie in vielen Ländern des westlichen Europas bedeutete für die Investoren eine gute Chance, ihren technologischen

---

[71] Vgl. Konstroffer 1994, o. S.
[72] Vgl. auch Scaperlanda 1967, S. 22 ff.; Goldberg 1972, S. 696.
[73] Zum Ausmaß der Beeinflussung vergleiche Abbildung 9.
[74] Dieser Sachverhalt wird in der Literatur als Handelsschrankenhypothese behandelt. Ihre Gültigkeit ist mehrfach empirisch getestet und dabei für einzelne Perioden nachgewiesen worden (für USA-Europa: Scaperlanda 1967 und Wallis 1968). Vgl. Jahrreiß 1984, S. 117; Cooper 1980, S. 88 ff.
[75] Vgl. Hasenpflug 1979, S. 144; D'Arge 1969, S. 324 ff.

Vorsprung als Vorteil nutzbar zu machen und sich gegenüber inländischen Konkurrenten durchsetzen zu können. Hinzu kam, daß große amerikanische Konzerne in ihrem Wachstum so weit vorangeschritten waren, daß sie mit der amerikanischen Antitrustgesetzgebung in Konflikt zu geraten drohten. Eine Expansion ins oder im Ausland berührte diese Gesetze nicht.[76]

Die amerikanische Regierung unterstützte die Direktinvestitionsvorhaben ihrer nationalen Unternehmungen (außenpolitische Gründe vgl. 2.2) und setzte sich als Wegbereiter in den Anfangsjahren ein, indem sie Kommunikationsdienste leistete, aber vor allem auch bilaterale Gewinntransfergarantien mit den Partnerländern (1950) vereinbarte. Als Resultat daraus erhöhte sich die Investitionsneigung der privaten Direktinvestoren in den Jahren 1951/52.[77]

Im Gegensatz zu dem Interessenschwerpunkt in Kanada und Lateinamerika spielte der Aspekt der Rohstoffsicherung in Westeuropa nur eine untergeordnete Rolle. Kennzeichnend für das amerikanische Direktinvestitionsengagement in Europa ist die Konzentration auf industrielle Schwerpunktinvestitionen. Vor dem zweiten Weltkrieg konzentrierten sich die Amerikaner auf die Automobilindustrie und die erdölverarbeitende Industrie. Nun kamen weitere Schwerpunkte hinzu: der Maschinenbau, die Aluminiumindustrie, die chemische Industrie, die Kunststoffindustrie, die Reifenindustrie, die pharmazeutische Industrie und die Elektroindustrie.[78]

In den Staaten des Gemeinsamen Marktes betrug der Anteil der Verarbeitenden Industrie am gesamten amerikanischen Direktinvestitionsbestand im Jahre 1964 58%.

Aus der europäischen Perspektive betrachtet, kann von einem gewissen Abhängigkeitsgrad der heimischen Wirtschaft von den amerikanischen Investoren gesprochen werden. Da jedoch keine einheitliche Statistik für Westeuropa existiert, kann der Grad der Abhängigkeit nicht genau beziffert werden. Die Chase Manhattan Bank schätzt den amerikanischen Anteil an der westeuropäischen Industrie auf etwa 2% bis 5% für das Jahr 1963.[79] Für die Rezession in der zweiten Hälfte

---

[76] Vgl. Hellmann 1966, S. 44; Müller 1973, S. 52 u. S. 158.
[77] Vgl. Wilkins 1974, S. 310 u. S. 328; Scharrer 1972, S. 108 ff. u. S. 194.
[78] Vgl. Hellmann 1966, S. 60.
[79] Die Schätzung wurde anhand der Buchwerte der Industrieanlagen vorgenommen, womit sie tendenziell zu niedrig liegt, da der Buchwert der Auslandsinvestitionen in der amerika-

des Jahres 1966 wirkte sich dies positiv aus, da die Amerikaner ihren Direktinvestitionsfluß konstant hielten und somit stabilisierend auf das Wirtschaftsgeschehen, zumindest in Deutschland, wirkten.[80]

Insgesamt haben sich die amerikanischen Direktinvestitionen in Europa als nur sehr wenig krisen-, kurs- und kriegsreagibel erwiesen. Nicht nur die europäische Rezession 1966, sondern auch die Rezession in den Vereinigten Staaten von Amerika 1957/58 hatten auf den Direktinvestitionsfluß aus den Vereinigten Staaten nur eine geringe Auswirkung. Andererseits bedeutet dies nicht, daß keine Reaktionen auf langfristige Veränderungen (geringere Gewinnerwartung, höherer Kapitalmarktzins) folgen würden.[81]

Der Grad der "Europaorientierung" der amerikanischen Industrie insgesamt läßt sich mittels eines Koeffizienten (Verhältnis der Investitionen in Europa zu den Investitionen im Inland) verdeutlichen. Exemplarisch wird hier erneut das Jahr 1964 betrachtet:

---

nischen statistischen Abgrenzung im Ausland aufgenommenes Fremdkapital nicht berücksichtigt. Vgl. Mc Ghee 1965, S. 35 ff.

[80] Vgl. Hellmann 1950, S. 49 u. S. 207.
[81] Vgl. Hellmann 1966, S. 89 ff.

Tabelle 1:   Europaorientierung einzelner amerikanischer Industrien (1964)

Industriezweig	Amerikanische Ausgaben für Investitionen in den USA	Amerikanische Ausgaben für Investitionen in Europa	Koeffizient (Spalte 1 / Spalte 2)
Nahrungsmittel	1600	67	4,2%
Papier	940	22	2,3%
Chemie	1970	212	10,8%
Kunststoff	270	40	14,8%
Metall	2170	118	5,4%
Maschinenbau	1640	265	16,2%
Elektro	660	119	18%
Fahrzeugbau	1510	339	22,5%

absolute Angaben in Mio. US-Dollar
Quelle: Statistical Abstract of the United States, 86th Annual Edition, 1965, S 502, Tafel 690 und U.S. Chamber of Commerce, Survey of Current Business, Ausgabe 46, S. 33, Tafel 4 und eigene Berechnung

Die Werte dieses Koeffizienten für die einzelnen Industrien zeigen, daß in den 60er Jahren ein erhebliches Maß an "Europaorientierung" in der amerikanischen Industrie vorzufinden war. Unter Berücksichtigung der Größe des nationalen Binnenmarktes gewann einerseits der "Europamarkt" für die Erfolgsrechnung multinationaler Unternehmungen an Bedeutung, andererseits wird deutlich, in welchem Umfang amerikanisches Kapital in die europäische Wirtschaft floß. Das Motiv der Partizipation am Wachstum der europäischen Märkte hat seine Gültigkeit über die 60er Jahre hinaus behalten. Als Folge ist ein kontinuierliches Wachstum der amerikanischen Direktinvestitionsbestände bis Ende des Betrachtungszeitraums in Europa zu beobachten, welches die Zuwächse in den übrigen in Abbildung 8 betrachteten Regionen deutlich übertrifft.

2.4 Regionale Entwicklung der amerikanischen Direktinvestitionen innerhalb Europas

Abbildung 9: Regionale Entwicklung der US-Direktinvestitionsbuchwertbestände in Europa (1950-1985)

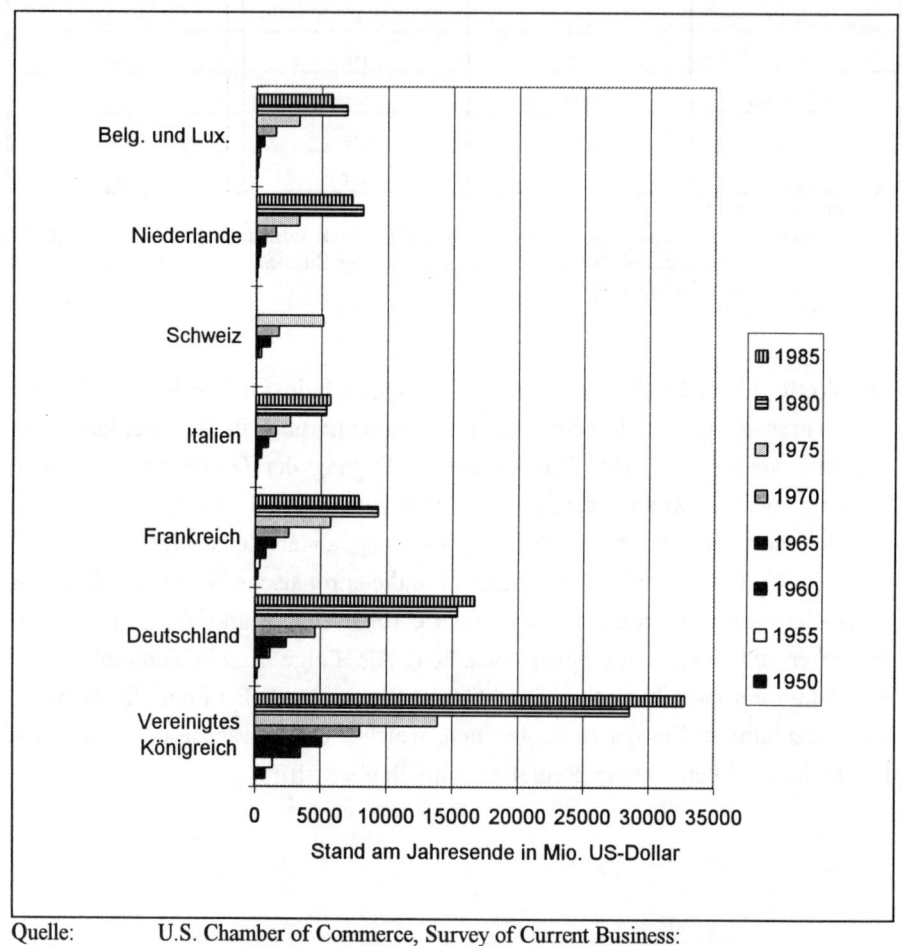

Quelle: U.S. Chamber of Commerce, Survey of Current Business:
August 1957, Ausgabe 37, S. 24, Tafel 2; September 1960, Ausgabe 40, S. 20, Tafel 1; August 1962, Ausgabe 42, S. 22. Tafel 3; September 1967, Ausgabe 47, S. 42, Tafel 3; November 1972, Ausgabe 52, S. 30, Tafel 7b; August 1977, Ausgabe 57, S. 44, Tafel 13; August 1982, Ausgabe 62, S. 21, Tafel 13; August 1987, Ausgabe 67, S. 64, Tafel 12

Großbritannien ist aufgrund seiner kulturellen und vor allem sprachlichen Nähe schon sehr früh bevorzugtes Investitionsland der amerikanischen Investoren geworden. Betrachtet man den Stand des Buchwerts der amerikanischen Direktinvestitionen, so dominiert es im Vergleich mit anderen Nationen Europas. Gerade Großbritannien ist aber auch deshalb ein interessantes Untersuchungsobjekt, da es 1957 nicht mit zu den sechs Gründungsnationen der EWG gehörte. Dennoch war es als Produktionsstandort zur Belieferung des europäischen Marktes von den Amerikanern vorgesehen. Die amerikanischen Direktinvestoren konnten mit einer künftigen Aufnahme des Vereinigten Königreiches in die EWG rechnen. Jedoch scheiterten im Januar des Jahres 1963 die Aufnahmeverhandlungen, und damit sank die Wahrscheinlichkeit eines baldigen Eintritts stark. Innerhalb jenes Jahres wuchs der Bestand an US-Direktinvestitionen in der EWG um 768 Mio. US-Dollar; dies stellt im Vergleich zu den Vorjahren ein deutlich stärkeres Wachstum dar. Gleichzeitig erhöhte sich der Buchwertbestand der amerikanischen Direktinvestitionen in Großbritannien nur um 348 Mio. US-Dollar. Damit hatte die EWG Großbritannien zum erstenmal überholt.

Abbildung 10: US-Direktinvestitionsbestände in der EWG und in Großbritannien im Vergleich (1957-1967)

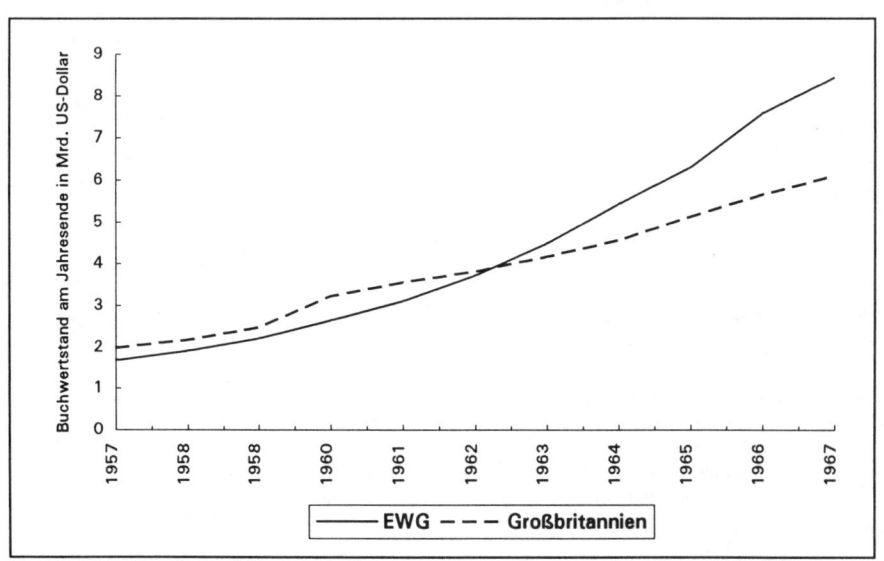

Quelle: U.S. Chamber of Commerce, Survey of Current Business, Jahrgänge 1959-1969

Das verlangsamte Wachstum des amerikanischen Direktinvestitionsbestandes in Großbritannien ist nicht ausschließlich auf die gescheiterte Aufnahme in die EWG zurückzuführen, sondern ist in Teilen auf das im Vergleich mit den Staaten der EWG langsamere Wirtschaftswachstum in Großbritannien (Marktwachstumshypothese) in diesem Zeitraum zurückzuführen.[82][83]

An dieser Entwicklung wird deutlich, daß Direktinvestitionsentscheidungen sehr stark durch die Existenz oder Nichtexistenz von Handelsbarrieren beeinflußt werden.[84] Der hohe Stand amerikanischer Direktinvestitionen in Großbritannien zeigt aber gleichzeitig, daß in keiner Weise ein Direktinvestitionsmotiv allein als Erklärungsgrundlage herangezogen werden kann.

Das Hauptmotiv "Partizipation am Wachstum der Wirtschaft" läßt sich nicht nur auf europaweiter Ebene belegen, es ist mittels einer Betrachtung in einer nationalen Differenzierung weiter nachweisbar. Die folgende Tabelle vergleicht den Anteil der jeweiligen europäischen Nation an der Summe des Bruttosozialprodukts (% BSP) der betrachteten Nationen mit dem nationalen Anteil an den gesamten amerikanischen Direktinvestitionen der betrachteten Nationen.

Tabelle 2: Ausrichtung der amerikanischen Direktinvestitionen auf wachsende Nationalökonomien Europas

	1960		1965		1970	
	% BSP	% US-DI	% BSP	% US-DI	% BSP	%US-DI
Deutschland	27,3	17,8	28	21,3	30,7	23,3
Frankreich	23,2	12,8	24,2	14,1	24,3	13,1
Italien	13,2	7,1	14,4	8,6	15,4	7,8
Niederlande	4,3	4,7	4,7	6,0	5,2	7,6
Belgien und Luxemburg	4,5	3,9	4,3	5,2	4,4	7,8
Vereinigtes Königreich	27,4	53,7	24,4	44,8	20	40,4
Summe	100	100	100	100	100	100

Quelle: Statistisches Amt der Europäischen Gemeinschaften, Statistische Grundzahlen der Gemeinschaft, 1970, S. 22, Tab. 9 und 1971, S.22, Tab. 9 und U.S. Chamber of Commerce, Survey of Current Business: August 1962, Ausgabe 42, S.22, Tafel 3; September 1967, Ausgabe 47, S. 44, Tafel 13; November 1972, Ausgabe 52, S. 30, Tafel 7b und eigene Berechnung

---

[82] Vgl. Statistisches Amt der Europäischen Gemeinschaften 1965 ff.

[83] Möglicherweise hat auch eine Umorientierung der Wirtschaftspolitik in dem Vereinigten Königreich diesen Effekt unterstützt. Insbesondere das Bemühen der Regierung, die Industrie des Landes auch in peripherischen Räumen anzusiedeln, könnte in diesem Zusammenhang eine Rolle gespielt haben. Vgl. Keeble 1976, S. 8 ff.

[84] Zum "Handelsschrankenargument" vgl. Schmitz, Bieri 1972, S. 259 ff.

Aufgrund der Untersuchungen von Scaperlanda und Mauer war zu erwarten, daß die entsprechenden Anteile positiv miteinander korreliert sind.[85] Wenn eine große nationale Volkswirtschaft ein entsprechend hohes Direktinvestitionsvolumen anziehen kann, so läßt dies bei einem Vergleich der Staaten noch keine Aussage hinsichtlich des Wachstumsmotivs zu. Betrachtet man allerdings die beiden Staaten, welche die extreme Werte (positiv und negativ) bezüglich der Veränderung der Anteile am BSP aufweisen, so läßt sich eine Erkenntnis gewinnen:

Der Anteil des Vereinigten Königreichs am BSP aller betrachteten Nationen ist in dieser Periode von ca. 27% auf 20% gesunken, und der Anteil der amerikanischen Direktinvestitionen hat sich parallel dazu von knapp 54% auf etwa 40% reduziert. Deutschland hingegen konnte seinen Anteil am BSP während dieser Zeit von ca. 27% auf knapp 31% steigern; dabei wuchs der auf Deutschland entfallende Anteil an den amerikanischen Direktinvestitionen in den betrachteten Staaten von knapp 18% auf über 23% an. Diese Werte stützen sowohl die Gültigkeit des Motivs "Partizipation am Wachstum von Volkswirtschaften"[86] als auch die Gültigkeit der Marktvolumenhypothese.

In Asien und Lateinamerika haben amerikanische Investoren in begrenztem Umfang die Vorteile niedriger Lohnkostenniveaus durch den Aufbau arbeitsintensiver Industrien genutzt (vgl. 2.3).

Für Europa kann eine solche Beziehung nicht festgestellt werden, da die Differenz zwischen dem amerikanischem Lohnniveau und dem europäischen nicht in diesem Ausmaß vorzufinden war. Dennoch kann das Lohnkostenniveau Europas für die Boomphase der amerikanischen Direktinvestitionen als weiterer begünsti-

---

[85] In der Literatur wird von der Marktvolumenhypothese gesprochen, welche für die Beziehung USA - EG mehrfach empirisch untersucht wurde. Insbesondere Scaperlanda und Mauer (1972) konnten die Gültigkeit anhand ihrer Untersuchungen nachweisen. Vgl. Jahrreiß 1984, S. 118.

[86] Dieses Phänomen ist in der Literatur als Marktwachstumshypothese bekannt. Ihre Gültigkeit wurde von Goldberg (1972) für die Beziehung USA - EG mittels einer empirischen Untersuchung verifiziert. Allerdings kritisiert Goldberg die Vorgehensweise in den Arbeiten von Scaperlanda und Mauer (1972) und widerlegt (scheinbar) durch alternatives Vorgehen die Validität der Ergebnisse. Aus Sicht des Verfassers dieser Arbeit scheinen beide Motivargumente in einem eindeutigen Kausalzusammenhang (Motiv - Direktinvestitionsvolumen) zu stehen und werden daher beide in ihrer Gültigkeit nebeneinander akzeptiert. Vgl. Jahrreiß 1984, S. 118.

gender Faktor angesehen werden, da, wenn auch geringe, Differenzen vorhanden waren.[87]

Tabelle 3: Durchschnittliche Stundenlöhne (US-Dollar) im Vergleich ausgewählter Nationen (1962)

	Stahlindustrie	Bergbau	Chemische Industrie	Maschinenbau	Textilindustrie
Frankreich	0,69	0,81	0,72	0,7	0,55
Deutschland	1,01	0,95	0,91	0,88	0,77
Italien	0,59	0,51	0,5	0,5	0,46
Vereinigtes Königreich	1,21	1,19	1,4	1,23	1,3
Vereinigte Staaten von Amerika	3,25	2,75	2,65	2,71	1,68

Angaben als Stundenlohn im Durchschnitt der Branche
Quelle: The Chase Manhattan Bank, Report on Western Europe, Nr. 31, 1964

Die Differenzen fallen hier etwas zu niedrig aus, da für die europäischen Werte nur Löhne für männliche Arbeitskräfte berücksichtigt wurden, hingegen die US-Werte Männer und Frauen berücksichtigen.

Heutzutage wird in Vergleichen dieser Art die Produktivität innerhalb der einzelnen Wirtschaftszweige und Staaten einbezogen. Dies wäre hier jedoch problematisch, da amerikanische Direktinvestoren vielfach heimische Produktionstechnik in das Gastland mitbringen.[88]

Weiterhin ist anzumerken, daß die europäischen Löhne in dieser Phase (1958-62) schneller anstiegen als die amerikanischen.[89] Das Annähern des Lohnniveaus aneinander wurde allerdings für die weitere Zukunft erwartet, zumal zusätzliche Direktinvestitionen in größerem Umfang bei (fast) Vollbeschäftigung dieses Annähern aktiv unterstützen.[90]

---

[87] Vgl. Standke 1965, S. 62; o. Verf. 1965, S. 50.

[88] Vgl. Gates, Linden 1961, S. 119.

[89] Allerdings wuchs die absolute Differenz in dieser Phase trotz der höheren Wachstumsrate des Lohnniveaus in Europa zuungunsten der USA weiter, da noch die größere absolute Basis, wenn auch mit der geringeren Wachstumsrate multipliziert, den stärkeren Effekt ausmachte. Vgl. The Chase Manhattan Bank 1964, o. S.

[90] Vgl. Jahrreiß 1984, S. 123.

Das für Europa uneinheitliche Lohnniveau läßt Nachteile für das Vereinigte Königreich und Deutschland offenkundig werden. Berücksichtigt man nun das Niveau der amerikanischen Direktinvestitionen im Vereinigten Königreich (vgl. Abbildung 9 und Abbildung 10), so wird erneut deutlich, daß monokausale Erklärungsansätze nicht hinreichend sind, sondern vielmehr die Berücksichtigung von Motivkombinationen auf der Basis regionaler Differenziertheit geeignet ist, Direktinvestitionsanalysen anzustellen.

Ebenfalls von wesentlichem Einfluß auf die Standortentscheidung im internationalen Rahmen ist, übergeordnet zu der momentan diskutierten Ebene, die Möglichkeit der Realisierung von Gewinnen. Diese ist wiederum sehr stark von steuerlichen Rahmenbedingungen im Heimatland und im Land der Direktinvestitionstätigkeit abhängig.[91] Das amerikanische Direktinvestitionsvolumen wird hauptsächlich von großen multinationalen Unternehmungen getragen.[92]

Vor 1963 war es für die amerikanischen Konzerne am vorteilhaftesten, die in Europa erzielten Gewinne dort zu belassen und zu reinvestieren. Die amerikanischen Tochtergesellschaften in Europa unterlagen nur den Ertragssteuern in ihrem Gastland, solange sie keine Gewinne repatriierten. Ausgeschüttete Gewinne konnten die Konzerne mit den Ergebnissen anderer Tochtergesellschaften gemeinsam veranlagen, womit ihnen ein erheblicher Spielraum bei der Rechnungslegung (insbesondere Verlustverrechnung) eröffnet wurde. Im Heimatland waren nur repatriierte Nettogewinne zu versteuern.[93]

Dieses Besteuerungsgefüge kam der kapitalarmen europäischen Wirtschaft zugute, in der man bestrebt war, den durch Reinvestition erzielbaren Steuervorteil genügend groß zu halten, um weiterhin Anreizfunktion zu behalten.[94]

---

[91] Zwei steuerliche Einflußvarianten sind für die internationale Standortentscheidung denkbar. Erstens können das Steuersystem und die Steuersätze des potentiellen Investitionsziellandes die Entscheidung beeinflussen. Zweitens spielt die steuerliche Behandlung ausländischer Tochtergesellschaften durch das Außensteuerrecht der Heimatländer (insbesondere die Existenz eines Doppelbesteuerungsabkommens mit dem Gastland) eine entscheidende Rolle. Vgl. Jahrreiß 1984, S. 127.

[92] Vgl. Krägenau 1957, S. 97.

[93] Vgl. Hellmann 1970, S. 180 f.; Snoy 1975, S. 282 ff.; Young 1973, S. 349 ff.

[94] Eine Differenzierung nach Ertragssteuersätzen innerhalb Europas legt Vorteile für Liechtenstein und die Schweiz offen. Dies führte dazu, daß amerikanische Tochtergesellschaften ihren Hauptsitz in diese "Steueroasen" verlagerten, wovon der Produktionsstandort in der Regel jedoch nicht betroffen war. Vgl. Hellmann 1970, S. 176; Scharrer 1972, S. 122 ff.

Ende 1962 erging schließlich der Revenue Act, welcher ab 1963 die Vorteile des bisherigen Steuersystems erheblich reduzierte. Anlaß für die Steuerneuordnung war das starke Zahlungsbilanzdefizit der Vereinigten Staaten von Amerika, welches seit Mitte der 50er Jahre kontinuierlich angewachsen war.[95]

Im wesentlichen sind zwei ehemalige Steuervorteilsregelungen der Neuordnung zum Opfer gefallen:

1. Holdings und Tochtergesellschaften durften nicht mehr in den "Steueroasen" gegründet werden, wenn dadurch die amerikanische Einkommenssteuerbelastung gesenkt oder umgangen wurde;

2. die alte Regelung zur Anrechnung von im Ausland entrichteten Gewinnsteuern im Inland wurde revidiert.[96]

Das Doppelbesteuerungsabkommen zwischen den Vereinigten Staaten von Amerika und Deutschland hatte jedoch weiterhin Bestand.[97]

Insgesamt hatten die steuerlichen sowie devisenrechtlichen Änderungen nicht in dem Maße, wie zunächst befürchtet, zu einem Rückgang der Direktinvestitionstätigkeit geführt. Lediglich die Art der Finanzierung der Direktinvestitionen wurde sichtbar beeinflußt. "Schon in den Jahren 1957 bis 1964 wurden im Durchschnitt nur 23% der amerikanischen Anlagen in Europa mit Mitteln aus Amerika finanziert. Aus Abschreibungen und Gewinnen wurden im Durchschnitt 43% der Investitionen bestritten. Das restliche Drittel wurde schon damals in Europa finanziert. 1965 mußten die amerikanischen Unternehmungen aufgrund der freiwilligen Selbstbeschränkung diesen Anteil auf 39% erhöhen. 1966 und 1967 wurden schätzungsweise 45% der Investitionen in Europa durch Kreditmittel finanziert, 1968 mindestens die Hälfte."[98]

---

[95] Die Steuerneuordnung war nicht die einzige Maßnahme zur Bekämpfung des Zahlungsbilanzdefizits. Zeitgleich ergingen devisenrechtliche Vorschriften, welche zunächst freiwilligen Charakter hatten und später (1968) zu Zwangsprogrammen umgestaltet wurden. Vgl. Scharrer 1972, S. 114 f.

[96] Vgl. Bellstedt 1962/63, S. 396 ff.

[97] Vgl. Hellmann 1970, S. 182.

[98] Vgl. Hellmann 1970, S. 209; Scaperlanda, Mauer 1972/1973, S. 419 ff.

In diesem Zusammenhang sind auch Aspekte der Wechselkursproblematik relevant. Einen geeigneten Überblick über die theoretische Berücksichtigung sowie über Ergebnisse empirischer Untersuchungen von Wechselkursverhältnissen in Direktinvestitionsbeziehungen findet sich bei Kohlhagen 1977, S. 43 ff.

In diesem Zusammenhang wirkte die Etablierung des Euro-Anleihemarktes, welcher von den Amerikanern stark genutzt wurde, zur Jahresmitte 1965 unterstützend.[99]

2.5 Sektorale Entwicklung der amerikanischen Direktinvestitionen innerhalb Europas (regional differenziert)

Im folgenden wird die sektorale Verteilung der amerikanischen Direktinvestitionen in Europa betrachtet. 1976 wurde aus methodischen Gründen (siehe Erläuterungen zum Aufbau des Teil 2) als Referenzjahr gewählt.

---

[99] Vgl. Hellmann 1970, S. 21.

Tabelle 4: Regionale und sektorale Verteilung der US-Direktinvestitionsbestände in Europa (1976)

		Europa	Deutschland	Frankreich	Italien	Niederlande	Belg. und Lux.	Vereinigtes Königreich
Insgesamt	abs.	55906	10410	5954	2944	3771	3607	15694
	%	100	100	100	100	100	100	100
Bergbau	abs.	34	-1	-8	8	1	0	11
	%	0	0	0	0	0	0	0
Mineralöl- verarbeitung	abs.	13445	294	997	35	1298	318	5117
	%	24	21	17	22	34	9	33
Verarbeitendes Gewerbe	abs.	28702	6638	3968	1870	1770	221	7776
	%	50	64	67	64	47	62	50
Dienstlei- stungen	abs.	11688	1365	906	363	596*	1015	2149
	%	21	13	15	12	15	28	14
sonstige Sekto- ren	abs.	2037	114	90	67	133	54	643
	%	4	1	2	2	4	2	4
Summe %		100	100	100	100	100	101	100

* Der reale Wert liegt darüber, da aus Geheimhaltungsgründen für das Transport und Nachrichtenwesen keine Angabe gemacht werden durfte, um Rückschlußmöglichkeiten auf einzelne Firmenangaben zu verhindern.
Die absoluten Angaben beziehen sich auf den Stand des Buchwertes am Jahresende 1976 in Mio. US-Dollar.
Die %-Angaben drücken die relative Größe des betrachteten Sektors in der jeweiligen Region aus.
Quelle: U.S. Chamber of Commerce, Survey of Current Business, August 1977, Ausgabe 57, S. 45, Tafel 14

Aus dieser Darstellung wird ersichtlich, daß das Hauptinteresse der Amerikaner der Verarbeitenden Industrie gilt. An zweiter Stelle steht die Erdölindustrie, die in der Verarbeitung dem Verarbeitenden Gewerbe (nach deutscher statistischer Abgrenzung) zuzurechnen ist, und dann folgen die Dienstleistungen. Einen gemessen am europäischen Durchschnitt überdurchschnittlich hohen nationalen Anteil an den Direktinvestitionen in der Verarbeitenden Industrie können Deutschland, Frankreich, Italien und Belgien mit Luxemburg aufweisen. Für die Erdölindustrie gilt das gleiche in den Niederlanden und dem Vereinigten Königreich. Im Sektor der Dienstleistungen kann für Belgien zusammen mit Luxemburg ein überdurchschnittliches Interesse festgestellt werden. Hier ist vor allem der internationale Finanzplatz Luxemburg mit dem anteilig sehr stark vertretenen Bankenwesen als Investitionsschwerpunkt zu nennen.[100]

Diese Betrachtung orientiert sich allerdings ausschließlich an dem Stand des Buchwertes des investierten Kapitals, was kaum hinreichender Indikator für die Ermittlung von Interessenschwerpunkten sein kann, insbesondere schon deshalb nicht, weil die Sektoren über keinen einheitlichen Grad an Kapitalintensität verfügen. Die Erdölindustrie und die Verarbeitende Industrie (diese mit erheblichen Differenzierungen in den einzelnen Branchen) sind weitaus kapitalintensiver, als es der Sektor der Dienstleistungen ist.

Tabelle 5: Regionale Verteilung der US-Direktinvestitionsbestände in Europa innerhalb der Verarbeitenden Industrie (1976)

Industrien		Europa	Deutschland	Frankreich	Italien	Niederlande	Belg. und Lux.	Vereinigtes Königreich
Verarbeitende (insg.)	abs.	28702	6638	3968	1870	1770	2221	7776
	%	100	23	14	7	6	8	27
Nahrungsmittel	abs.	2211	382	267	175	156	69	752
	%	8	17	12	8	7	3	34
Chemie	abs.	5754	926	629	449	613	762	1327
	%	20	16	11	8	11	13	23
Metallerzeugung und -verarbeitung	abs.	1610	355	122	*	172	75	404
	%	6	22	8		11	5	25
Maschinenbau	abs.	9455	2366	1386	896	472	821	2521
	%	33	25	15	9	5	9	27
Transportausrüstung	abs.	4729	2055	634	*	85	148	1092
	%	16	43	13		2	3	23
sonstige	abs.	4942	554	931	216	272	346	1680
	%	17	11	19	4	6	7	34

* nicht angegeben, um keine Rückschlüsse auf einzelne Firmenangaben zuzulassen
Der Aufbau der Matrix führt dazu, daß sich weder die %-Zeilen noch die %-Spalten zu 100% addieren.
Quelle: U.S. Chamber of Commerce, Survey of Current Business, August 1977, Ausgabe 57, S. 45, Tafel 14 und eigene Berechnung

---

[100] Vgl. OECD Economic Surveys B.L.E.U. 1971 ff.; U.S. Chamber of Commerce August 1978.

Die Prozentangaben der ersten Doppelzeile zeigen die relative Verteilung der Direktinvestitionen innerhalb der Verarbeitenden Industrie in regionaler Hinsicht in Europa. Die Prozentangaben der ersten Spalte machen die nach Branchen differenzierte Verteilung der Direktinvestitionen innerhalb Europas deutlich.

Des weiteren zeigen die übrigen Prozentangaben in der Matrix, wie groß der relative Anteil der jeweilig betrachteten Nation an den gesamten Direktinvestitionen dieser Branche ist, was es ermöglicht, strukturelle Stärken einzelner Nationen darzustellen.

Tabelle 5 zeigt, daß bis 1976 innerhalb der Verarbeitenden Industrie die Bundesrepublik Deutschland und das Vereinigte Königreich 50% der Direktinvestitionen auf sich vereinigen konnten und sie damit in der europäischen Betrachtung Schlüsselpositionen einnehmen.

Ferner wird deutlich, daß der Maschinenbau, die chemische Industrie und die Transportausrüstungsindustrie auf Ebene der Branchen mit etwa 70% der Direktinvestitionen innerhalb der Verarbeitenden Industrie (und damit mit etwa 35% aller Direktinvestitionen) in Europa im Interessenmittelpunkt der amerikanischen Investoren liegen. In der erst- und letztgenannten Industrie, welche beide kapitalintensiv sind, konnten die amerikanischen Unternehmungen in der Zeit nach dem zweiten Weltkrieg gerade im kapitalarmen Deutschland (43% der amerikanischen Investitionen in der Transportmittelindustrie entfallen auf Deutschland) gut Fuß fassen und sich über den Import heimischer Produktionsvorteile im Zeitablauf behaupten.

Die chemische Industrie und die Metallerzeugung sind in den Niederlanden stark vertreten (jeweils 11% bei 6% nationalem Durchschnitt), die mit ihren Küstenstandorten über hervorragende Standorte für diese beiden Industrien verfügen.

Insgesamt zeigt sich, daß die einzelnen Nationen nicht nur innerhalb einer oder zwei bestimmten Branchen in der Lage waren, Direktinvestitionen zu attrahieren, sondern daß die relative Verteilung unter den einzelnen Branchen keine allzu starke Streuung aufweist. Insbesondere die Suche nach besonders "unbeliebten" Kombinationen verdeutlicht die geringe Streuung der Brancheneinzelwerte um ihren nationalen Anteil an der Verarbeitenden Industrie. Die größte absolute Abweichung einer auf nationaler Ebene unterdurchschnittlich vertretenen Branche beträgt sieben Prozentpunkte[101] von dem korrespondierenden nationalen Anteil an der Verarbeitenden Industrie.

Eine Interpretation dieses Ergebnisses als Tendenzaussage führt dazu, daß die europäischen Staaten aus Sicht der amerikanischen Investoren nur über eine geringfügig unterschiedliche Ausstattung mit Standortvorteilen und -nachteilen auf nationaler Ebene verfügen. Insbesondere dann, wenn berücksichtigt wird, daß die Verteilung der Direktinvestitionen in der Verarbeitenden Industrie grob die Größenverhältnisse der Bruttosozialprodukte der betrachteten Nationen widerspiegelt. Allerdings läßt sich aufgrund des niedrigen Differenzierungsgrades der Betrachtung innerhalb der Verarbeitenden Industrie eine solche Aussage lediglich als Tendenzaussage halten.

Das amerikanische Kapital hatte in Europa in der Betrachtungsperiode beträchtliche Ausmaße angenommen, so daß einige Staaten Anlaß zur Sorge über den Ausverkauf ihrer Industrie sahen. Die dadurch angeregte Diskussion um das amerikanische Kapital fand in der ersten Hälfte der 1960er Jahre ihren Höhepunkt. Nachfolgend sollen in sehr knapper Form die wesentlichsten Positionen der einzelnen Nationen skizziert werden.

In Deutschland wuchs seit Anfang des Jahres 1965 der Wunsch nach einer Art Kontrollinstanz über die Tätigkeiten der Amerikaner in der heimischen Ökonomie, weil

1. Unternehmungsaufkäufe trotz europäischer Konkurrenz in starkem Maße stattgefunden hatten,

2. die Arbeitskräfteverknappung zugenommen hatte,

3. die Angst vor einer importierten Inflation gewachsen war und

4. das Vordringen der Amerikaner in Grundstoff- und Schlüsselindustrien zu beobachten war.

Trotz allem blieb die Grundeinstellung positiv, da die amerikanischen Investitionen als integrativer und essentieller Bestandteil der deutschen Wirtschaft verstanden wurden.[102]

---

101 Die Abweichung läßt sich in Tabelle 5 ablesen wenn man vertikal den %-Wert des speziellen Wirtschaftszweiges mit dem %-Wert der Verarbeitenden Industrie insgesamt vergleicht.

Insbesondere das Bestreben der amerikanischen Firmen, Führungspersonal zu einem hohen Prozentsatz aus dem heimischen Arbeitsmarkt zu generieren, hat Übernahme- und Überfremdungsängste nicht zu groß werden lassen.[103]

In Frankreich wurden die amerikanischen Investitionen bis 1962 vorbehaltlos positiv gesehen. Ein Niederlassungsvertrag mit den Vereinigten Staaten von Amerika sagte den Investoren großzügige steuerliche Behandlung zu. Erste massive Kritik artikulierte sich 1963, als befürchtet wurde, daß Schlüsselindustrien vor der Übernahme standen, weil Mehrjahrespläne durch die amerikanischen Investitionen gestört wurden und damit eine Angst vor zu großem politischen Einfluß aufkam. Frankreich strebte eine europäische Behandlung des Problems an.[104] Der Abbruch der Aufnahmeverhandlungen Großbritanniens in die Europäische Wirtschaftsgemeinschaft führte unter anderem dazu, daß sich die EWG-Staaten nicht hinter die Initiative der Franzosen stellten. Zu diesem Zeitpunkt wurde auch Frankreich zurückhaltender, um zu verhindern, daß die Abwanderung großer amerikanischer Unternehmungen in einzelnen Regionen Strukturkrisen auslösen. Frankreich betrieb bezüglich Neuinvestitionen eine Politik der selektiven Beurteilung. Diese zögerliche Haltung der französischen Regierung führte in einigen Fällen zur Umorientierung der amerikanischen Investoren zu anderen europäischen Staaten. Erst seit 1969 kann die Haltung Frankreichs gegenüber den Vereinigten Staaten von Amerika wieder als freundlich bezeichnet werden.[105]

Italien begrüßte amerikanische Investitionen nach Kriegsende im wesentlichen aus zwei Gründen:

1. sie bedeuteten Abhilfe in der Problematik der chronischen Kapitalarmut und

2. sie gaben Hoffnung, den technischen Rückstand gegenüber anderen europäischen Nationen zu überwinden.

Ein vorteilhafter Wechselkurs des Dollars zur Lira ermunterte einige amerikanische Investoren in den 60er Jahren; allerdings erreichten diese Investitionen nie das von den Italienern erwünschte Ausmaß.[106]

---

102 Vgl. o. Verf. 1964a, o. S.
103 Vgl. Dowe 1964, S. 586 ff.; o. Verf. 1965b, S. 49 ff.
104 Vgl. Hellmann 1970, S. 115 ff.
105 Vgl. Hellmann 1970, S. 118 ff.
106 Vgl. Hellmann 1970, S. 126.

Auch in den Beneluxstaaten wurden die amerikanischen Investitionen der Nachkriegszeit als dringend notwendig angesehen und mithin begrüßt. Die Niederlande verwehrten den Amerikanern jedoch von Anfang an ein Engagement in den verschiedenen Bereichen der Grundstoffindustrie. Durch die frühzeitige Errichtung eines "Empfangsbüros" im Wirtschaftsministerium hatten sie ein geeignetes Kontrollinstrument geschaffen, und gleichzeitig verfügten sie durch ein in New York betriebenes Anwerbungsbüro über ein Kommunikationsinstrument. Belgien versuchte, über günstige Kreditvergabekonditionen und zuvorkommende steuerliche Behandlung verstärkt amerikanisches Kapital zu attrahieren. Ebenso bemühte sich Luxemburg um amerikanische Investitionen, wobei im Vordergrund stand, die eigene, auf Stahl basierende, industrielle Monostruktur durch die amerikanische Industrieunternehmungen diversifizieren zu können.[107]

Das überdurchschnittlich starke Engagement der Amerikaner in Großbritannien hatte zu einer tiefen Verwurzelung der amerikanischen Investitionen mit der heimischen Wirtschaft geführt. Sie waren ein integrativer Bestandteil derselben geworden. Allerdings wurden auch im Vereinigten Königreich Überfremdungsängste spürbar. Insbesondere die Kraftfahrzeugindustrie, die Büromaschinenindustrie und die aluminiumverarbeitende Industrie waren sehr früh durch einen hohen amerikanischen Kapitalanteil gekennzeichnet. Später kamen noch die chemische Industrie und die Nahrungsmittelindustrie hinzu. Zumindest nach außen hin blieb die Regierung Großbritanniens gegenüber den amerikanischen Investitionen lange kritisch, weil de Gaulle ihnen den Beitritt zur EWG unmöglich machte, um zu verhindern, daß weiteres amerikanisches Kapital in die Europäische Gemeinschaft gelangt. Erst seit 1970 (Rücktritt de Gaulles vom Amt des Staatspräsidenten) bekannte sich die britische Regierung wieder in aller Öffentlichkeit positiv zu der Rolle der Amerikaner in ihrer Wirtschaft.[108]

---

[107] Vgl. Hellmann 1970, S. 127 f.
[108] Vgl. Hellmann 1970, S. 128 ff.

2.6 Ausländische Direktinvestitionen in der Bundesrepublik Deutschland seit 1976

2.6.1 Stand der Direktinvestitionen Ende 1976

Das ausländische unmittelbare Direktinvestitionsvermögen in der Bundesrepublik Deutschland betrug am Ende des Jahres 1976 63 Mrd. DM und lag damit etwa 20 Mrd. DM über dem korrespondierenden Wert für das deutsche Vermögen im Ausland.

Von den 63 Mrd. DM waren 41,8 Mrd. in das Verarbeitende Gewerbe investiert, in welchem der Mineralölverarbeitung (7,2 Mrd. DM), der Elektrotechnik (6,2 Mrd. DM) und der chemische Industrien (6,0 Mrd. DM) die größten Anteile zugeordnet waren. Mit etwas Abstand folgten der Straßenfahrzeugbau (4,9 Mrd. DM) und der Maschinenbau mit 4,0 Mrd. DM. Auf den Handel entfielen 8,6 Mrd. DM unmittelbare Direktinvestitionen. Im Dienstleistungssektor waren insgesamt 11,9 Mrd. DM gebunden, wovon die *Beteiligungsgesellschaften und sonstige Vermögensverwaltung* mit 5,8 Mrd. DM sehr deutlich den größten Einzelanteil hielten.[110]

Gemessen an der Bilanzsumme der Unternehmungen war die relative Bedeutung des ausländischen Kapitals in den einzelnen Wirtschaftszweigen dabei ausgesprochen unterschiedlich ausgeprägt. Die Prozentzahlen der folgenden Tabelle zeigen das Verhältnis der aggregierten Bilanzsumme aller ausländischen Unternehmungen der betrachteten Branche des Inlands im Verhältnis zu der aggregierten Bilanzsumme der deutschen inländischen Unternehmungen derselben Branche:[111]

---

[110] *Beteiligungsgesellschaften und sonstige Vermögensverwaltung* sind eine sehr heterogen zusammengesetzte Gruppe, die teilweise dem industriellen Sektor zuzurechnen wäre, zum Teil aber auch den Bereichen Versicherungswesen, Finanzierungen und andere Dienstleistungen. Vgl. Deutsche Bundesbank 1987, S. 21 u. S. 29; Deutsche Bundesbank 1979, S. 26 ff.

[111] Die Bundesbank stellt diese Relationen auch noch für den Jahresumsatz und die Anzahl der Beschäftigten auf. Es ergeben sich dabei nur ganz geringe Unterschiede zu den oben genannten Werten.

Tabelle 6: Relative Bedeutung ausländischer Direktinvestitionen in ausgesuchten Wirtschaftszweigen der Bundesrepublik Deutschland (1976)

Wirtschaftszweig	ausländischer Anteil in Prozent	Wirtschaftszweig	ausländischer Anteil in Prozent
Mineralölverarbeitung	89,0	Stahl- und Leichtmetallbau	13,1
NE-Metallerzeugung	37,5	Handel	12,0
Eisen- und Stahlerzeugung einschließlich Stahlverformung	29,8	Nahrungs- und Genußmittelgewerbe	10,6
Straßenfahrzeugbau	26,4	Textilgewerbe	8,5
Chemische Industrie	26,2	Bekleidungsgewerbe	3,0
Elektrotechnik	25,8	Baugewerbe	2,2
Maschinenbau	16,4	Holzverarbeitung	1,5

Quelle: Angaben der Deutschen Bundesbank in: Stand der Direktinvestitionen Ende 1976, Sonderdruck aus: Monatsberichte der Deutschen Bundesbank, April 1979, S. 37

Die mineralölverarbeitende Industrie nimmt zu dieser Zeit eine Sonderstellung ein: Auf der einen Seite ist sie im Hinblick auf die Sicherung der künftigen Energieversorgung von besonderem nationalem Interesse, aber gleichzeitig zu fast 90% in ausländischer Hand.

Weiterhin weisen noch fünf weitere Industrien über der *Sperrminorität* liegende ausländische Beteiligungsquoten auf.[112]

---

[112] Der Begriff der Sperrminorität läßt sich hier nicht direkt anwenden. Transferiert man jedoch als Gedankenspiel die ausländischen Beteiligungsquoten von der Ebene der Industrien auf die der einzelnen Unternehmungen, so verdeutlicht die Verwendung dieses Ausdrucks in welchem Maße ausländisches Kapital Macht gebunden hat. Des weiteren kann nach einer vergleichenden Betrachtung mit dem Ausland festgestellt werden, daß in den meisten hier genannten Industriezweigen die ausländische Beteiligung im Inland, gemessen an absoluten Werten, etwa doppelt so hoch wie die deutsche Beteiligung im Ausland ist. Ausnahmen hierzu bilden die mineralölverarbeitende Industrie (siehe Anmerkung oben) und die chemische Industrie. Letztere war mit etwa gleich viel Kapital im Ausland repräsentiert, wie ausländisches Kapital im Inland vertreten ist. Vgl. Deutsche Bundesbank 1979, S. 26 ff.

2.6.2 Entwicklung der Direktinvestitionen 1976-1991

Abbildung 11: Entwicklung der unmittelbaren Direktinvestitionen in der Bundesrepublik Deutschland in absoluten Zahlen (1976-1991)

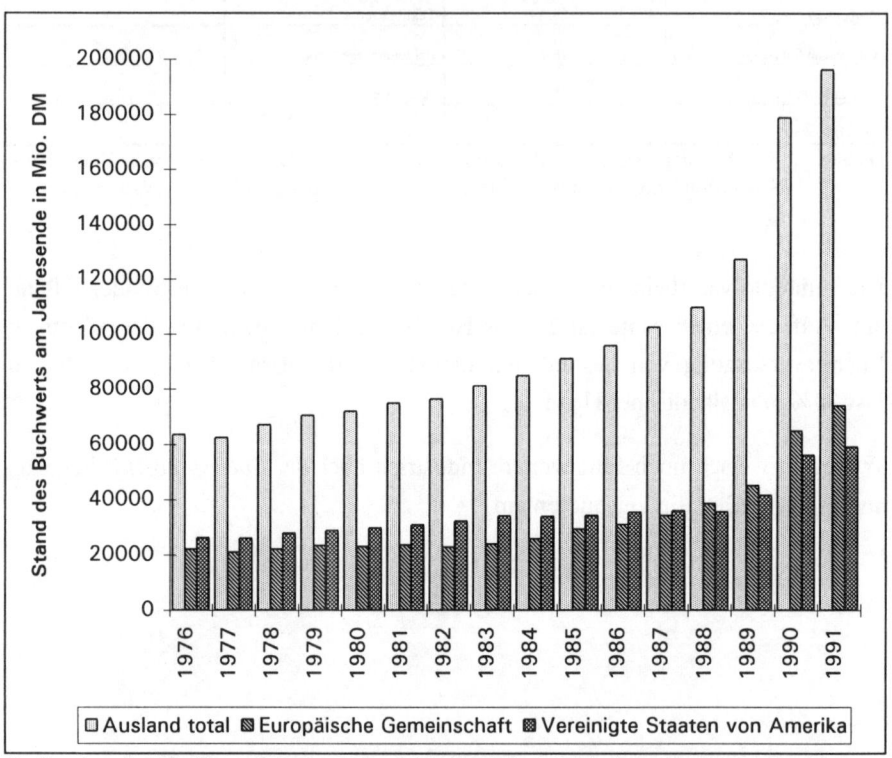

Quelle: Angaben der Deutschen Bundesbank in: „Statistische Beihefte zu den Monatsberichten der Deutschen Bundesbank", Reihe 3, Zahlungsbilanzstatistik, diverse Jahrgänge

Im betrachteten Zeitraum sind die Direktinvestitionen in Deutschland mit zunehmender Geschwindigkeit insgesamt um mehr als 132 Mrd. DM gewachsen. Über 100 Mrd. DM davon entfallen auf die letzten fünf Jahre des Betrachtungszeitraums. Für die aggregierten ausländischen Direktinvestitionen bedeutet dies einen Anstieg um mehr als 200%. Die Direktinvestitionen aus der Europäischen Gemeinschaft stiegen dabei um 237%, und der Anteil aus den Vereinigten Staaten von Amerika wuchs um 127%. Im Verlauf dieser Jahre haben die Investitionen aus der EG nicht nur das stärkere Wachstum gezeigt, sondern die Vereinigten Staaten bezüglich der absoluten Werte überholt.[113] Im Zeitablauf haben die Staaten aus der Europäischen Gemeinschaft ihren relativen Anteil von 35% 1976 auf 38% steigern können, während der der Vereinigten Staaten von 41% auf 30% gesunken ist. Kumuliert betrachtet haben sich die relativen Anteile dieser Hauptinvestorenblöcke damit von 76% auf 68% der gesamten ausländischen Direktinvestitionen reduziert. Berücksichtigt man die gleichzeitige Zunahme der absoluten Werte, so wird deutlich, daß andere Investoren stärker als in den Jahren zuvor partizipieren. Zu den aktivsten Akteuren im Betrachtungszeitraum zählt Japan, welches seinen Direktinvestitionsbestand in der Bundesrepublik Deutschland von 1415 Mio. DM (1976) auf 14349 Mio. DM (1991) verzehnfacht hat.[114]

---

[113] Die Vereinigten Staaten von Amerika sind aber nach wie vor das größte Einzelinvestorland geblieben.

[114] Vgl. Deutsche Bundesbank (Zahlungsbilanzstatistik) diverse Jahrgänge.

Tabelle 7: Sektorale Entwicklung der unmittelbaren Direktinvestitionsbestände in der Bundesrepublik Deutschland (1976-1991)

		1976	1981	1986	1991
insgesamt	abs.	63531	74739	95637	196273
	%	100	100	100	100
Verarbeitendes Gewerbe	abs.	41997	42627	45509	70854
	%	66	57	48	36
Handel	abs.	8752	12017	16559	38477
	%	14	16	17	20
Kreditinstitute und Versicherungsunternehmungen	abs.	4028	6131	9475	15370
	%	6	8	10	8
Dienstleistungen*	abs.	7459	12464	22155	69287
	%	12	17	23	35

absolute Angaben in Mio. DM
Prozentangaben als von Hundert des Gesamtbestandes des Jahres
*Zu den Dienstleistungen zählen unter anderen die *Beteiligungsgesellschaften und sonstige Vermögensverwaltung*, welche etwa einen Anteil von 90% an der aggregiert ausgewiesenen Zahl halten. Davon ist ein erheblicher Teil im Verarbeitenden Gewerbe gebunden und müßte im Sinne der des verfolgten Ziels (Kapitalverwendung) auch dort ausgewiesen sein. Auch der zurückgehende Anteil des Verarbeitenden Gewerbes an dem gesamten Investitionsbestand ist durch das Phänomen der Gründung von Holdinggesellschaften beeinflußt. Zur Gründung von Beteiligungsgesellschaften dient in der Regel nicht ausschließlich neu eingebrachtes Kapital. Vielmehr wird zu einem nicht unerheblichen Anteil das Kapital aus den Unternehmungen des Verarbeitenden Gewerbes herausgelöst und direkt der Holdinggesellschaft zugeführt. Das durch dieses Kapital finanzierte Anlage- und Umlaufvermögen bleibt den produzierenden Betriebsstätten in den meisten Fällen unverändert erhalten. Die Deutsche Bundesbank ist noch nicht in der Lage, diesen Anteil separat zu erfassen, wodurch ein Quantifizierungsversuch eine reine Mutmaßung darstellen würde.
Quelle: Die Deutsche Bundesbank in : Beilage zu „Statistische Beihefte zu den Monatsberichten der Deutschen Bundesbank", Reihe 3, Zahlungsbilanzstatistik, diverse Jahrgänge und eigene Berechnung

Das Ausmaß der statistischen Verschleierung der Kapitalverwendung durch Ausweis in Holdinggesellschaften läßt sich in seiner Größenordnung erahnen, wenn man die Wachstumsraten der einzelnen Wirtschaftsbereiche betrachtet:

Tabelle 8: Relatives Wachstum der unmittelbaren Direktinvestitionsbestände ausgewählter Wirtschaftsbereiche (1976-1991)

	1976-1981	1981-1986	1986-1991
	prozentuales Wachstum innerhalb der Fünfjahresperiode (Basis: jeweiliger Periodenbeginn)		
insgesamt	18	28	105
Kreditinstitute und Versicherungsunternehmungen	52	55	63
Verarbeitendes Gewerbe	2	7	56
Handel	37	38	132
Dienstleistungen	67	78	213

Quelle: eigene Berechnung nach Angaben der Deutschen Bundesbank in: Beilage zu „Statistische Beihefte zu den Monatsberichten der Deutschen Bundesbank", Reihe 3, Zahlungsbilanzstatistik, diverse Jahrgänge

Betrachtet man die Werte der Zeile *insgesamt* als ungewichteten statistischen Durchschnitt, so läßt sich das Ergebnis im Bereich der Dienstleistungen als stark überdurchschnittliches und das im Bereich des Verarbeitenden Gewerbes als stark unterdurchschnittliches Wachstum interpretieren. Obwohl dieses Ergebnis die in der Fußnote zu Tabelle 7 gemachte Aussage nicht beweisen kann, läßt sich die angestellte Vermutung doch durch dieses Resultat stützen.

2.7 Amerikanische Direktinvestitionen in der Bundesrepublik Deutschland seit 1976

2.7.1 Stand der Direktinvestitionen Ende 1976

Abbildung 12: Vergleich der Direktinvestitionsbeziehung der Bundesrepublik Deutschland mit den Vereinigten Staaten von Amerika und anderen ausgewählten Staaten (1976)

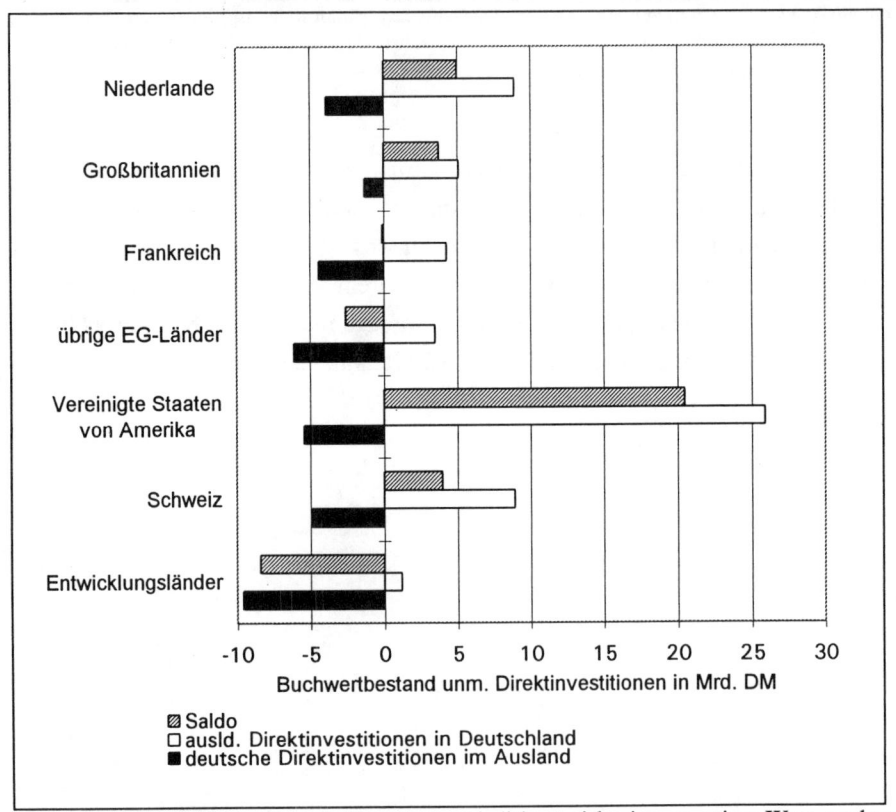

Die negativen Vorzeichen auf der Größenachse symbolisieren nicht einen negativen Wert, sondern stellen deutsche Kapitalbestände im Ausland dar.[115]

Quelle: eigene Berechnung nach Angaben der Deutschen Bundesbank in: Stand der Direktinvestitionen Ende 1976, Sonderdruck aus: Monatsberichte der Deutschen Bundesbank, April 1979

---

[115] Für einen vollständigen Überblick über das Gefüge inter- und intraindustrieller Direktinvestitionen von Industrieländern im internationalen Rahmen vgl. Stehn 1992, S. 6 ff.

Wie bereits dargestellt, beliefen sich die unmittelbaren deutschen Direktinvestitionen im Ausland Ende 1976 auf 43,3 Mrd. DM und die unmittelbaren ausländischen Direktinvestitionen in der Bundesrepublik auf 63 Mrd. DM. Mit 25,9 Mrd. DM Direktinvestitionen kamen 41% aller Direktinvestitionen in Deutschland aus den Vereinigten Staaten von Amerika. Nicht nur die Rolle des größten Einzelinvestors zeichnet die Vereinigten Staaten aus, auch der Saldo aus den gegenläufigen Investitionsströmen ist in keiner weiteren deutschen bilateralen Direktinvestitionsbeziehung so groß. Ende 1976 hatte die Bundesrepublik Deutschland 5,4 Mrd. DM in den Vereinigten Staaten investiert. Als einen diese Entwicklung stark begünstigenden Faktor sieht die Deutsche Bundesbank die im System der festen Wechselkurse zeitweilig unterbewertete DM an.[116]

Hinsichtlich der Fragestellung sind mögliche Differenzierungen im Anlageverhalten der ausländischen Nationen auf sektoraler Ebene von Interesse. Zu untersuchen ist insbesondere, ob sich die amerikanischen Direktinvestoren im Anlageverhalten von anderen ausländischen Investoren unterscheiden.

Tabelle 9: Vergleich der sektoralen Direktinvestitionsbeziehung der Bundesrepublik Deutschland mit den Vereinigten Staaten von Amerika im internationalen Rahmen (1976)

Wirtschaftszweig	Anteil des betrachteten Wirtschaftszweiges an den gesamten Direktinvestitionen des jeweiligen Investors in Prozent	
	gesamtes Ausland	Vereinigte Staaten von Amerika
Verarbeitendes Gewerbe	57	76
Handel	16	9
Verkehr und Nachrichtenübermittlung	1	*
Kreditinstitute	7	6
Beteiligungsgesellschaften und sonstige Vermögensverwaltung	13	7
sonstige Dienstleistungen[1]	6	2

[1] einschließlich Finanzierungsinstitutionen, Versicherungsunternehmungen, Wohnungsunternehmungen und sonstiges Grundstückswesen
* weniger als 1%
Quelle: eigene Berechnung nach Angaben der Deutschen Bundesbank, Die Kapitalverflechtung der Unternehmen mit dem Ausland nach Ländern und Wirtschaftszweigen 1976 bis 1981, Beilage zu „Statistische Beihefte zu den Monatsberichten der Deutschen Bundesbank", Reihe 3, Zahlungsbilanzstatistik, Nr. 6, Juni 1983, S. 31

---

[116] Vgl. Deutsche Bundesbank 1979, S. 27.

Die Begründung für das stärkere Engagement der Amerikaner im Verarbeitenden Gewerbe ist möglicherweise im geschichtlichen Kontext des Direktinvestitionsengagements zu finden. In den 50er und 60er Jahren haben die amerikanischen Industrieunternehmungen über technische Vorteile sowie Rationalitätsvorteile gegenüber dem kriegsgeschädigten Europa verfügen können, was zu einer relativ vorteilhaften Wettbewerbsposition gegenüber europäischen und insbesondere deutschen Betrieben des Verarbeitenden Gewerbes geführt hat.[117] Die Ausnutzung dieser Vorteile führte dann auch dazu, daß die alternative Internationalisierungsstrategie "Etablierung von Handelsniederlassungen" vergleichsweise weniger deutlich ausgeprägt ist.

Tabelle 10: Vergleich der sektoralen Direktinvestitionsbeziehung innerhalb des Verarbeitenden Gewerbes der Bundesrepublik Deutschland mit den Vereinigten Staaten von Amerika im internationalen Rahmen (1976)

Industriezweig	Anteil des betrachteten Wirtschaftszweiges an den gesamten Direktinvestitionen des jeweiligen Investors in Prozent	
	gesamtes Ausland	Vereinigte Staaten von Amerika
Chemische Industrie	16	12
Mineralölverarbeitung	19	23
Eisen- und Stahlerzeugung[1]	5	*
Maschinenbau	8	6
Herstellung von Büromaschinen Datenverarbeitungsgeräten und -einrichtungen	9	15
Straßenfahrzeugbau	9	14
Elektrotechnik	8	8
Ernährungsgewerbe	6	5

[1] einschließlich Ziehereien, Kaltwalzwerke, Stahlverformung, Oberflächenveredelung, Härtung und Mechanik
* weniger als 1%
Quelle: eigene Berechnung nach Angaben der Deutschen Bundesbank, Die Kapitalverflechtung der Unternehmen mit dem Ausland nach Ländern und Wirtschaftszweigen 1976 bis 1981, Beilage zu „Statistische Beihefte zu den Monatsberichten der Deutschen Bundesbank", Reihe 3, Zahlungsbilanzstatistik, Nr. 6, Juni 1983, S. 31

In der weiteren Differenzierung auf der sektoralen Ebene wird deutlich, daß sich die amerikanischen Interessen in Deutschland nicht grundsätzlich von denen anderer ausländischer Nationen unterscheiden. Das vergleichsweise starke Interesse der amerikanischen Investoren auf dem Sektor der Mineralölverarbeitung läßt

---

[117] Vgl. Wilkins 1974, S. 378.

sich durch die relative Rohstoffarmut in den Vereinigten Staaten von Amerika in diesem Bereich erklären, welche schon in den 20er und 30er Jahren zu einem sehr ausgeprägtem Streben der amerikanischen Ölfirmen sowohl nach einem *worldwide sourcing* als auch zu einer weltweiten Verteilung erdölverarbeitender Unternehmungen geführt hat.[118]

Die Eisen- und Stahlerzeugung nimmt im Rahmen der Direktinvestitionen im Vergleich mit den anderen Industrien des Verarbeitenden Gewerbes eine Sonderstellung ein. Im ungewichteten Durchschnitt des Verarbeitenden Gewerbes insgesamt kamen 1976 23% aller Direktinvestitionen aus Ländern der Europäischen Gemeinschaft und 55% aus den Vereinigten Staaten von Amerika. In der Eisen- und Stahlerzeugung rühren aber 78% aller Direktinvestitionen aus der Europäischen Gemeinschaft (davon 85% aus den Niederlanden) und nur 3% aus den Vereinigten Staaten. Der Grund liegt darin, daß der Bereich der Eisen- und Stahlerzeugung schon sehr früh auf europäischer Ebene durch Preisbindung und später durch diverse Regelungen im Rahmen des EGKS-Vertrages (Europäische Gemeinschaft für Kohle und Stahl, Montanunion (25.7.1952) nach außen hin abgeschirmt worden ist.

---

[118] Vgl. Wilkins 1974, S. 206 ff.; Bergsten, Horst, Moran 1978, S. 11 ff. u. S. 125 ff.

2.7.2 Entwicklung der Direktinvestitionen 1976-1991

Tabelle 11: Wachstum des Bestandes amerikanischer unmittelbarer Direktinvestitionen in der Bundesrepublik Deutschland (1976-1991)

	1976-1981	1981-1986	1986-1991
Stand des Buchwerts am Periodenbeginn in Mio. DM	26011	30693	35417
Periodenzunahme in Mio. DM	4682	5201	23549
Periodenzunahme in % des Wertes am Periodenbeginn	18	17	66

Quelle: eigene Berechnung nach Angaben der Deutschen Bundesbank in : Beilage zu „Statistische Beihefte zu den Monatsberichten der Deutschen Bundesbank", Reihe 3, Zahlungsbilanzstatistik, diverse Jahrgänge

Ende 1991[119] hatte der Stand der unmittelbaren amerikanischen Direktinvestitionen ein Niveau von 58966 Mio. DM erreicht und ist damit in den letzten 15 Jahren um 127% gestiegen. Insgesamt gab es 1407 Unternehmungen mit amerikanischer Kapitalbeteiligung, welche zusammen 364000 Personen Beschäftigung boten.[120] Trotz dieses Wachstums hat sich der Anteil der amerikanischen Direktinvestitionen am Totalbestand während des gesamten Betrachtungszeitraums von 41% auf 30% reduziert.[121]

Die Vereinigten Staaten von Amerika sind damit dennoch vor den Niederlanden (33388 Mio. DM), der Schweiz (26191 Mio. DM) und dem Vereinigten Königreich (14922 Mio. DM) größter Einzelinvestor geblieben. An vierter Stelle dieser Rangfolge steht seit 1991 Japan (14349 Mio. DM), gefolgt von Frankreich mit einem Stand der unmittelbaren Direktinvestitionen in Deutschland von 12984 Mio. DM. Für das japanische Engagement ist nicht nur das enorme Wachstum kennzeichnend, sondern hier ist eine sehr deutlich ausgeprägte sektorale Schwerpunktpolitik zu konstatieren. Das japanische Engagement reduziert sich fast ausschließlich auf die Bereiche des Handels und der Dienstleistungen.[122]

---

119 Seit 1989 sind in diesen Werten allerdings direkte Kredite von ausländischen Kapitaleignern und Kredite anderer verbundener Unternehmungen im Ausland enthalten.

120 Vgl. Deutsche Bundesbank 1993, 56 f.

121 Vgl. dazu auch Aussagen in Kapitel 2.5.2.

122 Vgl. Deutsche Bundesbank 1991, S. 28.

Aber auch für das übrige Ausland stellt die Deutsche Bundesbank die Eignung des eigenen Standorts als Industriestandort im Rahmen internationaler Direktinvestitionen in Frage, indem sie feststellt, daß in jüngster Zeit der Standort Deutschland an Anziehungskraft für ausländische industrielle Güterproduktion verloren hat. Gemessen an der Zahl der Unternehmungsgründungen sind seit 1976 zwei Drittel aller Neugründungen oder Unternehmungsübernahmen/Beteiligungen im Bereich des Handels und der Vertriebsfirmen angesiedelt. Das verbleibende Drittel ist im Finanzierungs- und sonstigem Dienstleistungsbereich zu finden. "Neue auslandsbeherrschte Industrieunternehmungen sind im Berichtszeitraum in der Bundesrepublik dagegen praktisch nicht entstanden."[123]

Weiter führt die Bundesbank aus, daß vor dem Hintergrund sinkender (relativer) Transport- und Kommunikationskosten die Standortbedingungen der Produktion zunehmende Bedeutung erlangen. Zusätzlich ist bei immer kürzer werdenden Produktlebenszyklen eine gut funktionierende Absatzorganisation, welche es ermöglicht, neuen Produkten in vielen Ländern gleichzeitig schnellen Marktzugang zu verschaffen, von Bedeutung.[124] Für die Direktinvestitionen bedeutet dies, daß sich der Konkurrenzkampf im Bereich der Produktion industrieller Güter zunehmend intensivieren wird. Bedingt durch die relative Degression der Kosten im Bereich des Transportes und der Kommunikation kommt es zu einer Erweiterung des Radius als Begrenzung des Raumes möglicher Produktionsstandortalternativen um den geplanten Absatzmarkt herum. Hinzu kommt, daß insbesondere die steigende Qualität der Kommunikationsmöglichkeiten eine größere Distanzierung der Produktion von Forschungs- und Entwicklungsstandorten zuläßt. Die Bundesrepublik Deutschland hat sich in den letzten 30 Jahren von vielen europäischen Nationen durch die Existenz eines kaufkräftigen Marktes und einer guten Ausstattung des Raumes mit diversen Forschungs- und Entwicklungszentren positiv abgehoben. Damit verfügte der Standort Bundesrepublik über gewichtige Vorteile im Bemühen um Direktinvestitionen. Diese Vorteile werden zunehmend unbedeutender durch die Entwicklungen im Transport- und Kommunikationswesen. Der Europäische Binnenmarkt entwickelt sich im Zeitablauf weiter und läßt somit hinsichtlich der Marktzugangssicherung eine breitere Dispersion der industriellen Produktionsstandorte im Raum zu. Diese Argumentation trifft nicht ausschließlich auf den industriellen Sektor zu, sondern läßt eine Anwendung auf den

---

123 Deutsche Bundesbank 1987, S. 31.

124 Vgl. Deutsche Bundesbank 1993, S. 39 f.

Handel und einige Bereiche des Dienstleistungswesens mit niedrigerem Wirkungsgrad zu. Da aber insbesondere die industrielle Güterproduktion in erheblichem Maße von Kostenfaktoren des Produktionsstandortes (Energie-, Arbeits-, Materialbeschaffungskosten, Umweltschutzauflagen usw.) abhängt, ist hier die deutlichste Anpassung an die Veränderung der Rahmenbedingungen zu erwarten.

Tabelle 12: Sektorale Veränderungen der unmittelbaren Direktinvestitionen aus den Vereinigten Staaten von Amerika und der Europäischen Gemeinschaft in der Bundesrepublik Deutschland im Vergleich (1980-1990)

		1980		1982		1984	
		USA	EG	USA	EG	USA	EG
Verarbeitendes Gewerbe	Mio. DM	22541	10160	24764	8518	24806	10822
	v.H. des Bestandes insgesamt	76	45	77	37	73	42
Handel	Mio. DM	2451	4285	2590	4384	3437	4984
	v.H. des Bestandes insgesamt	8	19	8	19	10	19
Kreditinstitute	Mio. DM	1714	1234	1762	1766	2050	2130
	v.H. des Bestandes insgesamt	6	5	5	8	6	8
Beteiligungsgesellschaften und sonstige Vermögensverwaltung	Mio. DM	1737	5005	2088	6001	2354	5561
	v.H. des Bestandes insgesamt	6	22	6	26	7	22
Sonstige Dienstleistungen	Mio. DM	686	1328	796	1377	908	1355
	v.H. des Bestandes insgesamt	2	6	5	6	3	5
		1986		1988		1990	
		USA	EG	USA	EG	USA	EG
Verarbeitendes Gewerbe	Mio. DM	23828	12001	21225	14503	29973	20965
	v.H. des Bestandes insgesamt	67	39	60	38	54	32
Handel	Mio. DM	2849	5345	2872	6231	4369	11603
	v.H. des Bestandes insgesamt	8	17	8	16	8	18
Kreditinstitute	Mio. DM	2194	2625	2035	3230	2028	4422
	v.H. des Bestandes insgesamt	6	9	6	8	8	16
Beteiligungsgesellschaften und sonstige Vermögensverwaltung	Mio. DM	5298	8251	8017	11409	16873	22360
	v.H. des Bestandes insgesamt	15	27	23	30	30	34
Sonstige Dienstleistungen	Mio. DM	998	1684	1109	2283	*	*
	v.H. des Bestandes insgesamt	3	5	3	6	*	*

* keine Angabe
Quelle: Die Deutsche Bundesbank, Die Kapitalverflechtung der Unternehmen mit dem Ausland, nach Ländern und Wirtschaftszweigen, Beilage zu „Statistische Beihefte zu den Monatsberichten der Deutschen Bundesbank", Reihe 3, Zahlungsbilanzstatistik, diverser Jahrgänge und eigene Berechnung

Die Angaben der Tabelle stellen sich in graphischer Form wie folgt dar:

Abbildung 13: Sektorale Veränderungen der unmittelbaren Direktinvestitionen aus den Vereinigten Staaten von Amerika und der Europäischen Gemeinschaft in der Bundesrepublik Deutschland im Vergleich (1980-1990)

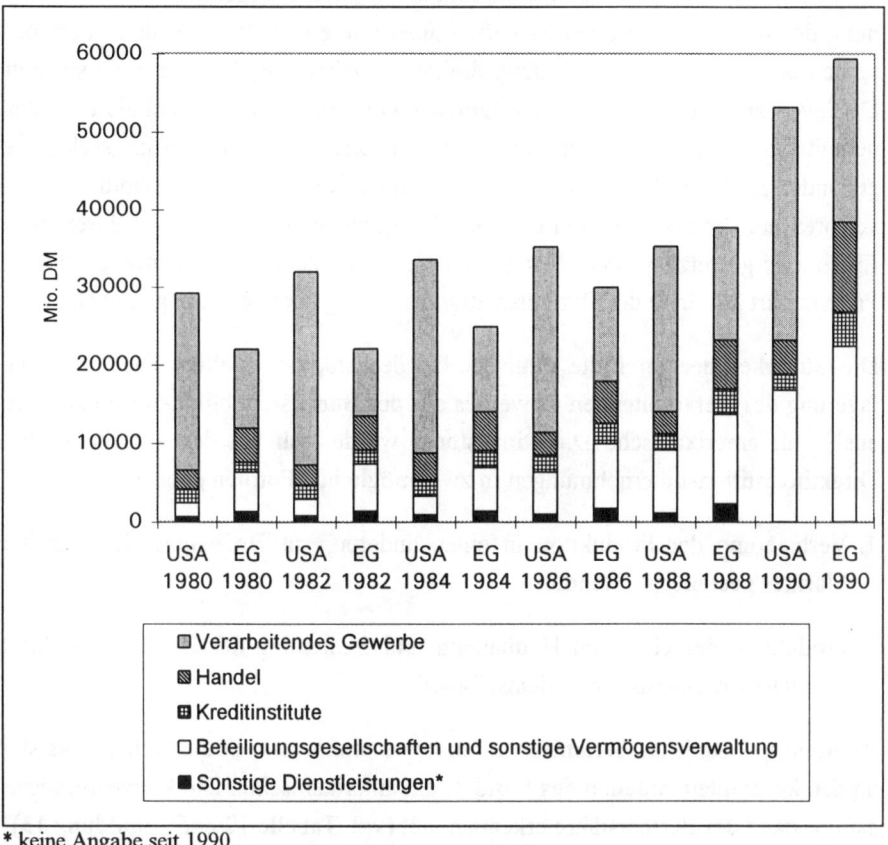

* keine Angabe seit 1990
Die Betrachtung der nicht aufgeführten Jahre dieses Zeitraums führt weder zu einer Änderung in der Aussage noch zu einer zusätzlichen Information.
Quelle: Die Deutsche Bundesbank, Die Kapitalverflechtung der Unternehmen mit dem Ausland, nach Ländern und Wirtschaftszweigen, Beilage zu „Statistische Beihefte zu den Monatsberichten der Deutschen Bundesbank", Reihe 3, Zahlungsbilanzstatistik, diverser Jahrgänge und eigene Berechnung

Auf den ersten Blick scheinen sich die Beobachtungen der Deutschen Bundesbank zu bestätigen. Im Berichtszeitraum hat sich der Anteil des Verarbeitenden Gewerbes, gemessen an den gesamten Investitionen des betrachteten Investors, bei den amerikanischen Direktinvestitionen von 76% (EG 45%) auf 54% (32%)

reduziert. Insofern unterscheidet sich die Entwicklung der amerikanischen Direktinvestitionen nicht von der der EG. Berücksichtigt man nun den Anteil der Beteiligungsgesellschaften und sonstige Vermögensverwaltung in der Form, daß man die Anteilswerte zu denen des Verarbeitenden Gewerbes addiert, so bleibt der amerikanische Wert im Berichtszeitraum bei 84% konstant. Der Vergleichswert der EG liegt bei 66% und ist ebenfalls konstant. Fraglich ist ob eine Zurechnung der in den Holdinggesellschaften ausgewiesenen Mittel zu dem Verarbeitenden Gewerbe in vollem Umfang die tatsächlichen Verhältnisse widerspiegelt. Da davon auszugehen ist, daß ein (gewichtiger) Anteil dieses Kapitals in Unternehmungen des Handels oder in anderen Bereichen des Dienstleistungssektors[125] gebunden ist, kann die These des nachlassenden Interesses der ausländischen Investoren am Produktionsstandort Deutschland mit einiger Sicherheit durch diese Ergebnisse gestützt werden. Nur ein im Vergleich zum Periodenanfang erhöhter Prozentwert am Ende des Berichtszeitraums hätte gar keine Aussage zugelassen.

Die Gültigkeit der durch die Deutsche Bundesbank aufgestellten These der Verlagerung des Verarbeitenden Gewerbes aus der Bundesrepublik Deutschland heraus[126] für amerikanische Direktinvestoren würde sich bei den amerikanischen Direktinvestitionsunternehmungen in zwei möglichen Formen darstellen:

1. Verlagerung der Produktion in einen anderen, zur Bedienung des gleichen Marktes geeigneten, Standort;

2. Produktion der Güter im Heimatland und Bedienung des Zielmarktes durch Handelsniederlassungen in demselben.[127]

Alternative 2 stellt im Berichtszeitraum keine praktizierte Strategie dar, was sich an den konstanten Anteilen des Handels am amerikanischen Direktinvestitionsgesamtbestand der Berichtsjahre erkennen läßt (vgl. Tabelle 12 und Abbildung 13).

---

[125] Auch im Bereich des Dienstleistungssektors bestehen aufgrund der statistischen Abgrenzung Bedenken, ob der wahre Sachverhalt hier ausreichend valide wiedergegeben werden kann. Dadurch, daß in zunehmendem Maße streng produktionsbezogene Dienstleistungen aus Unternehmungen ausgegliedert werden und sich verselbständigen, eigentlich aber dem industriellen Sektor zugerechnet werden müßten, sinkt dieser Anteil künstlich.

[126] Vgl. Deutsche Bundesbank 1987, S. 28 ff.

[127] Andere Alternativen (bspw. Lizenzvergabe) sollen hier außer Betracht bleiben, da der Nachweis einer kausalen Verknüpfung mit der Ursprungsproblematik nur sehr schwer eindeutig zu erbringen ist.

Auch von der Alternative 1 scheint wenig Gebrauch gemacht zu werden, wie es die Konstanz der entsprechenden Prozentangaben in der Tabelle 13 verdeutlicht. Als mögliche alternative Produktionsstandorte kommen in erster Linie solche in Betracht, die innerhalb Europas liegen und die der EG angehören.

Tabelle 13: Räumliche Verlagerung amerikanischen Direktinvestitionskapitals innerhalb der EG (Auswahl) und der Schweiz (1980-1992)

	1980	1992
	Nationaler Anteil am gesamten amerikanischen unm. Direktinvestitionskapital in der Europäischen Gemeinschaft und in der Schweiz (in Prozent)	
Bundesrepublik Deutschland	17	15
Frankreich	11	10
Italien	6	6
Niederlande	9	8
Großbritannien	32	34
Schweiz*	13	13

* Obwohl die Schweiz nicht zu den EG-Staaten gehört, wird sie wegen ihrer quantitativen Bedeutung berücksichtigt.
Quelle: eigene Berechnung nach Angaben des U.S. Chamber of Commerce, Survey of Current Business: August 1982, Ausgabe 62, S.21, Tafel 13; Juli 1993, Ausgabe 73, S. 100, Tafel 11.4.

Auf die verbleibenden sieben Staaten der EG entfällt 1992[128] zusammen ein Anteil von 14%, wobei Belgien, Spanien und Irland am stärksten vertreten sind. 1980 hatten die nicht aufgeführten vier Staaten der EG insgesamt 12% des amerikanischen Direktinvestitionskapitals in der EG unter sich verteilt, wobei Belgien und Irland die größten Anteile hielten. Neben der Schweiz war lediglich Spanien aus Sicht der amerikanischen Anleger ein attraktiver Direktinvestitionsstandort außerhalb der Europäischen Gemeinschaft.

Wie aus Tabelle 13 ersichtlich, haben in den letzten 12 Jahren innerhalb der EG keine größeren Verschiebungen in den regionalen Anteilen von Direktinvestitionen stattgefunden. Berücksichtigt man nun, daß es außerhalb der EG in Europa

---

[128] Eine Ausdehnung des Berichtszeitraumes wäre im Hinblick auf die relativ langsame Anpassungsgeschwindigkeit an sich verändernde Rahmenbedingungen (hohe Kapitalintensität, hoher Anteil des Anlagevermögens am Gesamtvermögen, usw.) in dem anteilig stark vertretenen Sektor des Verarbeitenden Gewerbes wünschenswert, was jedoch aufgrund der Datenlage des statistischen Materials nicht möglich ist.

keinen nennenswerten Zuwachs an den Beständen des amerikanischen Direktinvestitionskapitals gegeben hat, so kann festgestellt werden, daß Verlagerungen amerikanischer Produktionsunternehmungen aus der Bundesrepublik Deutschland heraus in das benachbarte Ausland, zumindest in bedeutendem Maße, noch nicht stattgefunden haben (vgl. auch Abbildung 13: USA, unter Berücksichtigung des Anteils Beteiligungsgesellschaften und sonstige Vermögensverwaltung).

Erweitert man nun gedanklich den zur Allokation der Direktinvestitionen verfügbaren Raum und schließt eine Verlagerung der Produktion in asiatische Staaten mit ein, so kann festgestellt werden, daß im gleichen Zeitraum die amerikanischen Direktinvestitionen in Asien und im pazifischen Raum von 8397 Mio. US-Dollar auf 78163 Mio. US-Dollar (mehr als verneunfacht) angewachsen sind. Dieses starke Wachstum geht allerdings von einem niedrigen Basisbestand an Direktinvestitionen aus, was den unmittelbaren Vergleich der Wachstumsraten dieser beiden Regionen nicht zuläßt. In absoluten Zahlen betrachtet hat sich der Stand der amerikanischen Direktinvestitionen im asiatischen Raum um 69766 Mio. und im westlichen Europa um 229821 Mio. US-Dollar in diesem Zeitraum erhöht. Dieses Ergebnis kann die These der Verlagerung amerikanischer industrieller Tätigkeit von Deutschland in den asiatischen Raum ebenfalls nicht stützen. Es kann allerdings nicht ausgeschlossen werden, daß amerikanische Neuinvestitionen im asiatischen Raum anstelle auf dem Gebiet der Bundesrepublik Deutschland getätigt wurden.

Auch die Betrachtung der signifikanteren Daten, nämlich die des Direktinvestitionsbestandes im Verarbeitenden Gewerbe, führt zu keinen anderen Erkenntnissen. Im Berichtszeitraum stieg das Volumen in Asien um 28295 Mio. und in Europa um 48308 Mio. US-Dollar. Außerdem zeichnet sich der asiatische Raum nicht durch besonders hohe Anteile des Verarbeitenden Gewerbes am amerikanischen Direktinvestitionsbestand aus. Dieser liegt bei 40% und damit unter dem Europas.[129]

---

[129] Vgl. U.S. Department of Commerce 1981, S. 32; U.S. Department of Commerce 1973, S. 100.

Tabelle 14: Jährliche Wachstumsraten amerikanischer und europäischer unmittelbarer Direktinvestitionen in der Bundesrepublik Deutschland in ausgewählten Wirtschaftszweigen in Prozent (1980-1990)

Vereinigte Staaten von Amerika

	1981	1982	1983	1984	1985	1986	1987	1988	1989	1990
Verarbeitendes Gewerbe	2,9	6,7	4,6	-4,2	-1,7	-2,3	-0,4	-10,6	11,9	26,2
Handel	8,1	-2,3	15,6	14,8	-25,7	11,6	4,6	-3,6	-0,5	52,9
Kreditinstitute	5	-2,1	9,2	6,5	5,5	1,4	-0,3	-7	-8,4	8,8
Beteiligungsgesellschaften und sonstige Vermögensverwaltung	22	-1,5	6	6,4	58	42,5	2,9	47	43	46,7
Sonstige Dienstleistungen	5,8	9,6	-3	17,6	10	-6,1	21,8	-8,8	12,4	*

Staaten der Europäischen Gemeinschaft

	1981	1982	1983	1984	1985	1986	1987	1988	1989	1990
Verarbeitendes Gewerbe	-3,7	-12,9	11,7	13,7	2,6	8,1	16,4	3,8	1,7	42,1
Handel	-1,1	3,5	8,3	49	-1,4	9,5	8,7	7,2	10,6	68,4
Kreditinstitute	9	31,7	7,6	12,1	11,6	10,4	8,5	13,4	17,1	16,9
Beteiligungsgesellschaften und sonstige Vermögensverwaltung	14	5,1	-8,3	1,1	50,3	-1,3	6,7	29,6	44,2	35,9
Sonstige Dienstleistungen	23,8	-16,2	-3,2	1,7	6,6	16,5	11,8	21,2	9,3	*

* keine Angabe
Quelle: eigene Berechnung nach Angaben der Deutschen Bundesbank in: Beilage zu „Statistische Beihefte zu den Monatsberichten der Deutschen Bundesbank", Reihe 3, Zahlungsbilanzstatistik, diverse Jahrgänge

Ganz allgemein ist in dieser Betrachtung auffällig, daß, obwohl Bestandswerte betrachtet werden, die Wachstumsraten innerhalb derselben Zeile sehr heterogen ausfallen.[130] Nicht nur die absoluten Beträge, sondern auch die Vorzeichenwechsel lassen die Angaben nicht besonders realistisch wirken. Das Phänomen der Sprunghaftigkeit läßt sich aber durch die Zusammensetzung der Daten erklären. Nicht jeder hier erscheinenden Desinvestition liegt de facto auch eine solche zugrunde. In dem Fall, daß Firmenanteile verkauft werden und sich die Besitzverhältnisse über die "Staatengrenze" hinweg ändern, erscheint bei der betrachteten Investorgruppe eine Desinvestition. Dies erklärt auch, daß die Sprünge in der über mehrere Nationen aggregierten Gruppe der Staaten der Europäischen Ge-

---

[130] Das durch Bestandswerte dargestellte Direktinvestitionskapital ist hauptsächlich im Anlagevermögen der Betriebe gebunden und damit einer gewissen Reaktionsträgheit unterlegen.

meinschaft moderater ausfallen, da ja Anteilsbewegungen innerhalb des Aggregats nicht sichtbar werden.

Weiterhin wird deutlich, daß nur sehr schwach ausgeprägte Korrelationen zwischen den beiden Investorgruppen existieren. Sie teilen nur die Einschätzung der Vorteilhaftigkeit der Gründung von Holdinggesellschaften in ähnlich ausgeprägtem Umfang.[131]

Bezüglich der zu untersuchenden Abwanderungsthese läßt auch diese Analyse keine eindeutige Aussage zu. Es kann lediglich unterstrichen werden, daß die Direktinvestitionsbestände der Vereinigten Staaten im Bereich des Verarbeitenden Gewerbes allgemein die schwächsten Wachstumsraten aufweisen und durch eine fünfjährige Desinvestitionsperiode (1984-1988) gekennzeichnet sind.

Da dem verabeitenden Gewerbe viele heterogene Industriezweige zugerechnet werden, die sich bezüglich der Anforderungen an einen Standort unterscheiden, ist möglicherweise keine allgemeine Aussage zulässig. Es wäre also denkbar, daß nach einer differenzierteren Betrachtung die aufgestellte These für einige Wirtschaftszweige zutrifft, während sie für andere zu falsifizieren ist.

---

[131] Dies entspricht den Ergebnissen, die aus Tabelle 12 abgeleitet wurden.

Tabelle 15: Wachstumsraten amerikanischer unmittelbarer Direktinvestitionsbestände in ausgewählten Industriezweigen in der Bundesrepublik Deutschland (1981-1988)

Industriezweig	1981	1982	1983	1984	1985	1986	1987	1988
Chemische Industrie	1,1	5,2	1	1,3	9,8	5,7	12,5	-6,1
Mineralölverarbeitung	-5,7	-1	-11,3	-1,3	-5,3	-12,3	-23,9	*
Maschinenbau	-9,9	0	8,3	-7,5	-6,8	-11	-15,3	13,2
Herstellung von Büromaschinen, Datenverarbeitungsgeräten und -einrichtungen	14,8	18,4	9,2	11	0,8	-5,4	8,5	-19,7
Straßenfahrzeugbau	17,1	13	23	-36,4	-28,3	26,1	38,2	15,6
Elektrotechnik	-7,4	9,1	12,7	14,2	6,4	-6,2	-31,8	5,3
Feinmechanik, Optik, Uhrenherstellung, Herstellung von Eisen-, Blech- und Metallwaren usw.	-2,8	15,8	20,3	-3,6	11,7	-10	-10,4	-9,9
Ernährungsgewerbe	2,5	1,4	-9	3	-0,1	-7,9	0,2	6,1

* aus Gründen der Geheimhaltung von Einzelangaben nicht veröffentlicht
Die Datenbasis für diese Betrachtung ist zum Bearbeitungszeitpunkt bis 1989 veröffentlicht; da jedoch in den Daten von 1989 eine methodische Neuerung enthalten ist, wurde auf den Ausweis verzichtet.
Quelle: eigene Berechnung nach Angaben der Deutschen Bundesbank in : Beilage zu „Statistische Beihefte zu den Monatsberichten der Deutschen Bundesbank", Reihe 3, Zahlungsbilanzstatistik, diverse Jahrgänge

Auch für diese Darstellung gelten die Aussagen zur Sprunghaftigkeit der Daten.

Der Stand der unmittelbaren amerikanischen Direktinvestitionen im Verarbeitenden Gewerbe hat sich 1980 von 22541 Mio. DM auf 29973 Mio. DM im Jahre 1990 erhöht. Allerdings sind in der jüngeren Zahl *direkte Kredite von ausländischen Kapitaleignern* und *Kredite anderer verbundener Unternehmungen im Ausland* enthalten.[132] Subtrahiert man diesen Anteil, so lautet die Vergleichszahl für 1990 18534 Mio. DM. Allerdings darf hier nicht vergessen werden, daß möglicherweise nur die oben angesprochene statistische Umschichtung zu den *Beteiligungsgesellschaften und sonstige Vermögensverwaltung* stattgefunden hat. Geht man jedoch davon aus, daß es für jeden Industriezweig gleich vorteilhaft ist, sich im Rahmen von Holdinggesellschaften zu organisieren, so führt diese differenziertere Betrachtung doch zu einer Erkenntnis: Es zeigt sich dann, daß die einzelnen Industriezweige unterschiedlich stark zu dem (negativen?) Wachstum des Verarbeitenden Gewerbes insgesamt beitragen. Den schwächsten Beitrag leistet die Mineralölindustrie, in welcher im gesamten Betrachtungszeitraum kontinu-

---

[132] In beiden Posten sind auch direkte Kredite an Unternehmungen mit indirekter ausländischer Kapitalbeteiligung enthalten.

ierliche Desinvestition stattgefunden hat. Dann folgen der Maschinenbau und die Feinmechanik, Optik, Uhrenherstellung, Herstellung von Eisen-, Blech- und Metallwaren usw. In diesen Zweigen waren fünf von acht Jahren Desinvestitionsjahre. Den größten positiven Beitrag haben die Unternehmungen der chemischen Industrie und mit geringem Abstand die des Straßenfahrzeugbaus sowie die Hersteller von Büromaschinen, von Datenverarbeitungsgeräten und -einrichtungen geleistet.

Die zur Evaluierung verfügbare ungenügende Datenbasis ist letztlich dafür verantwortlich, daß die vermutete Abwanderung von amerikanischen Direktinvestitionen im Verarbeitenden Gewerbe lediglich angedeutet wird, jedoch nicht eindeutig nachgewiesen werden kann.

2.8 Amerikanische Direktinvestitionen in Nordrhein-Westfalen seit 1976

2.8.1 Vorbemerkung

Den Analysen dieses Kapitels muß vorangestellt werden, daß die Datenbeschaffungsmöglichkeiten äußerst eingeschränkt sind. Es existieren keine Statistiken, welche auf der Ebene der Bundesländer das Herkunftsland einer Direktinvestition in einem bestimmten Wirtschaftszweig ausweisen. Das heißt, daß sektoral differenzierte Untersuchungen einzelner Direktinvestitionsstaaten auf Landesebene nur angestellt werden können, wenn die entsprechenden sektoralen Anteilswerte des Investors auf Bundesebene als Verteilungsschlüssel für die Länderebene dienen. Dies würde dazu führen, daß eine angenommene sektorale Verteilung der amerikanischen Investitionen in Nordrhein-Westfalen aufgestellt werden könnte, deren Aussagegehalt jedoch als äußerst gering zu bewerten wäre. Denn gerade in der Differenziertheit der Einschätzung der Bundesländer durch die amerikanischen Investoren liegt ein wesentliches Untersuchungsziel dieser Arbeit, da nur über die landesspezifischen Potentiale, bewertet aus der Sicht des spezifischen Investors, die künftigen Chancen und Möglichkeiten eines Bundeslandes in der Konkurrenz um Direktinvestitionen abgeschätzt werden können. Folglich würde ein Vorgehen mittels bundesdeutscher Durchschnitte in der Analyse auf Länderebene eine wesentliche Praemisse der Arbeit verletzen. Somit muß einerseits eine amerikaspezifische sekundärstatistische Auswertung in dem angesprochenen Differenzierungsgrad für Nordrhein-Westfalen entfallen, andererseits muß zwecks Erarbeitung der Position Nordrhein-Westfalens im Direktinvestitionskontext vereinzelt auf Daten aller ausländischer Investoren zurückgegriffen werden.

2.8.2 Entwicklung seit 1976 und Stand 1991

Abbildung 14: Verteilung der unmittelbaren Direktinvestitionen des gesamten Auslands auf die Bundesländer in der Bundesrepublik Deutschland (neue Abgrenzung) 1991

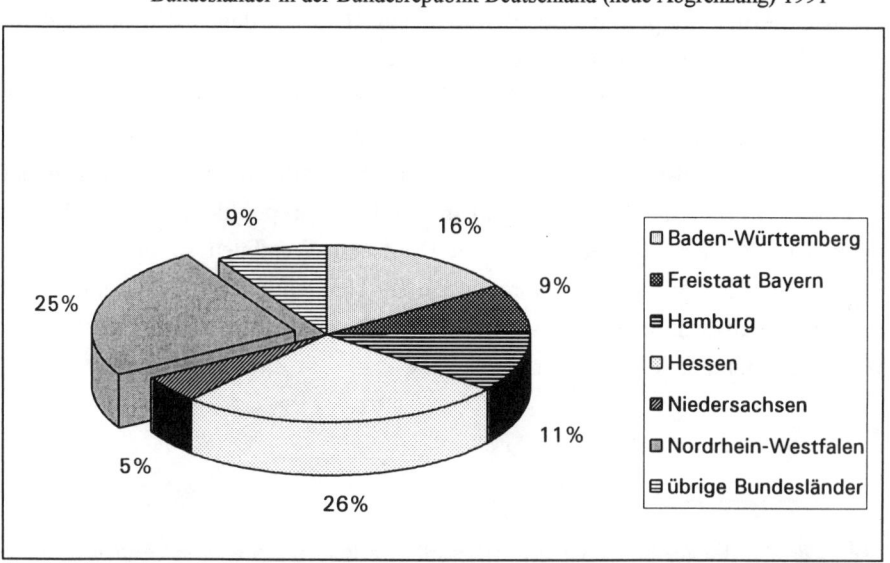

Quelle: eigene Berechnung nach Angaben der Landeszentralbank in Nordrhein-Westfalen, Bestandserhebungen über Direktinvestitionen, Beilage zum Vierteljahresbericht I/1994, Anlage 1

Mit 52,4 Mrd. DM steht Hessen als mittelgroßes Bundesland[133] an der Spitze der Direktinvestitionszielländer in Deutschland. Gegenüber dem wirtschaftlich wesentlich größeren Nordrhein-Westfalen konnte es bis zum Jahresende 1993 insgesamt 3,2 Mrd. DM mehr Direktinvestitionskapital attrahieren. Zusätzlich ist in diesem Zusammenhang von Interesse, daß seit 1976 Nordrhein-Westfalen einen konstanten Anteil bei 25% gehalten hat, während Hessen seit Beginn der Erfassung von Direktinvestitionswerten auf Landesebene seinen Anteil von 17% kontinuierlich auf 26% Prozent steigern konnte.[134]

Der Vergleich Nordrhein-Westfalens mit der Bundesrepublik Deutschland im Lichte aller ausländischen Investoren zeigt, daß grundsätzlich das Verarbeitende Gewerbe als sektorales Direktinvestitionsziel in Nordrhein-Westfalen unterrepräsentiert ist. 1991 lag der bundesdeutsche Durchschnitt bei 39%, während nur 36% aller Direktinvestitionen in Nordrhein-Westfalen im Verarbeitenden Gewerbe zu finden waren. Mit 27% gegenüber 20% waren Direktinvestitionen im Handel in Nordrhein-Westfalen andererseits überrepräsentiert.[135] Ansonsten liegen die Anteile der übrigen Wirtschaftszweige in etwa bei denen des bundesdeutschen Durchschnitts. Lediglich der Vergleich der Direktinvestitionsbestände der einzelnen Wirtschaftszweige innerhalb des Verarbeitenden Gewerbes macht noch einen weiteren Unterschied deutlich: Es zeigt sich, daß die ausländischen Investitionen im Straßenfahrzeugbau in Nordrhein-Westfalen mit 21% gegenüber 13% (des Verarbeitenden Gewerbes) in der Bundesrepublik Deutschland stark vertreten sind. Andererseits gibt es in Nordrhein-Westfalen so gut wie keine ausländische Herstellung von Büromaschinen, Herstellung von DV-Geräten und -einrichtungen, während bundesweit knapp 10% der ausländischen Investitionen im Verarbeitenden Gewerbe dorthin fließen.

---

[133] Für eine detaillierte Analyse der wirtschaftlichen Relevanz Nordrhein-Westfalens, insbesondere im Vergleich mit anderen Bundesländern (darunter Hessen und Baden Württemberg) vgl. Voppel 1993, S. 217 ff.

[134] Ein wichtiger Bestimmungsfaktor dieses Wachstums ist die Existenz des Rhein-Main Flughafens in Frankfurt. Vgl. Wolf 1994, S. 464 ff.

[135] Beiden Sachverhalten soll, obwohl sie keine (zumindest nicht mit Sicherheit) amerikaspezifische Bewertungsdivergenzen darstellen, im Rahmen der Fragebogenkonzeption besondere Berücksichtigung zuteil werden.

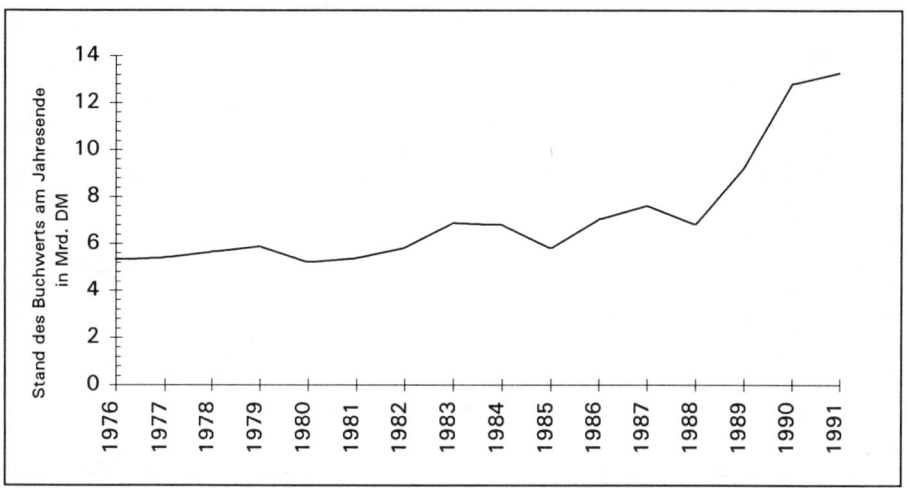

Abbildung 15: Entwicklung des Buchwerts der amerikanischen unmittelbaren Direktinvestitionen in Nordrhein-Westfalen (1976-1991)

Quelle: Landeszentralbank in Nordrhein-Westfalen, Bestandserhebungen über Direktinvestitionen, Beilagen zu den Vierteljahresberichten diverser Jahrgänge

Die Abbildung macht deutlich, daß ein grundsätzlich ansteigender Trend vorherrschend ist. Für das extrem starke Wachstum in den beiden Jahren 1989 und 1990 ist allerdings lediglich eine Bewertungsänderung seitens der statistischen Abgrenzungsvorgaben durch die Deutsche Bundesbank verantwortlich. Die Abbildung gibt die realen Wachstumsverhältnisse erst für das Jahr 1991 erneut zutreffend wieder. Insgesamt stiegen die amerikanischen Direktinvestitionen im Berichtszeitraum um knapp 8 Mrd. DM auf einen Stand von 13,3 Mrd. DM. Der bundesdeutsche Vergleichswert liegt bei knapp 33 Mrd. DM. Damit hat Nordrhein-Westfalen in diesem Zeitraum eine größere Zuwachsrate (150%) als die Bundesrepublik Deutschland (127%) zu verzeichnen.

Abbildung 16: Amerikanische unmittelbare Direktinvestitionen in Deutschland und in Nordrhein-Westfalen (1976-1990) - vergleichende Betrachtung der Anteilswerte

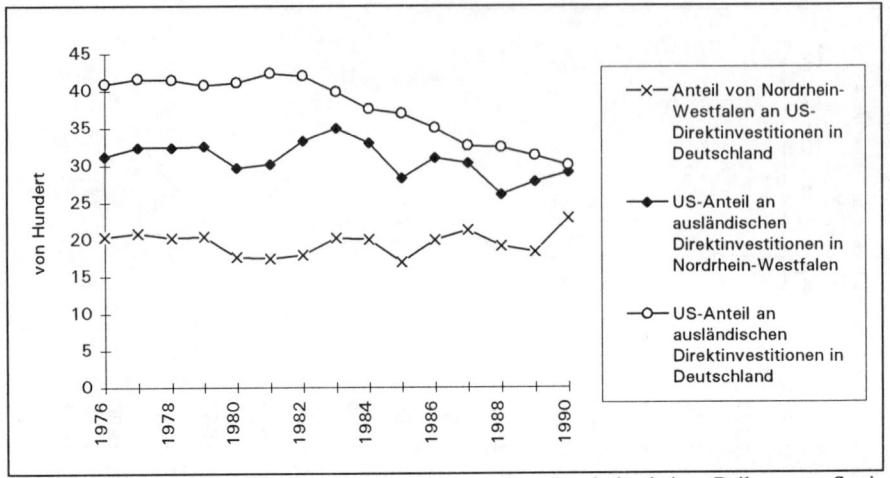

Quelle: eigene Berechnung nach Angaben der Deutschen Bundesbank in : Beilage zu „Statistische Beihefte zu den Monatsberichten der Deutschen Bundesbank", Reihe 3, Zahlungsbilanzstatistik, diverse Jahrgänge und der Landeszentralbank in Nordrhein-Westfalen, Bestandserhebungen über Direktinvestitionen, Beilagen zu den Vierteljahresberichten diverser Jahrgänge

Die Entwicklung der Datenreihe *Anteil von Nordrhein-Westfalen an US-Direktinvestitionen in Deutschland* macht deutlich, daß, gemessen an der wirtschaftlichen Bedeutung des Landes (vgl. 1.5), die amerikanischen Direktinvestitionen in Nordrhein-Westfalen unterrepräsentiert sind (vgl. auch Abbildung 14). Betrachtet man den Anteil Nordrhein-Westfalens (25,2%) am Umsatz des Produzierenden Gewerbes in der Bundesrepublik Deutschland als Vergleichsgröße, so zeigt sich, daß Nordrhein-Westfalen erst 1990 einen der wirtschaftlichen Bedeutung des Landes entsprechenden Anteil an den amerikanischen Direktinvestitionen in der Bundesrepublik Deutschland aufweisen kann (vgl. Abbildung 5). Diese Aussage wird auch durch die Lage der Reihen *US-Anteil an ausländischen Direktinvestitionen in Nordrhein-Westfalen* und *US-Anteil an ausländischen Direktinvestitionen in Deutschland* zueinander gestützt, da der amerikanische Anteil in der ganzen Bundesrepublik höher als der in Nordrhein-Westfalen angesiedelt ist. Lediglich die Analyse des Verlaufs der beiden Datenreihen ergibt für Nordrhein-Westfalen ein etwas positiveres Ergebnis.

Es wäre falsch, diese Graphik isoliert zu bewerten, da sie sich aus mehreren Parametern zusammensetzt. In der Bewertung ist zu berücksichtigen, daß der amerikanische Beitrag zum vorhandenen Wachstum des gesamten Direktinvestitionsbestandes in der Bundesrepublik Deutschland in den letzten 15 Jahren deutlich weniger als 50% (vgl. Abbildung 11) betragen hat. Berücksichtigt man nun, daß der Anteil Nordrhein-Westfalens an allen Direktinvestitionen in Deutschland konstant geblieben ist, so kann eine Konstanz in der Reihe *US-Anteil an ausländischen Direktinvestitionen in Nordrhein-Westfalen* nur bedeuten, daß der amerikanische Anteil in Nordrhein-Westfalen im Berichtszeitraum durch ein über dem Bundesdurchschnitt liegendes Direktinvestitionsverhalten getragen wird.[136]

Offensichtlich verfügt Nordrhein-Westfalen aus Sicht der amerikanischen Direktinvestoren seit 1981 über relative Vorteile im Vergleich mit den restlichen Ländern der Bundesrepublik Deutschland (vgl. 1.5), welche sich in differenzierter Form über eine Primärerhebung herausfinden lassen.

---

[136] Die andere mögliche Erklärung für diesen Verlauf der beiden obereren Reihen zueinander würde lauten, daß das gesamte übrige Ausland in Nordrhein-Westfalen nur so viel wie die Amerikaner investiert und deshalb der US-Anteil konstant ist. Dies ist jedoch in Anbetracht des konstanten Anteils Nordrhein-Westfalens am steigenden Direktinvestitionsgesamtbestand in der Bundesrepublik Deutschland nicht mehr möglich.

Teil 3 **Standortbewertung der amerikanischen Direktinvestoren in Nordrhein-Westfalen**

3.1 Klassifikation der Datenerhebung

3.1.1 Konzeption der Befragung

Bevor auf die Ergebnisse der Primärerhebung eingegangen wird, sollen die Frage der Eignung einer solchen Erhebung und anschließend der Aufbau der Erhebung erörtert werden.

Grundsätzlich ist es zur Evaluation von Standortentscheidungen wünschenswert, eine Befragung bei den entscheidungsfassenden Gremien durchzuführen, um Aufschluß über Standortbewertung, relevante Faktoren im Entscheidungsprozeß und Ansiedlungsmotive zu erlangen. Auch für diese Untersuchung wäre eine Befragung von Entscheidungsträgern, insbesondere bei jüngeren und schwebenden Standortentscheidungsprozessen sinnvoll. Das heißt, daß die amerikanischen Muttergesellschaften der Direktinvestitionsunternehmungen im Untersuchungsraum befragt werden sollten.

Für die laufenden Standortentscheidungen scheidet diese Möglichkeit jedoch aus, da diese Verfahren von den Verhandlungspartnern mit äußerster Diskretion behandelt werden. Insbesondere dann, wenn mehrere Standorte sich die Ansiedlung derselben Unternehmung wünschen, unterliegt der gesamte Prozeß den strengen Regeln ausschließlich bilateraler Verhandlungen.

Für die Standortentscheidungsverfahren, welche in der jüngeren Vergangenheit abgeschlossen wurden, gilt das gleiche. Hier sind es Selbstschutzmotive der Entscheidungsträger, welche es verhindern, daß die entscheidungsrelevanten Parameter offengelegt werden. Dies kann darin begründet sein, daß nicht alle Faktoren Gegenstand offiziell geführter Absprachen sind. Zusätzlich bedeutet eine Offenlegung der Entscheidungsgründe im Falle einer Fehleinschätzung, daß Verantwortung auf einzelne Entscheidungsträger zurückgeführt werden kann.

Ansiedlungsverfahren, welche schon vor längerer Zeit abgeschlossen wurden, lassen sich auf die erwünschte Art ebenfalls nicht bewerten, da die verantwortlichen Gremien oftmals personell neu besetzt sind. Fraglich ist auch, ob zu dem Entscheidungszeitpunkt die Unternehmung in der heute existierenden Form geplant war oder ob unvorhergesehene Entwicklungen stattgefunden haben, welche die Entscheidungssituation gravierend verändert hätten, so daß die Unternehmung in der heutigen Form gar nicht Teil der Entscheidungsgrundlage zum Entscheidungszeitpunkt gewesen ist.[137]

Diese Sachverhalte lassen im Rahmen einer Primärerhebung keine andere Möglichkeit zu, als mit der Informationsgewinnung am heutigen Kapitalverwendungsort anzusetzen.

3.1.2 Datenlage und Struktur der Datenbasis

3.1.2.1 Repräsentativität der Stichprobe

Die Untersuchungsgrundgesamtheit setzt sich aus allen Direktinvestitionen im Untersuchungsraum zusammen. Es existiert kein vollständiges Verzeichnis der amerikanischen Direktinvestitionsunternehmungen in Nordrhein-Westfalen. Eine Möglichkeit, Aufschluß über die reale Anzahl der Untersuchungsobjekte zu erhalten, ist die Angaben der Landeszentralbank in Nordrhein-Westfalen zu verwenden, welche ihrerseits auf Angaben der Bestandswertestatistik der Deutschen Bundesbank basieren. Das jüngste Zahlenmaterial (Stand Ende 1992) weist für den Untersuchungsraum 444 Unternehmungen mit amerikanischer Kapitalbeteiligung von mehr als 20% aus.[138]

---

[137] Dieses sind Informationen aus einem Experteninterview, geführt mit Herrn Dr. J. Steiner, Leiter der Abteilung Nordamerika in der Gesellschaft für Wirtschaftsförderung Nordrhein-Westfalen mbH vom 25.8.1993.
Vgl. Claval 1991, S. 275.

[138] Vgl. Landeszentralbank in Nordrhein-Westfalen I/1995, Anlage 9.

Da diese Angabe jedoch aus der Bestandswertestatistik der Deutschen Bundesbank entnommen wurde, muß sich die tatsächliche Grundgesamtheit aus mehr als 444 Unternehmungen zusammensetzen, weil keine Meldepflicht für Unternehmungen mit weniger als 500000 DM Bruttobetriebsvermögen besteht. Die Bundesbank obliegt bezüglich der ihr zur Verfügung stehenden Adressen der Geheimhaltungspflicht. Somit ist das Adreßmaterial nicht zugänglich. Die Sammlung des Adreßmaterials wurde von allen Industrie- und Handelskammern im Untersuchungsraum unterstützt. Ferner wurden Wirtschaftsförderungseinrichtungen und der American Chamber of Commerce, Frankfurt a.M. (eine interessenvertretende Institution für amerikanische Unternehmungen), sowie deren Repräsentanz in Nordrhein-Westfalen um Unterstützung gebeten. Insgesamt konnten auf diese Weise 420 Adressen herausgefunden werden. In dieser Zahl sind jedoch auch Unternehmungen mit einem Bruttobetriebsvermögen unter 500000 DM enthalten.

Von den 420 angeschriebenen Unternehmungen haben insgesamt 106 Unternehmungen einen zur Auswertung ausreichend bearbeiteten Fragebogen zurückgesandt. In 61 Fällen wurde der Fragebogen mit dem Vermerk "unbekannt verzogen" an den Absender zurückgeführt. 33 Unternehmungen haben den Fragebogen mit dem Vermerk "keine amerikanische Kapitalbeteiligung" unausgefüllt zurückgeschickt und zwei Unternehmungen hatten ihre Geschäftstätigkeit eingestellt.[139]

Geht man davon aus, daß die 96 nicht mehr zur Grundgesamtheit zählenden Unternehmungen in den 444 Einheiten der echten Grundgesamtheit enthalten sind, so ergibt sich, gemessen an der Unternehmungsanzahl, ein relativer Stichprobenumfang von 30%. In dem anderen Extremfall (keines dieser 96 Unternehmungen ist in der Grundgesamtheit enthalten) ergäbe sich ein relativer Stichprobenumfang von 24%. Unter der ausschließlichen Berücksichtigung der Unternehmungsanzahl kann in beiden Fällen der repräsentative Charakter der Stichprobe angenommen werden. Diese Annahme wird durch die Tatsache unterstützt, daß im Hinblick auf das Qualifikationsmerkmal "Einfluß auf die Geschäftsführung der Unternehmung, an welcher die Beteiligung besteht" die Stichprobe homogen ausgefallen ist. Alle 106 Unternehmungen haben 50% bis 100% amerikanisches Beteiligungskapital.[140]

---

[139] Diese Information stammt in beiden Fällen von Anwaltskanzleien, die mit der Betreuung der Auflösung beauftragt waren.

[140] Die Repräsentativität der Stichprobe könnte auch anhand anderer Merkmale wie etwa Betriebskapital, Umsatz oder der Anzahl der Beschäftigten bewertet werden. In diesem Fall

3.1.2.2 Struktur der Stichprobe

Die Erörterung der aus Abbildung 17 und Tabelle 16 ableitbaren Erkenntnisse zur Verteilung der amerikanischen Unternehmungen im Raum findet zu einem Großteil in Kapitel 3.3 statt, in dem direkte Bezüge zu einzelnen Standortfaktoren hergestellt werden. Aus diesem Grunde sollen hier nur diejenigen Aspekte betrachtet werden, die im weiteren Verlauf der Arbeit keine gesonderte Erwähnung mehr finden.

Tabelle 16: Verteilung des Fragebogenrücklaufs nach Wirtschaftsregionen

Wirtschaftsregion	Anzahl versandter Fragebögen	Anteil an allen versandten Fragebögen	Anzahl zurückerhaltener Fragebögen	Rücklaufquote in %
1. Großraum Köln	59	14%	12	20%
2. Aachener Land	19	5%	3	16%
3. Großraum Düsseldorf	258	61%	65	25%
4. Niederrhein	2	< 1%	1	50%
5. Ruhrgebiet	46	11%	9	20%
6. Märkisches Sauerland und Siegerland	10	2%	3	30%
7. Hochsauerland und Weserbergland	0			
8. Ostwestfalen-Lippe	12	3%	5	42%
9. Münsterland	14	3%	8	57%
Gesamt	420	100%	106	

Quelle: eigene Erhebung

---

scheint die Anzahl der Unternehmungen jedoch geeignetes Merkmal zu sein, da sich hinter jeder Unternehmung eine die Standortwahl berücksichtigende Entscheidung verbirgt. Hingegen sind die anderen möglichen Faktoren stärker an produktionstechnische Bedingungen geknüpft.

Abbildung 17: Räumliche Verteilung der amerikanischen Direktinvestitionsunternehmungen nach Städten

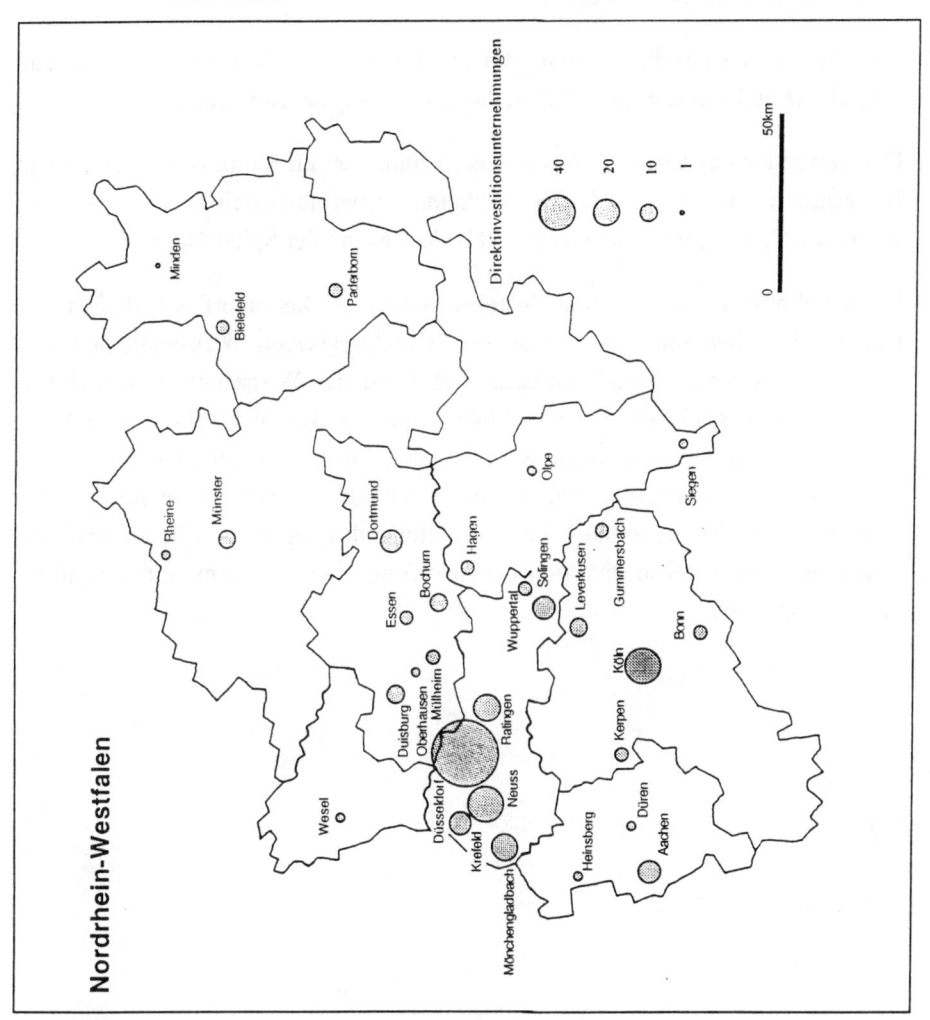

Quelle: eigene Erhebung

Um die Repräsentativität der Erhebung bezüglich der einzelnen Regionen zu prüfen, darf die Rücklaufquote nicht isoliert betrachtet werden. Vielmehr scheinen die erhaltenen Stichproben aus den befragten (kleinen) Grundgesamtheiten der Regionen Aachener Land, Niederrhein, Märkisches Sauerland und Siegerland,

Ostwestfalen-Lippe und Münsterland zu wenig umfangreich zu sein, um sie als repräsentativ betrachten zu können.[141]

Demgegenüber kann die Erhebung für die Regionen Großraum Köln, Großraum Düsseldorf und das Ruhrgebiet als repräsentativ angesehen werden.

Die Verteilung der amerikanischen Unternehmungen im Raum weist signifikante Konzentrationen auf. 86% der Unternehmungen befinden sich in drei Regionen, wobei der Großraum Düsseldorf mit 61% deutlich an der Spitze steht.[142]

Der Großraum Düsseldorf umfaßt neben der Stadt Düsseldorf und dem nahen Umland das Niederbergische Land, den Mittelbergischen Wirtschaftsraum mit Wuppertal, Remscheid und Solingen, den Krefelder Wirtschaftsraum und den Raum Mönchengladbach.[143] Unter Einbeziehung dieser zum Teil strukturell als eigenständig zu bezeichnenden Räume scheint der Großraum Düsseldorf für amerikanische Unternehmungen besonders attraktiv zu sein; denn im direkten Vergleich mit der wirtschaftlichen Bedeutung des Großraums Köln und des Ruhrgebiets ist die Konzentration der amerikanischen Direktinvestitionen überproportional hoch.

---

[141] Bei einem Stichprobenumfang in dieser Größenordnung ist die Einzelmeinung zu gewichtig; es besteht die Gefahr der Verzerrung des existierenden Meinungsbildes.

[142] Der Anteil Düsseldorfs an der Grundgesamtheit könnte etwas zu hoch liegen, da die IHK in Düsseldorf seit geraumer Zeit der statistischen Erfassung ausländischer Unternehmungen hohes Gewicht beimißt und infolgedessen das Adressmaterial qualitativ als besonders gut einzustufen ist.

[143] Vgl. Voppel 1993, S. 193.

Tabelle 17:   Sektorale Verteilung des Fragebogenrücklaufs

Wirtschaftszweig	Fragebogenrücklauf (abs.)*	Anteil am Gesamtrücklauf (%)	Wirtschaftszweig	Fragebogenrücklauf (abs.)*	Anteil am Gesamtrücklauf (%)
Energie- und Wasserversorgung, Bergbau	3	2,5	Baugewerbe	0	.
Chemische Industrie	21	17,8	Großhandel	18	15,3
Herstellung von Kunststoff- und Gummiwaren	6	5,1	Einzelhandel	2	1,7
Metallerzeugung und Bearbeitung	10	8,5	Verkehr und Nachrichtenübermittlung	2	1,7
Stahl-, Maschinen- und Fahrzeugbau	19	16	Kreditinstitute	2	1,7
Herstellung von Büromaschinen, DV-Geräten und -einrichtungen	4	3,4	Versicherungsgewerbe	2	1,7
Ernährungsgewerbe	2	1,7	Werbung und Beratung	6	5,1
Elektrotechnik, Feinmechanik und Optik	9	7,6	sonstige Dienstleistungen	8	6,8
sonstiges Verarbeitendes Gewerbe	4	3,4			

* Da Mehrfachnennungen möglich waren, übersteigt die Anzahl der Nennungen (118) die Anzahl der zurückerhaltenen Fragebögen (106).
Quelle: eigene Erhebung

Die sektorale Struktur der Stichprobe weist mit 66% des Rücklaufs im Verarbeitenden Gewerbe eine eindeutige Schwerpunktbildung auf.[144] Gemessen an der Verteilung der Direktinvestitionen des gesamten Auslands in Nordrhein-Westfalen (Verarbeitendes Gewerbe 39,7%, Handel 27,3% und Dienstleistungen incl. Kreditinstitute und Versicherungen 23,7%) ist das Verarbeitende Gewerbe deutlich überrepräsentiert, während der Handel und die Dienstleistungen unterrepräsentiert sind.[145]

Diese Überrepräsentanz könnte auf eine überdurchschnittlich hohe Antwortbereitschaft der Betriebe im Verarbeitenden Gewerbe zurückzuführen sein. Denkbar ist aber auch, daß die amerikanischen Direktinvestoren des Verarbeitenden Gewerbes Nordrhein-Westfalen als Standort besonders günstig einschätzen und auf diesem Wege eine derartige Konzentration zustandegekommen ist.[146]

---

144   Die Frage der Repräsentativität der Stichprobe in ihren einzelnen Wirtschaftsbereichen muß offen bleiben, da keine Vergleichsstatistik, die Direktinvestitionen nach Sektoren und nach Herkunftsländern differenziert erfaßt, existiert (vgl. 2.7.1).

145   Vgl. Landeszentralbank in Nordrhein-Westfalen 1994, S. 56.

146   Eine Untersuchung über japanische Unternehmungen in der Bundesrepublik Deutschland zeigt, daß es durchaus zu bundeslandspezifischen Schwerpunktbildungen in einzelnen Branchen kommt. Japanische Unternehmungen investieren beispielsweise innerhalb der Bundesrepublik Deutschland hauptsächlich in Niedersachsen in die Chemiewirtschaft. Ein

Tabelle 18: Verteilung der Stichprobe innerhalb des Verarbeitenden Gewerbes und Bergbaus

Branche	Anzahl	Anteil (%)
Energie- und Wasserversorgung, Bergbau	3	3,8
Chemische Industrie	21	27
Herstellung von Kunststoff- und Gummiwaren	6	7,7
Metallerzeugung und Bearbeitung	10	12,9
Stahl-, Maschinen- und Fahrzeugbau	19	24,2
Herstellung von Büromaschinen, DV-Geräten und -einrichtungen	4	5,2
Ernährungsgewerbe	2	2,6
Elektrotechnik, Feinmechanik und Optik	9	11,5
sonstiges Verarbeitendes Gewerbe	4	5,2

Quelle: eigene Erhebung

Ähnlich wie für das Verarbeitende Gewerbe insgesamt gilt in der Differenzierung dessen, daß die chemische Industrie in der Stichprobe innerhalb des Verarbeitenden Gewerbes überrepräsentiert ist. Die Betrachtung der Beschäftigtenzahlen in der chemischen Industrie führt zu einem ähnlichen Resultat: hier sind 32% aller Beschäftigten der Stichprobe zu finden. Der Vergleichswert aller Betriebe in Nordrhein-Westfalen liegt bei etwa 10%.[147]

Ein direkter Vergleich der regionalen Verteilung sämtlicher Betriebe des Bergbaus und des Verarbeitenden Gewerbes in Nordrhein-Westfalen mit den amerikanischen Direktinvestitionsbetrieben gleicher Branchenzusammensetzung in Nordrhein-Westfalen macht eine weitere Konzentrationstendenz deutlich:

---

anderes Beispiel: in Nordrhein-Westfalen sind lediglich 12,8% der japanischen Investitionen in die Elektrobranche geflossen, während der direkte Vergleichswert für Hessen bei 26,6% liegt. Vgl. Gesellschaft für Wirtschaftsförderung Nordrhein-Westfalen mbH 1993, S. 10.

[147] Da es keine direkte Vergleichsstatistik gibt, läßt sich hier keine definitve Aussage machen. Auch der Anteil der Betriebe der chemischen Industrie (415) in Höhe von 3,5% an allen Betrieben des Bergbaus und des Verarbeitenden Gewerbes in Nordrhein-Westfalen (11887) gibt Anlaß zur Vermutung, daß eine starke Überrepräsentanz vorliegt. Vgl. Landesamt für Datenverarbeitung und Statistik Nordrhein-Westfalen 1992, S. 320.
Vgl. Voppel 1993, S. 105.

Tabelle 19: Regionale Verteilung der Betriebe im Bergbau und Verarbeitenden Gewerbe

Wirtschaftsregion*	Alle Betriebe des Bergbaus und Verarbeitenden Gewerbes in Nordrhein-Westfalen		Amerikanische Direktinvestitionsbetriebe des Bergbaus und Verarbeitenden Gewerbes in Nordrhein-Westfalen	
	absolute Anzahl je Region	Anteil des Wirtschaftsraums an der Gesamtanzahl (%)	absolute Anzahl je Region	Anteil des Wirtschaftsraums an der Gesamtanzahl (%)
1. Großraum Köln	1242	10,7	9	14,8
2. Aachener Land	576	5	3	4,9
3. Großraum Düsseldorf	2325	20,1	35	57,4
4. Niederrhein	380	3,3	1	1,7
5. Ruhrgebiet	1968	17	3	4,9
6. Märkisches Sauerland und Siegerland	1654	14,3	2	3,3
7. Hochsauerland und Weserbergland	436	3,8	0	.
8. Ostwestfalen-Lippe	1778	15,4	3	4,9
9. Münsterland	1203	10,4	5	8,2
Gesamt	11562	100	61**	100

* Die Daten aus der Statistik des Landesamtes sind auf Ebene der Kreise und kreisfreien Städte den Aggregaten der einzelnen Wirtschaftsregionen zugeordnet worden.
** Firmen, die sich neben dem Verarbeitenden Gewerbe auch einem anderen Wirtschaftszweig zuordneten, wurden nicht berücksichtigt.
Quelle: Landesamt für Datenverarbeitung und Statistik Nordrhein-Westfalen, Statistisches Jahrbuch Nordrhein-Westfalen 1992, Düsseldorf 1992, S. 322 bis S. 325 und eigene Erhebung

Zunächst ist auffällig, daß die Verteilung der amerikanischen Betriebe stärkere Polarisationstendenzen aufweist. Mit Ausnahme der Regionen Großraum Köln und Großraum Düsseldorf ist die Konzentration des Stichprobenanteils in allen Wirtschaftsräumen schwächer. Aus der relativ starken Konzentration der amerikanischen Unternehmungen im Großraum Düsseldorf und im Großraum Köln könnte als erste Folgerung geschlossen werden, daß die Flughäfen von größerer Bedeutung für die amerikanischen als für die deutschen Unternehmungen sind.

Am größten fallen die Unterschiede zwischen den beiden Verteilungen in den Wirtschaftsräumen Ruhrgebiet, Märkisches Sauerland und Siegerland sowie Ostwestfalen-Lippe aus.

Da es sich im Falle des Ruhrgebiets um eine industriestädtische Großagglomeration handelt, welche sich durch leistungsstarke Verkehrsverbindungen zu Wasser, über die Straße und über die Schiene auszeichnet, ist dieses Ergebnis zunächst überraschend. Ohne nähere Untersuchung kann lediglich der Mangel an Einrichtungen höherer Zentralität sowie die wirtschaftliche Struktur der Großagglomeration als nachteilig herausgestellt werden (vgl. 1.5).[148]

Während für Ostwestfalen-Lippe die peripherische Lage (im Kontext einer mesoräumlichen Standortentscheidung für Nordrhein-Westfalen) und die geringe verkehrsgeographische Erschließung augenfällig ist, kann für das Märkische Sauerland und das Siegerland die Lage abseits der Haupterschließungsachsen im Mittelgebirge und infolgedessen ein knappes Angebot an größeren zusammenhängenden Industrieflächen als Potentialdefizit genannt werden (vgl. 1.5).[149]

An folgenden Standorten haben ausreichend Unternehmungen den Fragebogen beantwortet, um sie als einzelne Standorte (im Gegensatz zu den ansonsten betrachteten Regionen) in weiterführender regionaler Differenzierung betrachten zu können:[150] Köln, Düsseldorf, Neuss, Mönchengladbach, Duisburg und Münster.

Die amerikanischen Direktinvestitionsunternehmungen, die sich in Köln befinden, weisen in sektoraler Hinsicht zwei Schwerpunkte auf: einen Schwerpunkt stellen die Unternehmungen der chemischen Industrie, den anderen die der produktionsorientierten Dienstleistungsunternehmungen dar. Betriebe dieser beiden Wirtschaftszweige sind auf eine gute Verkehrslage, wenn auch auf unterschiedliche Träger, angewiesen. Die Unternehmungen der chemischen Industrie in Köln können neben dem Rhein[151] auch die Gunst des Eisenbahnverkehrsknotenpunktes nutzen, ferner bietet Köln ausreichend Möglichkeit, Kontaktvorteile zu der am Standort stark vertretenen chemischen Industrie zu realisieren. Die amerikanischen unternehmungsbezogenen Dienstleister profitieren am Standort Köln nicht nur von der guten Verkehrserschließung, sondern können sich auch auf eine Vielzahl verschiedener industrieller Wirtschaftszweige ausrichten.

Die amerikanischen Direktinvestitionsunternehmungen in Düsseldorf sind vorwiegend in drei Wirtschaftszweigen vertreten: wie in Köln haben sich hauptsächlich Unternehmungen der chemischen Industrie und unternehmungsbezogene Dienstleister niedergelassen oder an bestehenden Unternehmungen beteiligt. Den dritten Schwerpunkt stellen Großhandelsbetriebe dar. Ähnlich wie Köln ist auch

---

[148] Vgl. Voppel 1993, S. 189 ff.

[149] Vgl. Voppel 1993, S. 206 ff.

[150] Einige "Einzelstandorte" können kein Eingang in die Untersuchung finden, da Rückschlüsse auf die einzelnen Unternehmungen möglich sind. Allen Unternehmungen ist die anonyme Behandlung ihrer Daten zugesichert worden.

[151] Vgl. Bauerschmitz, Stirl 1995, S. 49 ff.

dieser Standort durch landgebundene Verkehrssysteme ausgezeichnet erschlossen. Insbesondere für die unternehmungsbezogenen Dienstleister ergänzt ein leistungsfähiger Flughafen[152] die Erreichbarkeit des Standortes. Den Unternehmungen des Großhandels und des unternehmungsbezogenen Dienstleistungswesens bietet der Standort mit seinem weit über seine eigenen Grenzen hinausreichendem Versorgungsraum die räumliche Nähe zu einem kaufkräftigen Absatzgebiet.

Hinsichtlich der Qualität der Verkehrserschließung gilt für die Unternehmungen in Neuss das gleiche wie für die Unternehmungen in Düsseldorf, wobei Neuss über einen bedeutenderen Binnenhafen am Rhein verfügt.[153] Den sektoralen Schwerpunkt der amerikanischen Direktinvestitionsunternehmungen in Neuss stellt der Stahl-, Maschinen- und Fahrzeugbau dar, der durch die Nähe zu den Industrien der Ruhragglomeration einerseits und die Qualität der Verkehrserschließung andererseits gute Standortbedingungen vorfindet. Der Stahl-, Maschinen- und Fahrzeugbau ist in Neuss ferner durch eine auf der Basis von Braunkohlenstrom bestehende preiswerte Energieversorgung begünstigt.[154]

In Mönchengladbach haben die amerikanischen Direktinvestitionsunternehmungen ihren sektoralen Schwerpunkt ebenfalls im Stahl-, Maschinen- und Fahrzeugbau. Trotz der für Nordrhein-Westfalen als peripher zu bezeichnenden Lage ist Mönchengladbach durch die Autobahn, die Eisenbahn und eine S-Bahn gut an Düsseldorf angeschlossen.

Unter den amerikanischen Unternehmungen in Duisburg sind die Großhandelsbetriebe am stärksten vertreten. An ihrem Standort Duisburg verfügen diese nicht nur über einen der größten Binnenhäfen der Welt und einen Eisenbahnknotenpunkt, sondern sind auch durch die am Nordrand des Rheinischen Schiefergebirges bestehende und in Köln fehlende Autobahnverbindung in östlicher Richtung begünstigt. Die Großhandelsunternehmungen finden in Duisburg somit eine ausgezeichnete Verkehrslage als Basis ihrer Versorgungsfunktion. Dennoch bleibt die Qualität ihres Standortes mindestens in Teilen von dem Maße abhängig, in dem es der Ruhragglomeration gelingt, wettbewerbsfähige Industrien am Standort zu halten und für diesen zu gewinnen. Unter allen Binnenstandorten in Deutschland hat Duisburg durch die Gunst der Lage bedingt die aussichtsreichste Stel-

---

152 Vgl. Pagnia 1992a.
153 Vgl. Landesamt für Datenverarbeitung und Statistik des Landes Nordrhein-Westfalen 1992, S. 449.
154 Vgl. auch Voppel 1993, S. 194 f.

lung, als Standort der Schwerindustrie international konkurrenzfähig zu bleiben,[155] was auch den auf die Schwerindustrie ausgerichteten Folgeindustrien und dem Großhandel die Möglichkeit erhält, am Standort zu beharren.

Die amerikanischen Direktinvestitionsunternehmungen am Standort Münster sind dadurch charakterisiert, daß sie alle dem Verarbeitenden Gewerbe zuzurechnen sind, wobei sich jedoch keine Industrie als dominant erweist, was auch für die heimische Industrie gilt. Im Vergleich mit anderen, für Nordrhein-Westfalen peripherisch gelegenen Räumen, hebt sich der Standort Münster durch die Lage an den Autobahnen 1 (Dortmund und Hamburg) und 43 (in das Ruhrgebiet) sowie durch den Anschluß an das Intercity-Netz der Deutschen Bahn AG in positiver Weise ab.

Wechselt man die Perspektive und fragt, ob unter den einzelnen Wirtschaftszweigen regionale Konzentrationen erkennbar sind, so wird folgendes deutlich:

Die amerikanischen Unternehmungen der chemischen Industrie und des unternehmungsbezogenen Dienstleistungswesens konzentrieren sich in den Großräumen Köln und Düsseldorf. Der Stahl-, Maschinen- und Fahrzeugbau ist am häufigsten im Großraum Düsseldorf vertreten. Unter den übrigen Wirtschaftszweigen sind entweder keine signifikanten Konzentrationen erkennbar oder die geringe Anzahl antwortender Unternehmungen in dem Wirtschaftszweig läßt keine statistisch haltbare Aussage über die Verteilung im Raum zu (vgl. Tabelle 18).

Im folgenden sind einige weitere Merkmale der Stichprobe dargestellt, die jedoch erst in Kapitel 3.3 im Sinne der Fragestellung erörtert werden. Durch die Darstellung an dieser Stelle soll ermöglicht werden, sich ein "besseres Bild" der amerikanischen Direktinvestitionsunternehmungen im Untersuchungsraum zu machen.

Als dominierende unternehmerische Funktion geben 23,8% der befragten Unternehmungen die Produktion, 68,5% den Service/Vertrieb, 3,8% die Forschung und Entwicklung und ebenfalls 3,8% die Repräsentanz an.[156]

Insgesamt beschäftigen die Unternehmungen der Stichprobe 1994 21631 Personen ganztags und 606 Personen halbtags. Unter der zurückhaltenden Annahme,

---

[155] Vgl. Voppel 1990b, S. 468 ff.

[156] Die Vergleichswerte der japanischen Unternehmungen in der Bundesrepublik Deutschland lauten wie folgt: Produktion 10,1%, Service und Vertrieb 61,1%, Forschung und Entwicklung 4% und Repräsentanzen 24,4%. Vgl. Gesellschaft für Wirtschaftsförderung Nordrhein-Westfalen 1993, S. 12.

daß diese Stichprobe 24% (siehe 3.1.2.1) aller amerikanischen Direktinvestitionsunternehmungen in Nordrhein-Westfalen erfaßt, läßt sich nach Hochrechnung auf 100% sagen, daß knapp 87400 Vollzeitbeschäftigte und etwa 2450 Teilzeitbeschäftigte in amerikanischen Direktinvestitionsunternehmungen in Nordrhein-Westfalen beschäftigt sind.

Auf das Verarbeitende Gewerbe entfallen 55,5%, auf den Handel 2%, auf die Dienstleistungen 4,2% und auf die Unternehmungen, die sich selbst mehr als einer dieser Gruppen zuordnen, 37,9% der Vollzeitbeschäftigten. Dies bedeutet in hochgerechneten absoluten Zahlen für amerikanische Direktinvestitionsunternehmungen in Nordrhein-Westfalen knapp über 50000 Beschäftigte im Verarbeitenden Gewerbe, 1830 Beschäftigte im Handel, 3800 Beschäftigte im Dienstleistungsbereich und 34183 Vollzeitbeschäftigte in den gruppenübergreifenden Unternehmungen.

Im Durchschnitt beschäftigt jede amerikanische Direktinvestitionsunternehmung 208 Vollzeit-Arbeitskräfte und sechs Teilzeit-Arbeitskräfte.[157] Im Verarbeitenden Gewerbe und Bergbau liegt der Wert für die Direktinvestitionsbetriebe mit durchschnittlich 197 Beschäftigten pro Betrieb etwas niedriger. Der Vergleichswert aller Betriebe des Verarbeitenden Gewerbes und Bergbaus in Nordrhein-Westfalen liegt mit 171 knapp darunter. Mit durchschnittlich 296 Beschäftigten pro Betrieb weist die chemische Industrie die durchschnittlich größten Unternehmungen der Stichprobe aus. Der Vergleichswert aller Betriebe der chemischen Industrie in Nordrhein-Westfalen liegt mit 465 deutlich höher.

Lediglich zwölf Unternehmungen der Stichprobe geben an, amerikanische Führungskräfte zu beschäftigen, wobei der Anteil dieser an dem gesamten Führungspersonal in allen zwölf Fällen unter 5% bleibt.

Die Betriebe der Stichprobe verteilen sich wie folgt auf Betriebsgrößenklassen:

---

[157] Der Vergleichswert für japanische Unternehmungen in der Bundesrepublik Deutschland liegt bei durchschnittlich 56,6 Vollzeitbeschäftigten pro Unternehmung. Vgl. Gesellschaft für Wirtschaftsförderung Nordrhein-Westfalen 1993, S. 13.

Tabelle 20:   Verteilung der Stichprobe auf Betriebsgrößenklassen

Betriebsgrößenklasse	Anzahl der Betriebe	Anzahl der Betriebe in % der Stichprobe	Anzahl der Beschäftigten	Anzahl der Beschäftigten in % der Stichprobe
1 - 20	39	38,2	275	1,3
20 - 99	31	30,4	1387	6,5
100 - 199	13	12,7	1870	8,6
200 - 999	14	13,7	6379	29,5
1000 und mehr	5	4,9	11720	54
Gesamt	102	100	21631	100

Quelle: eigene Erhebung

In Nordrhein-Westfalen haben 90% aller Betriebe unter 20 Beschäftigte, 7,8% beschäftigen 20-100 Personen, 2% haben 100-999 Beschäftigte und nur 0,2% der Betriebe beschäftigen über 1000 Personen.[158]

Die Angaben der Unternehmungen bezüglich ihres Jahresumsatzes ergänzen das Ergebnis der Unternehmungsgrößenstruktur. Lediglich 6,8% geben an, unter einer Million DM Umsatz 1994 zu haben, 19,4% bezifferten diesen mit 1-5 Mio. DM, und 40,8% erklären, 5-50 Mio. DM sowie 33% mehr als 50 Mio. DM Jahresumsatz 1994 zu haben. Insgesamt beträgt der Umsatz der Unternehmungen der Stichprobe 6,1 Mrd. DM, was einen Durchschnittsumsatz von 59 Mio. DM pro Betrieb ergibt.

Die Frage nach dem Zeitpunkt ihres Investitionsschwerpunktes hat nur etwa die Hälfte der Firmen beantwortet. 22% der antwortenden Unternehmungen geben an, ihre Hauptinvestitionsphase in den 1950er und 1960er Jahren gehabt zu haben. 16% der Unternehmungen datieren diese auf die erste und 34% auf die zweite Hälfte der 1980er Jahre. Unter den antwortenden Unternehmungen befand sich keine Unternehmung, welche ihren Investitionsschwerpunkt in den 1990er Jahren hatte. Sechs Unternehmungen gaben an, seit Ansiedlung bis heute kontinuierlich investiert zu haben. 47% der Betriebe in der Stichprobe gaben an, jährlich 1-5% ihres Umsatzes zu reinvestieren.

---

[158] Vgl. Landesamt für Datenverarbeitung und Statistik des Landes Nordrhein-Westfalen 1992, o. S. Zu vergleichbaren Ergebnissen kommt auch Pagnia 1992, S. 115.

Der Grad der internationalen Integration der Unternehmungen der Stichprobe wird dadurch deutlich, daß 80 Unternehmungen angeben, über ihre Muttergesellschaften mit Tochterunternehmungen in anderen Ländern der Europäischen Union (in der restlichen Welt außerhalb der EU) verbunden zu sein. 70 Unternehmungen haben Schwesterunternehmungen außerhalb der EU. Lediglich sieben Unternehmungen geben an, mit keiner anderen Unternehmung verbunden zu sein.

Tabelle 21: Regionale Verteilung der Absatz- und Beschaffungsmarktanteile in der Stichprobe

Lage des Marktes	durchschnittlicher* Absatzmarktanteil (%)	durchschnittlicher* Beschaffungsmarktanteil (%)
gleicher Kreis	2,3	4,5
übriges Nordrhein-Westfalen	14,2	6,9
übrige Bundesrepublik	49	14,9
übrige EU-Länder	19,9	32,5
sonstiges Europa	6,9	5,5
Vereinigte Staaten von Amerika	2,4	33,7
restliche Welt	5,3	2,6

* Durchschnitt aller antwortenden Unternehmungen der Stichprobe
Quelle: eigene Erhebung

Die Unternehmungen der Stichprobe haben ihren regionalen Absatzschwerpunkt mit insgesamt 65,5% Marktanteil innerhalb der Bundesrepublik Deutschland; lediglich 7,7% des Absatzmarktes befinden sich außerhalb Europas. 87 Unternehmungen der Stichprobe gaben an, daß sie die Öffnung der "Ostmärkte" heute und für die Zukunft als vorteilhaft für sich einschätzen. Bezüglich der Einkommenseffekte ist die Frage nach den Beschaffungsmärkten von größerer Bedeutung. Lediglich 11,4% Marktanteil hat Nordrhein-Westfalen an dem Beschaffungsmärkten der antwortenden Unternehmungen der Stichprobe. 74,3% des Beschaffungsmarktes liegen außerhalb der Bundesrepublik Deutschland, wobei mehr in den Vereinigten Staaten von Amerika als in der Europäischen Union ohne die Bundesrepublik Deutschland beschafft wird. Hier wird eine Orientierung zum Kapitalgeberland hin deutlich.

3.2 Bedeutung der Standortfaktoren

Der im folgenden dargestellten Bedeutung der einzelnen Standortfaktoren soll ein Überblick über die Relevanz der zusammengestellten Standortfaktorenbündel vorangestellt werden. Da nach der Bedeutung der übergeordneten Faktoren im Fragebogen nicht gefragt wurde, sind die hier dargestellten Werte als arithmetische Mittel der einzelnen Standortfaktoren innerhalb eines Bündels gebildet worden. Obwohl innerhalb eines solchen Aggregats vereinzelt starke Bedeutungsunterschiede unter den Einzelfaktoren festgestellt wurden und damit der pauschalierten Aussage ein Signifikanzverlust erwächst, ist ein Verzicht auf den Überblick aus methodischen Gründen nicht vertretbar.

Weiterhin wird der Aufbau davon getragen, daß zunächst, nach Faktorenbündeln gegliedert, die Bedeutung dargestellt wird, welche den Standortfaktoren durch die Unternehmungen der gesamten Stichprobe beigemessen wurde. Direkt im Anschluß wird dann auf Differenzierungen in der Bedeutung einzelner Faktoren, bedingt durch das Urteil unterschiedlich zusammengesetzter Bewertergruppen, hingewiesen, sofern die Unterschiede signifikant sind. Die Differenzierung nach Bewertergruppen erfolgt durch folgende Teilgesamtheitenbildung:[159]

---

[159] Bei der Bildung der Teilgesamtheiten muß berücksichtigt werden, daß die Umfänge der differenzierten Gesamtheiten nicht zu klein werden, um die Verzerrung eines Meinungsbildes durch einzelne Extrempositionen zu verhindern, obgleich aus Analysegründen eine weitere Differenzierung wünschenswert gewesen wäre.

a) nach regionalen Gesichtspunkten:

1. Großraum Köln
2. Großraum Düsseldorf[160]
3. Ruhrgebiet[161]

b) nach sektoralen Gesichtspunkten:

4. chemische Industrie
5. Verarbeitendes Gewerbe (insg.)
6. Handel
7. Dienstleistungen (inkl. Kreditinstitute und Versicherungen)

3.2.1 Die Standortfaktorengruppen im Überblick

Wie unter 1.3.2 dargestellt und begründet sind die Kapitel 3.2.1 bis 3.2.9 ausgesprochen deskriptiv gestaltet. Eine Erörterung der Erkenntnisse findet erst in Kapitel 3.3 statt.

---

[160] Da 61,3% der Unternehmungen der Stichprobe aus dem Großraum Düsseldorf stammen und 66% der Unternehmungen dem Verarbeitenden Gewerbe zuzuordnen sind, beeinflussen diese Teilgesamtheiten die Gesamtstichprobe bedeutend. Infolgedessen sind bei der differenzierten Betrachtung keine besonders deutlich ausgeprägten Abweichungen dieser Teilgesamtheiten von der Stichprobe insgesamt zu erwarten.

[161] Die sektorale Struktur der Ruhragglomeration und die durch diese bedingte wirtschaftliche Situation des Raums sowie der Strukturwandel des Ruhrgebiets sind mannigfaltig in der wirtschaftsgeographischen und -politischen Literatur vertreten, so daß auf eine erneute Charakterisierung des Sachverhalts verzichtet wird. Unter vielen anderen empfehlenswerten Beiträgen sei hier folgende Auswahl genannt:

Junkernheinrich 1989; Ortmeyer 1989; Petzina 1992; Petzina 1988; Sachverständigenrat zur Begutachtung der gesamtwirtschaftlichen Entwicklung 1988.

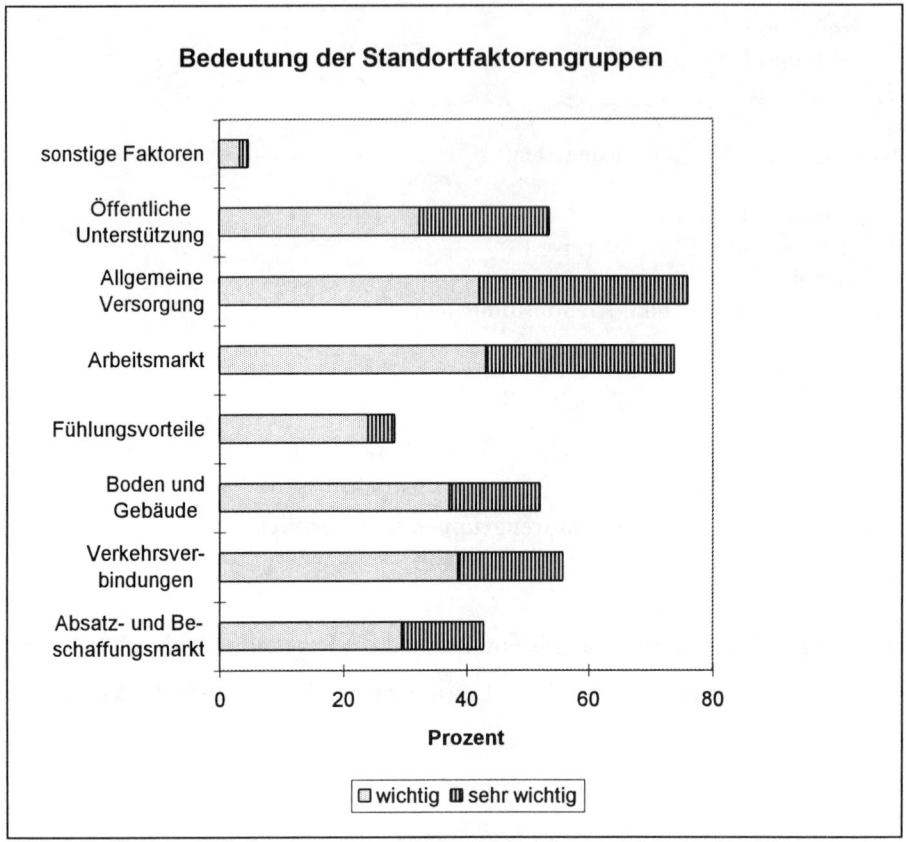

Abbildung 18: Die Bedeutung der Standortfaktorengruppen

Bedeutung der Standortfaktorengruppen

[Balkendiagramm mit folgenden Kategorien (von oben nach unten): sonstige Faktoren, Öffentliche Unterstützung, Allgemeine Versorgung, Arbeitsmarkt, Fühlungsvorteile, Boden und Gebäude, Verkehrsverbindungen, Absatz- und Beschaffungsmarkt; x-Achse: Prozent von 0 bis 80; Legende: wichtig, sehr wichtig]

Die unter den Gruppentiteln subsumierten Standortfaktoren lassen sich in den jeweiligen Kapiteln und im Anhang der Arbeit auf dem Fragebogen finden.
Quelle: eigene Erhebung

Unter allen für die Standortwahl der Unternehmung relevanten Standortfaktorengruppen werden die allgemeine Versorgung (76%) und der Arbeitsmarkt (73,8%) als die bedeutsamsten eingestuft. Mit deutlichem Abstand folgen die Verkehrsverbindungen (55,8%), dann die öffentliche Unterstützung (53,6%), Boden und Gebäude (52%) und der Absatz- und Beschaffungsmarkt (42,8%). Nur knapp 30% der Unternehmungen in der Stichprobe schätzen Fühlungsvorteile grundsätzlich als wichtig oder sehr wichtig ein. Die Standortfaktorenauswahl des Bündels sonstige Faktoren wird von den Betrieben als am wenigsten wichtig bewertet. Dies wird nach der Betrachtung der Einzelfaktoren verständlich (vgl. 3.2.9).

3.2.2 Absatz- und Beschaffungsmarkt

Abbildung 19: Die Bedeutung des Absatz- und Beschaffungsmarktes

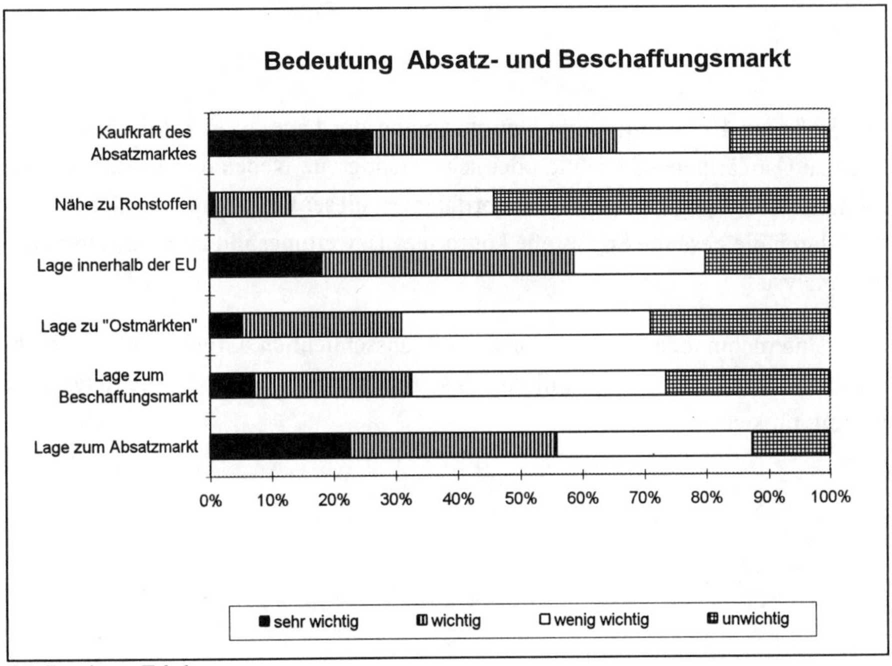

Bedeutung Absatz- und Beschaffungsmarkt

(Balkendiagramm mit den Kategorien: Kaufkraft des Absatzmarktes, Nähe zu Rohstoffen, Lage innerhalb der EU, Lage zu "Ostmärkten", Lage zum Beschaffungsmarkt, Lage zum Absatzmarkt; Legende: sehr wichtig, wichtig, wenig wichtig, unwichtig)

Quelle: eigene Erhebung

Im Rahmen der zu bewertenden Standortfaktoren aus dem Bündel Absatz- und Beschaffungsmarkt wird der Kaufkraft des Absatzmarktes (65,7% der Unternehmungen werten sie als wichtig oder sehr wichtig) vor der Lage innerhalb der Europäischen Union (58,6%) und vor der Lage zum Absatzmarkt (55,8%) die größte Bedeutung beigemessen.

86,8% der Unternehmungen in der Stichprobe erklären, daß die Nähe zu Rohstoffen unwichtig bzw. weniger wichtig für sie sei, und nur knapp über 30% der Unternehmungen erachten die Lage zu "Ostmärkten" und die Lage zum Beschaffungsmarkt als grundsätzlich bedeutend für sich.

Das Interesse der amerikanischen Firmen an den "Ostmärkten" (Frage 13 des Fragebogens) wird dadurch offenkundig, daß 38% die Öffnung dieser Märkte auf jeden Fall und 49% bei künftigem Kaufkraftanstieg als vorteilhaft für sich einschätzen. Lediglich 14% bewerten diese Märkte als uninteressant für die eigene Unternehmung. 70% der Unternehmungen des Handels erklären, daß diese Märkte auf jeden Fall, 30%, daß sie künftig bei gestiegener Kaufkraft von Bedeutung seien.[162]

Im Großraum Köln stuft keine Unternehmung die Lage zu Rohstoffen oder die Lage zu Ostmärkten als wichtig oder sehr wichtig ein. Neben dieser Auffälligkeit ergibt sich bzgl. der einzelnen Standortfaktoren dieser Gruppe ein mit der Bewertung durch die gesamte Stichprobe konformes Bewertungsbild in der differenzierten Analyse.

Alle Unternehmungen in Duisburg (fast ausschließlich Großhandelsunternehmungen) bezeichnen die Kaufkraft des Absatzmarktes als wichtig oder sehr wichtig für sich.

---

[162] Diese Ergebnis bekräftigt eine Vermutung des American Chamber of Commerce in Germany, welche aus einer empirischen Untersuchung durch dieselbe Kammer abgeleitet wurde. Vgl. American Chamber of Commerce in Germany 1991, S. 5

3.2.3 Verkehrsverbindungen

Abbildung 20: Die Bedeutung der Verkehrsverbindungen

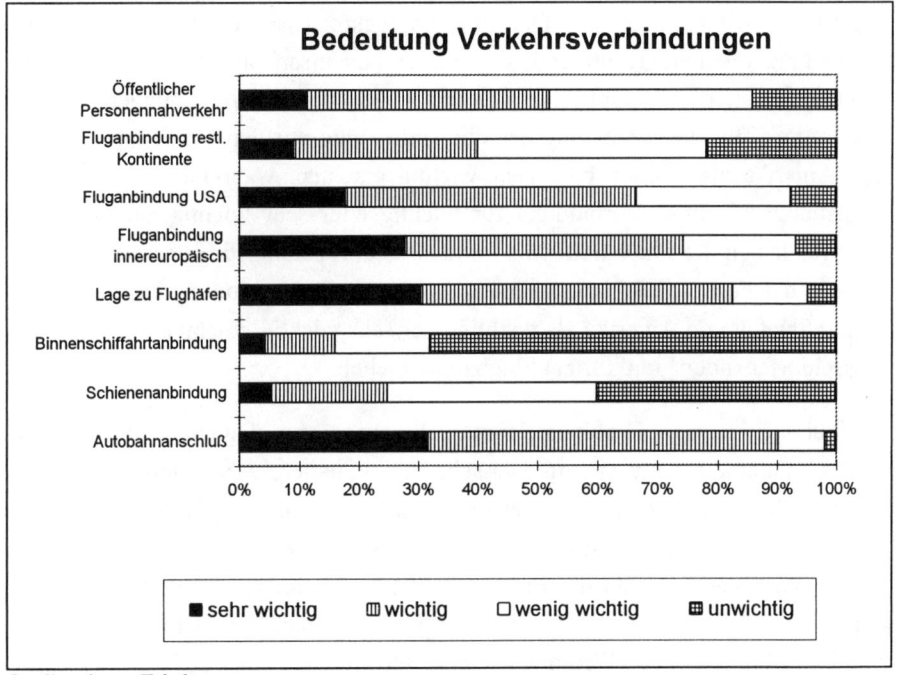

Bedeutung Verkehrsverbindungen

(Balkendiagramm mit folgenden Kategorien: Öffentlicher Personennahverkehr, Fluganbindung restl. Kontinente, Fluganbindung USA, Fluganbindung innereuropäisch, Lage zu Flughäfen, Binnenschiffahrtanbindung, Schienenanbindung, Autobahnanschluß; Legende: sehr wichtig, wichtig, wenig wichtig, unwichtig)

Quelle: eigene Erhebung

Die Verkehrserschließung wird insgesamt bei gleicher Gewichtung aller Faktoren nur als mittelmäßig bedeutsam eingestuft. Die beigemessene Bedeutung der einzelnen Standortfaktoren divergiert in dieser Gruppe jedoch sehr stark. Am wichtigsten wird die Qualität des Autobahnanschlusses (91,1% der Unternehmungen werteten hier wichtig oder sehr wichtig) eingestuft. Mit 82,4% folgt dicht darauf die Lage zu Flughäfen. Konform mit der Einschätzung der Bedeutung der Erreichbarkeit des Flughafens wird die Qualität der Verbindung mit Zielen innerhalb Europas (74,2%) und in den Vereinigten Staaten von Amerika (66,3%) durch den Flughafen als entsprechend bedeutsam eingestuft. Die Verbindung mit Zielen in den restlichen Kontinenten ist nur für 40% der Unternehmungen wichtig oder sehr wichtig und damit weniger bedeutsam.

Die Qualität des öffentlichen Personennahverkehrs wird von etwas mehr als 50% aller Unternehmungen als bedeutsam eingestuft. Am wenigsten wichtig erscheint den Unternehmungen der Stichprobe die Anbindung über die Schiene (24,8) sowie über die Binnenschiffahrt (16%).

Der heterogenen Bewertung der einzelnen Faktoren der Faktorgruppe steht eine homogene Bewertung durch die betrachteten Teilgesamtheiten gegenüber. Lediglich die Unternehmungen des Dienstleistungssektors halten mit 46,7% die Flugverbindung restliche Kontinente für stärker bedeutsam als die Stichprobengesamtheit. Weiterhin ist auffällig, daß nur 33,3% der Unternehmungen aus dem Großraum Köln die Bedeutung der Flugverbindung mit den Vereinigten Staaten von Amerika als wichtig oder sehr wichtig erachten, während 66,3% der Gesamtstichprobe diese Verbindung für wichtig oder sehr wichtig halten. Offensichtlich haben die Flughäfen Köln und Düsseldorf standortdifferenzierende Wirkung in der Form , daß Unternehmungen welche die Verbindung mit den Vereinigten Staaten von Amerika als wichtig oder sehr wichtig erachten, die Nähe des Düsseldorfer (oder Frankfurter) Flughafens suchen.[163]

Da nur 33,3% der Großhandelsunternehmungen aus Duisburg die Binnenschiffahrtanbindung für wichtig oder sehr wichtig halten, wird einerseits deutlich, daß Duisburg sich als Standort des Großhandels neben dem Binnenhafen durch weitere Standortfaktoren auszeichnet (vgl. 3.1). Andererseits ist der Anteil an Unternehmungen, welcher die Binnenschiffahrtanbindung als bedeutsam ansieht, doppelt so groß wie in der Gesamtstichprobe, so daß dem Duisburger Hafen standortdifferenzierende Wirkung beigemessen werden kann.

---

[163] Die Unternehmungen der chemischen Industrie bewerten die Anbindung an die Schiene und an die Binnenschiffahrt nicht als grundlegend wichtiger, als es die Gesamtheit der Stichprobe tut. Ferner nennt keine Unternehmung die Anbindung an Rohrleitungen als relevant. Möglicherweise kann der geringe Abhängigkeitsgrad von diesen Verkehrssystemen als ein Indikator für einen geringen Anteil an Betrieben der Schwerchemie interpretiert werden. Da die amerikanischen Betriebe gerade in Nordrhein-Westfalen starker Konkurrenz durch heimische Betriebe auf dem Sektor der Schwerchemie ausgesetzt sind, wäre ein hoher Anteil an Betrieben der Leichtchemie eine wenig überraschende Konsequenz, zumal die Ansiedlung von Schwerchemieunternehmungen durch die bestehende Restriktions- und Auflagendichte in den vergangenen Jahren zunehmend schwerer geworden ist. Die Annahme über einen hohen Anteil an Unternehmungen der Leichtchemie wird von der Betriebsgrößenstruktur der Unternehmungen gestützt: Die Unternehmungen der chemischen Industrie sind zwar an der Beschäftigtenzahl gemessen die größten der Stichprobe, dennoch sind sie im Vergleich zu allen Betrieben der chemischen Industrie in Nordrhein-Westfalen eher klein (vgl. 3.1.2.2).

3.2.4 Boden und Gebäude

Abbildung 21: Die Bedeutung von Boden und Gebäuden

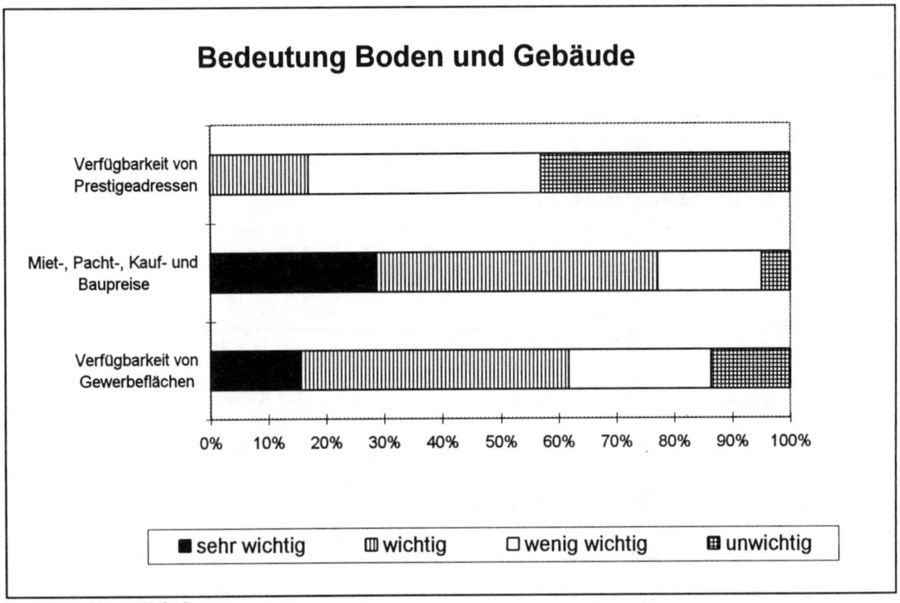

Bedeutung Boden und Gebäude

[Balkendiagramm mit folgenden Kategorien:
- Verfügbarkeit von Prestigeadressen
- Miet-, Pacht-, Kauf- und Baupreise
- Verfügbarkeit von Gewerbeflächen

Legende: ■ sehr wichtig, ▥ wichtig, □ wenig wichtig, ▦ unwichtig]

Quelle: eigene Erhebung

Insgesamt wird dieser Standortfaktorengruppe von 52% aller Unternehmungen der Stichprobe eine wichtige oder sehr wichtige Bedeutung beigemessen. Dieses Gesamtergebnis wird durch die Einstufung der Verfügbarkeit von Prestigeadressen beeinträchtigt. Für 61,8% der Unternehmungen ist die Verfügbarkeit von Gewerbeflächen bedeutsam, und sogar 77,2% der befragten Unternehmungen geben an, daß die Miet-, Pacht-, Kauf- und Baupreise für sie wichtig oder sehr wichtig sind.[164]

Die Teilgesamtheit der Unternehmungen des Dienstleistungssektors hebt sich von der Gesamtstichprobe dadurch ab, daß ein mit knapp 30% überproportional hoher

---

[164] Bezüglich der Analyse der Bedeutung von Miet-, Pacht-, Kauf- und Baupreisen wäre eine mikroräumliche Differenzierungsmöglichkeit innerhalb der einzelnen Sektoren wünschenswert gewesen. Die Wahrung der Anonymitätszusage in der Fragebogenauswertung hat dies jedoch nicht zugelassen.

Anteil der Unternehmungen der Verfügbarkeit von Prestigeadressen einen hohen Wert beimißt.

3.2.5 Fühlungsvorteile[165]

Abbildung 22: Die Bedeutung der Fühlungsvorteile

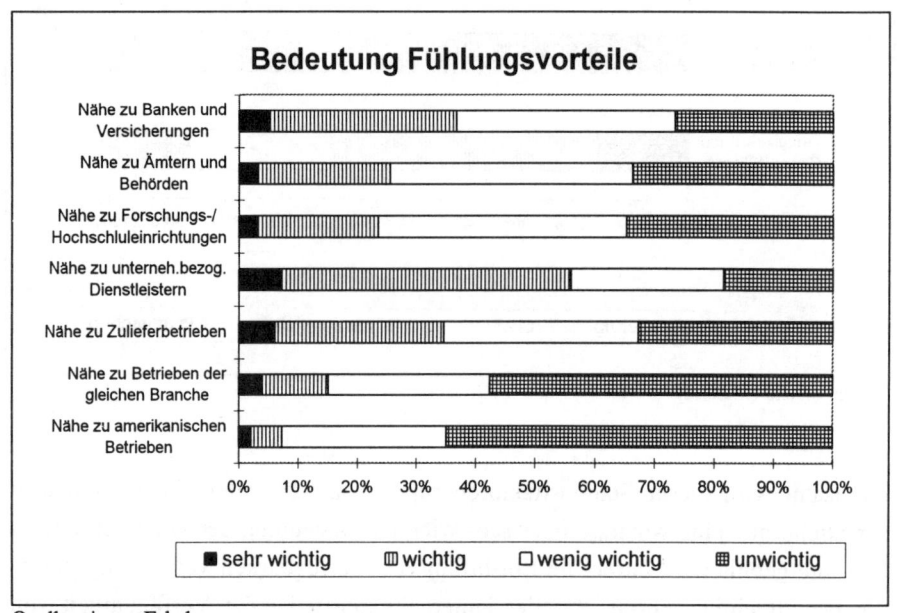

Bedeutung Fühlungsvorteile

- Nähe zu Banken und Versicherungen
- Nähe zu Ämtern und Behörden
- Nähe zu Forschungs-/ Hochschuleinrichtungen
- Nähe zu unterneh.bezog. Dienstleistern
- Nähe zu Zulieferbetrieben
- Nähe zu Betrieben der gleichen Branche
- Nähe zu amerikanischen Betrieben

■ sehr wichtig ▥ wichtig ☐ wenig wichtig ⊞ unwichtig

Quelle: eigene Erhebung

Die Relevanz der Fühlungsvorteile wird, als Faktorbündel betrachtet, von den befragten Unternehmungen insgesamt am geringsten eingestuft.[166] Lediglich die

---

[165] Hinsichtlich der Terminologie bezüglich des umrissenen Phänomens gibt sich die wissenschaftliche Literatur uneinheitlich. Als Synonym findet man: Kontaktvorteile bei Voppel 1990 und 1993, während der Begriff Fühlungsvorteile z.B. bei Kraus 1970 Verwendung findet.

[166] Möglicherweise ist die geringe den Fühlungsvorteilen beigemessene Bedeutung dadurch zu begründen, daß der technische Fortschritt bei den Telekommunikationseinrichtungen einen Substitutionseffekt zu Lasten der Fühlungsvorteile initiiert hat. Der hohe Stellenwert der Bedeutung der Telekommunikationseinrichtungen für die Unternehmungen (vgl. 3.2.7) stützt diese These.

Nähe zu unternehmungsbezogenen Dienstleistern wird von mehr als der Hälfte der Unternehmungen (56,1%) als wichtiger oder sehr wichtiger Standortfaktor betrachtet. Andererseits wird der Nähe zu amerikanischen Betrieben (7,3%) sowie zu Betrieben dergleichen Branche (15,3%) die geringste Bedeutung beigemessen. Die anderen vier zu bewertenden Faktoren liegen relativ dicht um das niedrige Gesamtergebnis des Standortfaktorenbündels gestreut und können damit als schwach bedeutsam klassifiziert werden.

Die Analyse der Bewertung durch die einzelnen Teilgesamtheiten ergibt, von drei Ausnahmen abgesehen, keine Auffälligkeiten. In der chemischen Industrie bewerten nur 15% der Unternehmungen die Nähe zu Banken und Versicherungen als bedeutsam. Weiterhin ist auffällig, daß im Großraum Köln 54,4% der Unternehmungen die Nähe zu Zulieferbetrieben als wichtig oder sehr wichtig erachten, während dies im Ruhrgebiet nur 20% der Unternehmungen tun.

100% der Unternehmungen in Münster erachten die Nähe zu unternehmungsbezogenen Dienstleistungsunternehmungen als wichtig oder sehr wichtig, was angesichts der geringen Verkehrserschließung des Münsterlandes verständlich macht, daß alle amerikanischen Direktinvestitionsunternehmen direkt in Münster ihren Standort haben.

3.2.6 Arbeitsmarkt

Abbildung 23: Die Bedeutung des Arbeitsmarktes

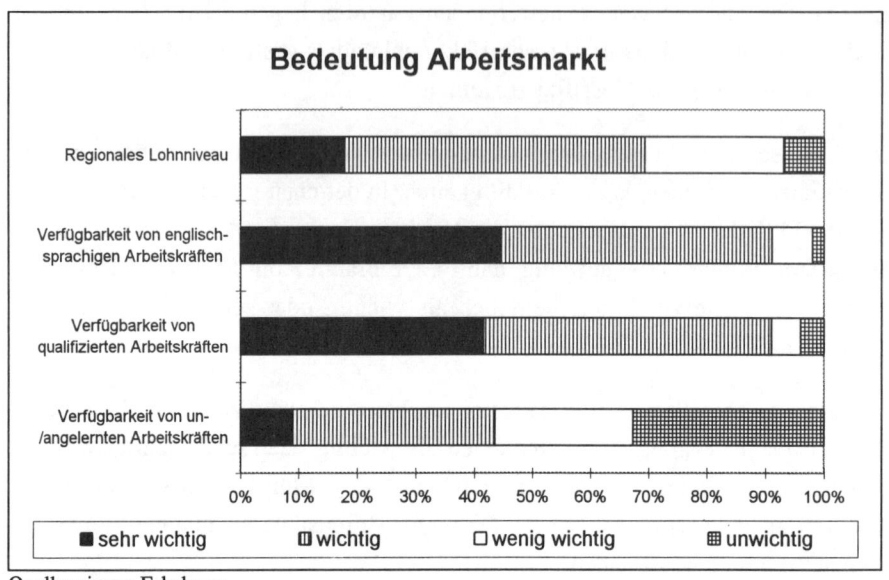

Bedeutung Arbeitsmarkt

(Balkendiagramm mit den Kategorien: Regionales Lohnniveau, Verfügbarkeit von englischsprachigen Arbeitskräften, Verfügbarkeit von qualifizierten Arbeitskräften, Verfügbarkeit von un-/angelernten Arbeitskräften; Legende: ■ sehr wichtig, ▥ wichtig, ☐ wenig wichtig, ▦ unwichtig)

Quelle: eigene Erhebung

Dem Arbeitsmarkt als Standortfaktorenbündel wird durch die Unternehmungen der Stichprobe insgesamt der zweithöchste Stellenwert beigemessen. In der Betrachtung der einzelnen Faktoren erweisen sich allerdings zwei Standortfaktoren als herausragend bedeutsam: Die Verfügbarkeit von qualifizierten Arbeitskräften wird von über 90% der Unternehmungen der Stichprobe als wichtig oder sehr wichtig eingeschätzt. Mit der gleichen Bedeutsamkeit wird die Verfügbarkeit von englischsprachigen Arbeitskräften bewertet.[167]

Während knapp 70% der Unternehmungen das regionale Lohnniveau als relevant erachten, wird die Verfügbarkeit von un-/angelernten Arbeitskräften von nur

---

[167] Angesichts des sehr niedrigen Anteils an Arbeitskräften aus den Vereinigten Staaten von Amerika in der Stichprobe insgesamt sowie der geringen Bedeutung von sonstigen nordamerika-spezifischen Faktoren (siehe 3.2.8) wird dieses Ergebnis verständlich: Möglicherweise liegt hier jedoch eine substitutive Beziehung dergestalt zugrunde, daß gerade weil sich amerikanische Kräfte nur sehr selten in den Unternehmungen befinden, heimische, aber englischsprachige Kräfte die Kommunikation mit den amerikanischen Muttergesellschaften führen müssen.

43,6% der Unternehmungen in der Stichprobe als wichtig oder sehr wichtig bewertet.

Die Betrachtung der differenzierten Analyse ergibt, daß 100% der Unternehmungen aus dem Ruhrgebiet, sowie aus den Städten Neuss, Mönchengladbach und Münster die Verfügbarkeit von sowohl qualifizierten als auch englischsprachigen Arbeitskräften als wichtig und sehr wichtig bewerten. Mit 37,5% der Unternehmungen des Dienstleistungssektors wird das regionale Lohnniveau von diesen als deutlich unwichtiger eingeschätzt, als es die Unternehmungen der gesamten Stichprobe tun.[168]

3.2.7 Allgemeine Versorgung

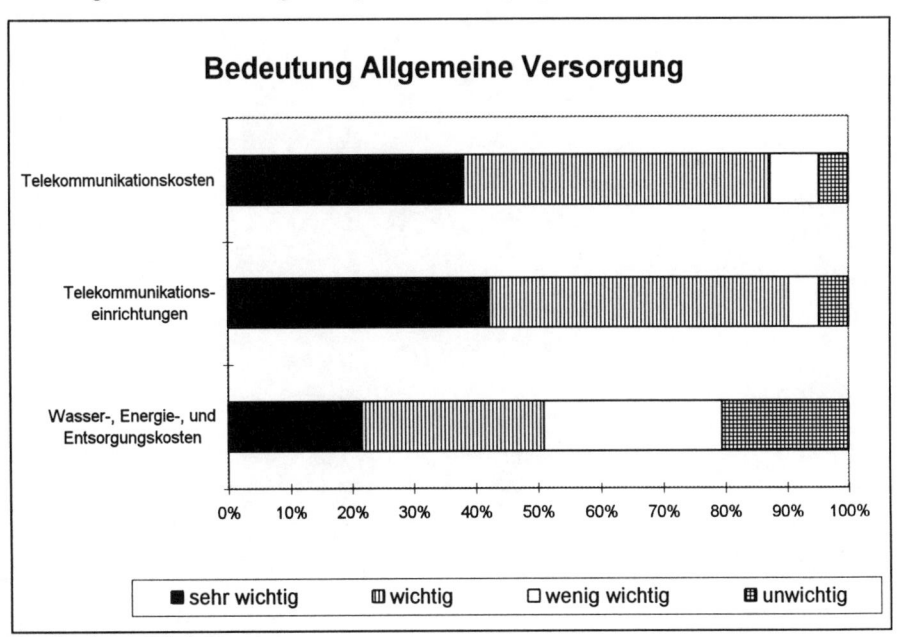

Abbildung 24: Die Bedeutung der allgemeinen Versorgung

Quelle: eigene Erhebung

---

[168] Möglicherweise trägt das im Dienstleistungssektor stark vertretene Provisionssystem zu der niedrigen Einstufung der Bedeutsamkeit des regionalen Lohnniveaus bei.

Der Bedeutung der allgemeinen Versorgung wird von der Stichprobengesamtheit der höchste Stellenwert beigemessen. Der mögliche Zugriff auf Telekommunikationseinrichtungen wird von über 90% der Unternehmungen als wichtig oder sehr wichtig eingestuft. Einen ähnlich hohen Stellenwert (87,2%) messen die Unternehmungen der Stichprobe den Kosten der Telekommunikation bei, während die Wasser-, Energie- und Entsorgungskosten von nur 51% der Unternehmungen als bedeutsam eingestuft werden.

Die Bewertung durch die Teilgesamtheiten bietet ein mit der Bewertung durch die gesamte Stichprobe konformes Bild. Lediglich die Unternehmungen des Dienstleistungssektors messen der grundsätzlichen Bedeutung der Wasser-, Energie- und Entsorgungskosten einen geringeren Stellenwert bei.[169]

---

[169] Im Verarbeitenden Gewerbe insgesamt, insbesondere aber bei der Teilgesamtheit chemische Industrie, wäre hier ein Ergebnis zu erwarten gewesen, welches der Bedeutung der Wasser-, Energie- und Entsorgungskosten einen höheren Stellenwert beimessen würde. Zur möglichen Ursache des Ergebnisses vergleiche die Ausführungen in 3.2.3.

3.2.8 Öffentliche Unterstützung

Abbildung 25: Die Bedeutung der öffentlichen Unterstützung

Bedeutung Öffentliche Unterstützung

- sonstige überregionale Abgaben
- Regionale Steuern und Abgaben
- Dauer von Genehmigungsverfahren
- Grundstücksbeschaffungsunterstützung
- Behördenservice/ -beratung

■ sehr wichtig   ⊞ wichtig   □ wenig wichtig   ⊞ unwichtig

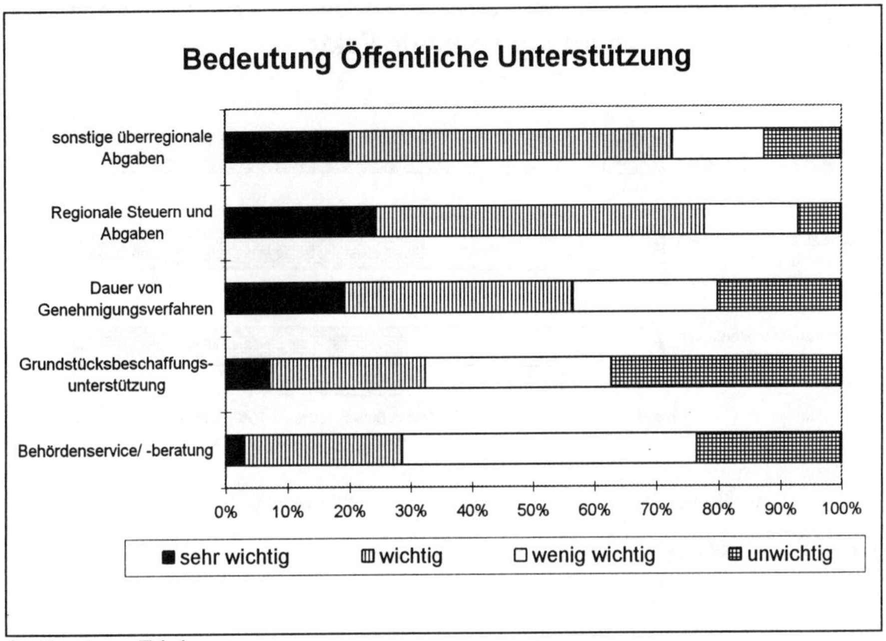

Quelle: eigene Erhebung

Die Unternehmungen der Stichprobe bewerten die Bedeutung der öffentlichen Unterstützung im Faktorbündel als durchschnittlich hoch. Die Bewertung der einzelnen Faktoren fällt uneinheitlich aus: 77,7% der Unternehmungen stufen das Niveau der regionalen Steuern und Abgaben als wichtig oder sehr wichtig ein. Auch dem Niveau der sonstigen überregionalen Abgaben wird eine ähnlich hohe Bedeutung (72,6%) beigemessen. Damit werden die beiden unmittelbar betriebsergebniswirksamen Tertiärfaktoren als die relevantesten dieser Gruppe bewertet.

Die Dauer von Genehmigungsverfahren wird von 56,6% der Unternehmungen als bedeutsam eingestuft. Von nur etwa 30% der Unternehmungen wird die Unterstützung bei der Grundstücksbeschaffung und der Behördenservice/ -beratung mit wichtig oder sehr wichtig bezeichnet.

Erwartungsgemäß spielt die Dauer von Genehmigungsverfahren für den Dienstleistungssektor nur eine untergeordnete Rolle.

3.2.9 Sonstige Faktoren

Abbildung 26: Die Bedeutung sonstiger Faktoren

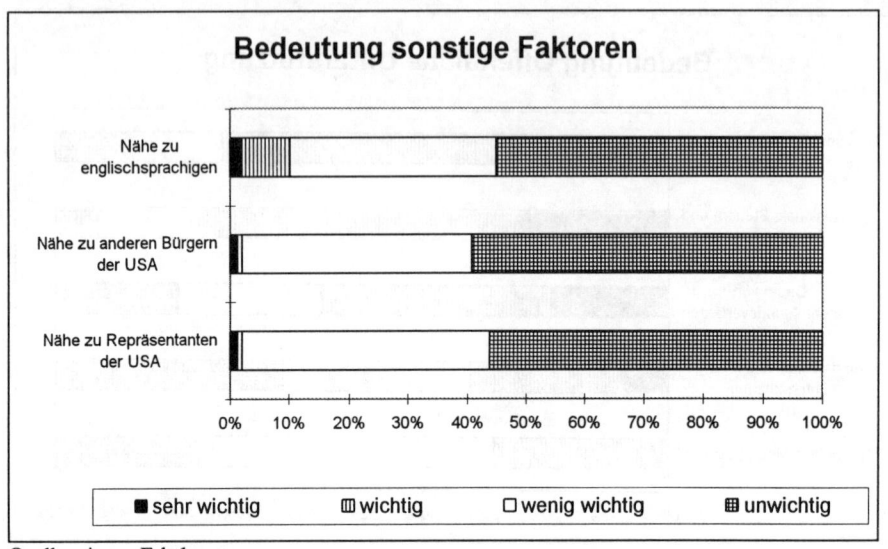

Bedeutung sonstige Faktoren

(Balkendiagramm mit den Kategorien: Nähe zu englischsprachigen, Nähe zu anderen Bürgern der USA, Nähe zu Repräsentanten der USA; Legende: sehr wichtig, wichtig, wenig wichtig, unwichtig)

Quelle: eigene Erhebung

Von allen Standortfaktorenbündeln wird dieser Auswahl sonstiger Faktoren die geringste Bedeutung beigemessen, wobei lediglich die Nähe zu englischsprachigen Schulen für knapp über 15% der Unternehmungen von Bedeutung ist. Die beiden verbleibenden Faktoren werden von 98% der Unternehmungen als weniger wichtig oder unwichtig bewertet, was sich durch den niedrigen Anteil an amerikanischen Angestellten in den Unternehmungen der Stichprobe erklären läßt.

3.3 Bewertung der Standortfaktoren

Der Aufbau dieses Kapitels folgt im wesentlichen dem des Kapitels 3.2, wobei insbesondere die Differenzierungen nach den Teilgesamtheiten beibehalten werden.

Wie schon bei der Beurteilung der Bedeutung stehen dem Beurteilenden hier Merkmale zur Verfügung, die sich in eine natürliche Reihenfolge bringen lassen, wobei die Abstände der einzelnen Merkmalsausprägungen nicht feststehen, mithin also nicht meßbar sind. Der Typus des ordinal skalierten Merkmals im strengen Sinne wäre auch hier vertreten, wenn für die fünf Merkmalsausprägungen lediglich die Intervallgrenzen "sehr negativ" und "sehr positiv" gegeben wären. Im Fragebogen sind als mögliche Merkmalsausprägungen jedoch die Werte -2, -1, 0, 1 und 2 aufgenommen, wobei in der Erläuterung durch die Angaben der Intervallgrenzen mit "-2 = sehr negativ" und "2 = sehr positiv" der Skalenanfang und das Skalenende definiert sind. Die hier angegebene Skala basiert somit auf reellen Zahlen (mit allen Ordnungseigenschaften der reellen Zahlen) und weist mithin die Eigenschaften einer Kardinalskala auf. Da diese Skala keinen natürlichen Nullpunkt besitzt, ist sie als Spezialfall der metrisch meßbaren Skalen, als Intervallskala, zu klassifizieren. Intervallskalen besitzen die Eigenschaft der linearen Transformierbarkeit in der Form ($y_i = dx_i + e$).[169] Aus Darstellungsgründen wird die Skala hier mit $d=1$ und $e=3$ transformiert. Daraus ergibt sich, daß nun "1 = sehr negativ" und "5 = sehr positiv" bedeutet.

Als beschreibende Größe zur Darstellung der Ergebnisse wird der Mittelwert (arithmetisches Mittel) gewählt, da dieser für den Vergleich der Bewertung der einzelnen Standortfaktoren das geeignete Mittel ist.[170] Dieser Lageparameter erhält durch die eng beieinanderliegenden Grenzen des hier vorliegenden geschlossenen Intervalls hohe Aussagekraft.[171]

---

[169] Vgl. Schwarze 1988, S. 35.
[170] Vgl. Heller, Rosemann 1974, S. 93 ff.; Karmasin, Karmasin 1977, S. 259 ff.
[171] Vgl. Schwarze 1988, S. 75 f.

3.3.1 Die Standortfaktorengruppen im Überblick und im intertemporalen Vergleich

3.3.1.1 Überblick

Teilt man die Bewertungsskala von 1 bis 5 durch Quartile in Klassen auf, so ergeben sich folgende Bewertungsklassen:

1. Klasse: 1,00-2,00: durchaus negativ,

2. Klasse: 2,01-3,00: leicht negativ,

3. Klasse: 3,01-4,00: leicht positiv und

4. Klasse: 4,01-5,00: durchaus positiv

wobei die Intervallgrenzen unverändert als sehr negativ (1) und sehr positiv (5) bezeichnet werden können. Die Intervallmitte (3) stellt eine weder positiv noch negativ zu bewertende Merkmalsausprägung dar. Diese Klassifikationsform wird im folgenden an einigen Stellen mit dem Ziel, das Vorgehen zu vereinfachen, ohne die Aussage der empirischen Erhebung zu verzerren, genutzt.

Abbildung 27: Die Bewertung der Standortfaktorengruppen

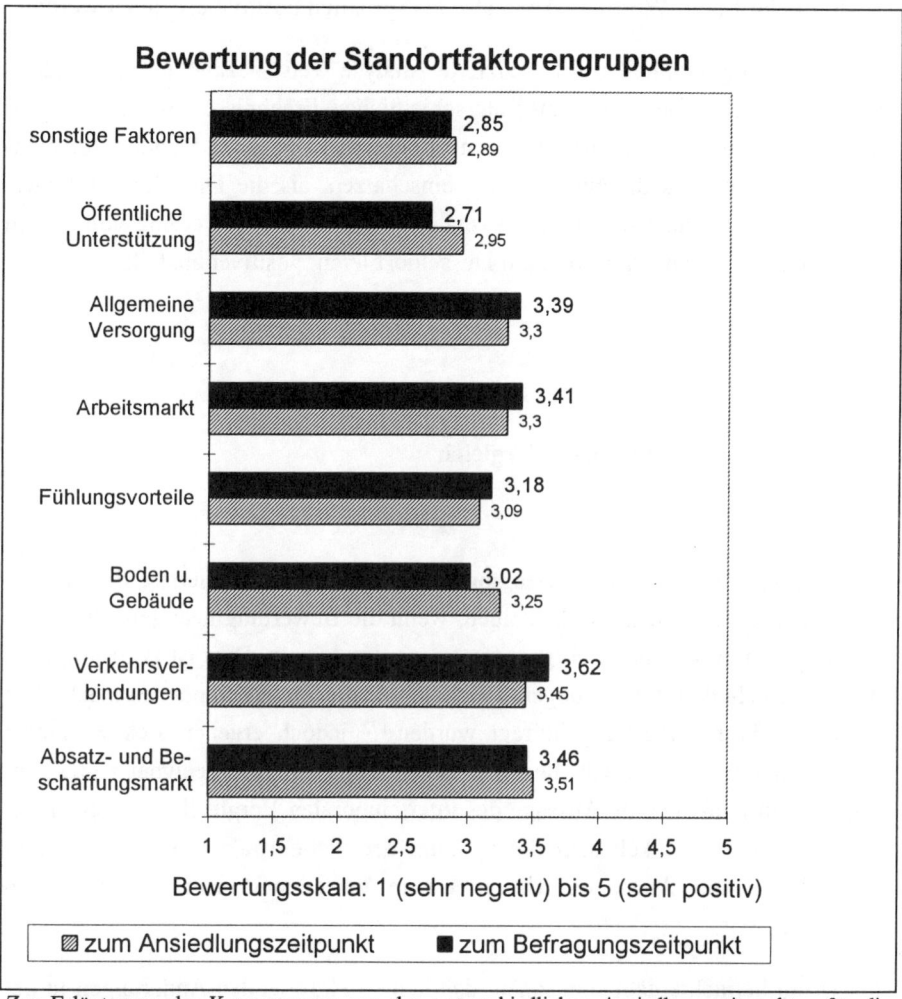

Bewertung der Standortfaktorengruppen

Standortfaktorengruppe	zum Befragungszeitpunkt	zum Ansiedlungszeitpunkt
sonstige Faktoren	2,85	2,89
Öffentliche Unterstützung	2,71	2,95
Allgemeine Versorgung	3,39	3,3
Arbeitsmarkt	3,41	3,3
Fühlungsvorteile	3,18	3,09
Boden u. Gebäude	3,02	3,25
Verkehrsverbindungen	3,62	3,45
Absatz- und Beschaffungsmarkt	3,46	3,51

Bewertungsskala: 1 (sehr negativ) bis 5 (sehr positiv)

Zur Erläuterung der Konsequenzen aus den unterschiedlichen Ansiedlungszeitpunkten für die Bewertung vgl. 3.3.1.2.
Quelle: eigene Erhebung

Folgt man der o. g. Aufteilung, so ergibt sich für die Bewertung der Qualität der Standortfaktorenbündel **zum Befragungszeitpunkt**, daß die sonstigen Faktoren und die öffentliche Unterstützung als eher negativ und alle anderen Standortfaktorenbündel als eher positiv bewertet werden. Bewertungen durch die Stichprobengesamtheit mit Werten innerhalb der vierten Klasse lassen sich nur in der Einzelbewertung der Standortfaktoren finden. Der generelle Eindruck der amerikanischen Direktinvestitionsunternehmungen in Nordrhein-Westfalen von dem Standort Nordrhein-Westfalen kann also als verhalten positiv bezeichnet werden.

Die nach Teilgesamtheiten differenzierte Analyse weist bezüglich der Standortfaktorenbündel keine signifikant unterschiedlichen Ergebnisse aus. Auffällig ist lediglich, daß die Unternehmungen im Großraum Köln ihren Standort hinsichtlich der Qualität als durchweg besser einschätzen, als die Düsseldorfer Unternehmungen dies tun. Die einzige Ausnahme dazu ist die Bewertung von Boden und Gebäude, welche im Großraum Düsseldorf leicht positiver ausfällt.

3.3.1.2 Intertemporaler Vergleich

Die Möglichkeit, aus dem intertemporalen Vergleich differenziertere Erkenntnisse gewinnen zu können, würde steigen, wenn die Bewertung nach einzelnen Ansiedlungsphasen gesondert vorgenommen werden könnte. Dies ist zwar aufgrund der Fragetechnik im Fragebogen möglich, da die Unternehmungen nach dem Zeitpunkt ihrer Ansiedlung befragt wurden,[172] jedoch ergeben sich zu kleine Grundgesamtheiten, als daß diese zur statistischen Analyse geeignet wären. Infolgedessen muß sich die Aussage des intertemporalen Vergleichs auf den Informationswert "Entwickelt sich die Qualität der Standortfaktoren in Nordrhein-Westfalen in den Augen der Bewerter zum Vorteil oder zum Nachteil?" beschränken.

Insgesamt betrachtet läßt sich sagen, daß keine tiefgreifenden Änderungen in der Qualität der Standortfaktoren festgestellt werden. Die Hälfte der Standortfaktorenbündel wird in einer vorteilhaften Entwicklung gesehen, die andere Hälfte in einer nachteiligen Entwicklung, wobei die Dynamik (Differenzen der jeweiligen Säulenpaare zwischen "zum Ansiedlungszeitpunkt" und "zum Befragungszeitpunkt") beider Entwicklungsrichtungen als etwa gleich groß angesehen wird.

---

[172] Die Unternehmungen haben sich zwischen 1950 und heute angesiedelt, wobei sich keine Phasen erkennen lassen, in denen besonders viele oder wenige Ansiedlungen stattgefunden hätten.

Betrachtet man die drei am bedeutsamsten eingestuften Faktorenbündel, so ergibt sich ein günstigeres Bild, denn alle drei Bündel (allgemeine Versorgung, Arbeitsmarkt und Verkehrsverbindungen) haben sich positiv entwickelt. Aus dem Blickwinkel der amerikanischen Direktinvestoren scheinen die wesentlichen Komponenten des Standortes eine als positiv zu bewertende Richtung in ihrer Entwicklung genommen zu haben.[173] Dies kann, zumindest für die Faktoren allgemeine Versorgung und Verkehrsverbindungen, als zielgerichtetes und erfolgreiches Bemühen des Standortes um die Verbesserung seiner Qualität interpretiert werden.

In der nach den Teilgesamtheiten differenzierten Analyse ist bei der Betrachtung der Wirtschaftsräume auffällig, daß die Unternehmungen im Großraum Düsseldorf zu der negativsten Einschätzung der Entwicklung der Qualität ihrer Standortfaktoren gelangen. Die Unternehmungen in diesem Großraum haben die Standortfaktorenbündel Arbeitsmarkt, allgemeine Versorgung und Boden und Gebäude als die für sie bedeutendsten eingeschätzt. Alle drei Standortfaktorenbündel werden als sich negativ entwickelnd bewertet.

Die Betrachtung der Ergebnisse in sektoraler Differenzierung zeigt kein vom Stichprobengesamtergebnis abweichendes Bild.

3.3.2 Absatz- und Beschaffungsmarkt

Im folgenden beschränkt sich die Analyse auf die Bewertung der Qualität **zum Befragungszeitpunkt**. Der intertemporale Vergleich führt gegenüber den Aussagen bezüglich der Faktorengruppen zu keinen zusätzlichen Erkenntnissen, da die Bewertungen der Standortfaktoren sehr eng beieinanderliegen und sich kein Standortfaktor signifikant vom Gesamtbild abhebt.

---

[173] Eine Befragung der Industrie- und Handelskammer zu Köln im Jahre 1992 bei allen ihrem Kammergebiet zugehörigen Industriebetrieben ergab, daß sich hauptsächlich zwei Faktoren in den letzten Jahren negativ entwickelt haben. An erster Stelle wurde die hohe Ertragsbesteuerung genannt und darauf folgte das hohe Niveau der Arbeitskosten. Vgl. Industrie- und Handelskammer zu Köln 1992, S. 5 f.

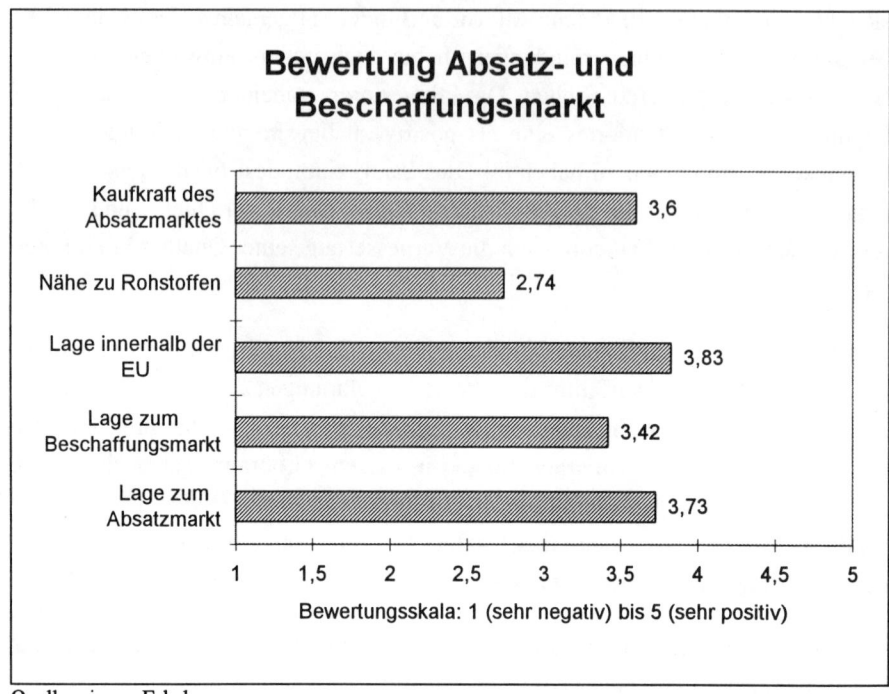

Abbildung 28: Die Bewertung des Absatz- und Beschaffungsmarktes

Bewertung Absatz- und Beschaffungsmarkt

Faktor	Wert
Kaufkraft des Absatzmarktes	3,6
Nähe zu Rohstoffen	2,74
Lage innerhalb der EU	3,83
Lage zum Beschaffungsmarkt	3,42
Lage zum Absatzmarkt	3,73

Bewertungsskala: 1 (sehr negativ) bis 5 (sehr positiv)

Quelle: eigene Erhebung

Der Durchschnittswert des Standortfaktorenbündels (3,46) wird durch den einzig als eher negativ bewerteten Faktor Nähe zu Rohstoffen[174] stark beeinträchtigt. Dennoch ergibt sich in der Gesamtbeurteilung die zweithöchste Bewertung aller Faktorengruppen. Insbesondere die Lage innerhalb der Europäischen Union und zum Absatzmarkt wird sehr positiv bewertet.

Während sich die Lage innerhalb der Europäischen Union nur durch die Neuaufnahme von Staaten verändert und damit relativ stabil ist, muß die Lage zum Absatzmarkt in zeitlicher Hinsicht als instabil bezeichnet werden. Die Grenzen der relevanten Märkte[175] können sich ständig durch Entwicklungen im Preisgefüge der eigenen und der Konkurrenzprodukte, durch geänderte Transportkosten und technische Transportmöglichkeiten sowie letztlich durch administrative Barrieren im Rahmen protektionistischer Maßnahmen verschieben. Für den letzten Fall

---

[174] Zu beachten ist, daß für knapp 90% der Unternehmungen der Stichprobe dieser Faktor wenig wichtig bzw. unwichtig ist.

[175] Zur Definition des "relevanten Marktes" vgl. Bauer 1989, S.43 f.

kann die Lage zum Absatzmarkt als relativ stabil angesehen werden, da dieser sich zu 65,5% in der Bundesrepublik Deutschland und nur zu 7,7% außerhalb des Raumes der Europäischen Union befindet. Im Rahmen der Harmonisierung von Abgaben, Auflagen und weiteren Determinanten innerhalb der Grenzen der Europäischen Union ist zu erwarten, daß dieser Faktor noch stabiler wird.

Aus industriegeographischer Sicht kann die Lage Nordrhein-Westfalens als zentral innerhalb der industriellen Entwicklungsachse London-Paris-Benelux-Rheinschiene bis Norditalien-Mailand bezeichnet werden. Dieses vorzügliche Lagemerkmal hat zur Folge, daß etwas über 50% der Kaufkraft der gesamten Europäischen Union innerhalb einer Ein-Tagestour eines Lastkraftwagens liegen.[176] Die Kaufkraft des Absatzmarktes wird mit 3,6 entsprechend positiv bewertet.

Für die Validität der Umfrageergebnisse spricht, daß die beiden Werte "Lage zum Absatzmarkt" und "Lage innerhalb der EU" dicht beieinanderliegen. Denn einerseits liegt Nordrhein-Westfalen im Zentrum der skizzierten Industrieachse, auf der anderen Seite geben die Unternehmungen an, 85,4% ihres Absatzmarktes in den Ländern der Europäischen Union zu finden (vgl. Tabelle 21).

Bedenkt man nun, daß die relativ schlecht bewertete Nähe zu Rohstoffen von nur knapp 15% der Unternehmungen als wichtig oder sehr wichtig bewertet wird, so wird deutlich, daß in diesem Faktorenbündel eine besondere Stärke des Standortes Nordrhein-Westfalen enthalten ist, da sämtliche relevanten Faktoren besonders gute Bewertungen erhalten.

Die Differenzierung nach Wirtschaftsräumen ergibt hinsichtlich der Einschätzung der Kaufkraft des Absatzmarktes keine signifikant unterschiedlichen Ergebnisse, was unter Berücksichtigung der makroräumlichen Dimension des Absatzmarktes zu erwarten war.

Als auffallendes Ergebnis nach der sektoralen Differenzierung ergibt sich, daß die chemische Industrie die Lage zum Absatzmarkt mit 3,38 am wenigsten positiv bewertet. Zusätzlich ist für diese Unternehmungen die Lage zum Absatzmarkt im Vergleich zum Stichprobendurchschnitt von geringerer Bedeutung.[177] Diese Wertschätzung der Lage zum Absatzmarkt könnte in unmittelbarem Zusammen-

---

[176] Vgl. Liston 1993, S. 16.

[177] Nur 40% der Unternehmungen der chemischen Industrie bewerten diesen Faktor als wichtig oder sehr wichtig.

hang mit den durch die chemische Spezialindustrie[178] produzierten Gütern stehen, welche sich durch einen niedrigen Anteil von Transportkosten an den Gesamtkosten auszeichnen und damit großräumliche Absatzmarktbeziehungen zulassen. Tatsächlich geben die Unternehmungen der chemischen Industrie bezüglich ihrer Absatz- und Beschaffungsmärkte an, große Marktanteile (im Vergleich mit dem Durchschnitt der Stichprobe) in den Vereinigten Staaten von Amerika und der restlichen außereuropäischen Welt zu haben.

Zusammenfassend kann für Nordrhein-Westfalen die zentrale Lage innerhalb der Europäischen Union, die 85,4% des Absatzmarktes der amerikanischen Unternehmungen umfaßt, als bedeutender und besonders positiver Standortfaktor hervorgehoben werden. Die Wirksamkeit diese Faktors ist solange gegeben, bis die "Ostmärkte" wesentliche räumliche Verlagerungen der Kaufkraftverteilung in Europa bewirken.

---

[178] Siehe Annahme über die Struktur der amerikanischen Direktinvestitionsunternehmungen in der chemischen Industrie in 3.2.3.

3.3.3 Verkehrsverbindungen

Abbildung 29: Die Bewertung der Verkehrsverbindungen

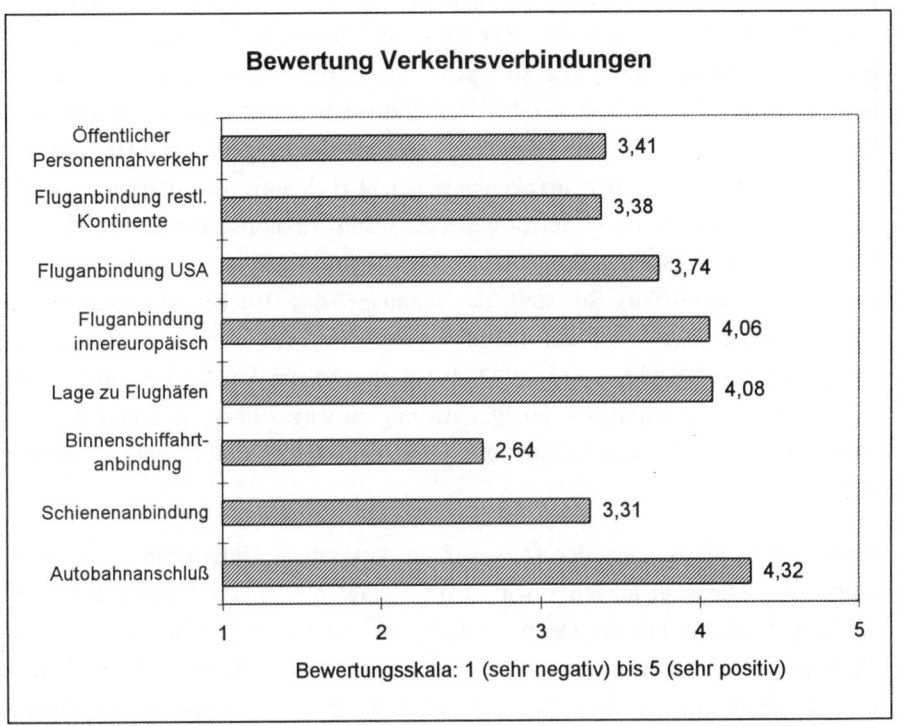

Bewertung Verkehrsverbindungen

Standortfaktor	Bewertung
Öffentlicher Personennahverkehr	3,41
Fluganbindung restl. Kontinente	3,38
Fluganbindung USA	3,74
Fluganbindung innereuropäisch	4,06
Lage zu Flughäfen	4,08
Binnenschiffahrtanbindung	2,64
Schienenanbindung	3,31
Autobahnanschluß	4,32

Bewertungsskala: 1 (sehr negativ) bis 5 (sehr positiv)

Quelle: eigene Erhebung

Dieses Standortfaktorenbündel erhält insgesamt die Bewertung 3,62 und ist damit am besten eingestuft. Die Standortfaktoren Autobahnanschluß, Lage zu Flughäfen und Fluganbindung innereuropäisch werden der Klasse "durchaus positiv" zugeordnet.

Obwohl sich durch die sektorale Struktur der amerikanischen Direktinvestitionsunternehmungen in Nordrhein-Westfalen (vgl. 3.1.2) keine speziellen Anforderungen an die Erschließung Nordrhein-Westfalens durch die Verkehrssysteme ergeben, zeigt die Untersuchung in 3.2.3 doch, welch große Bedeutung ihr durch die Unternehmungen beigemessen wird. Demzufolge kann die Optimierung der verkehrsgeographischen Erschließung Nordrhein-Westfalens einen bedeutenden Beitrag zur Standortqualität, auch aus Sicht der amerikanischen Investoren, leisten. (Zur verkehrsgeographischen Erschließung Nordrhein-Westfalens vergleiche auch Abbildung 4).

75% der Unternehmungen in der Stichprobe haben die **Schienenanbindung** als unwichtig oder wenig wichtig für sich bezeichnet. Von der Gesamtstichprobe erhält dieser Standortfaktor eine Bewertung in Höhe von 3,31, womit er vor der Binnenschiffahrtanbindung die zweitschlechteste Bewertung erhält. Die Bewertung ist angesichts der bestehenden Verhältnisse beziehungsweise der jüngeren Entwicklungen überraschend. Obwohl die Anzahl der Bahnhöfe und Haltepunkte sowie die Entwicklung der Streckenlänge leicht rückläufig ist (allerdings ist die elektrifizierte Streckenlänge leicht gestiegen), sind zukunftsorientierte Verkehrsleistungen der Deutschen Bahn AG in Nordrhein-Westfalen in einer positiven Entwicklung begriffen. So sind die Tonnage des Huckepackverkehrs von 3768100 t des Jahres 1986 auf 4880800 t im Jahre 1991 sowie der Großcontainerverkehr von 1698800 t auf 2290000 t gestiegen. Im Stückgutversand ist für diesen Zeitraum ebenfalls ein leichter Anstieg zu verzeichnen, während der Güterverkehr als solcher von 165868000 t (1986) auf 158321000 t (1991) gesunken ist.[179]

Insbesondere im Bereich der stark auf die ansässigen Unternehmungen zugeschnittenen Dienstleistungen sowie in der flexiblen Weitergestaltung des intermodalen Verkehrs hat die Deutsche Bahn AG längerfristig Marktpotential zur Verfügung. Dies müßte sich in Anlehnung an das heute vorhandene dichte Schienennetz der Region zu einem für die Qualität der Region vorteilhaften Verkehrskonzept entwickeln lassen.

Obwohl sich die industrielandschaftsprägende Kraft der Schienenerschließung seit Beginn des 20. Jahrhunderts reduziert hat,[180] sind heute wie gestern in Nordrhein-Westfalen die Verbindungen zu allen wichtigen benachbarten Wirtschaftsräumen über die Schiene vorhanden. Hierzu zählen insbesondere die Strecken: von Köln durch das Ruhrgebiet und Wuppertal über Minden nach Hannover, Berlin und Mitteldeutschland, die Verbindung von Köln über Münster nach Bremen und Hamburg, die Linie Wesel - Amsterdam sowie die Verbindung von Köln über Aachen-Lüttich nach Paris und damit über Brüssel und Ostende in das

---

[179] Vgl. Landesamt für Datenverarbeitung und Statistik des Landes Nordrhein-Westfalen 1992, S. 476.

[180] Zur Raumprägung durch Verkehrswege und -mittel allgemein sowie zu Impulsen bzgl. der Nutzung eines Raumes vgl. Voppel 1980, S. 47 u. S. 65 u. S. 73.

Vereinigte Königreich und weiterhin die Verbindungen entlang dem Rhein in das Rhein-Main-Gebiet sowie nach Mannheim und über Süddeutschland nach Italien.[181] Diese Strecken tragen, in Verbindung mit dem dichten Liniennetz der Regional- und S-Bahnen, nach wie vor zur industriell nutzbaren Ausstattung des Wirtschaftsraumes bei.

Unter den zukünftigen Möglichkeiten der weiteren Ausstattung des Untersuchungsraums im Schienenverkehr (gerade unter dem Gedanken der Entlastung des Straßenverkehrs) sind vor allem der notwendige Bau einer Hochgeschwindigkeitsstrecke Köln - Frankfurt/Main sowie der Bau einer Trasse Köln-Kassel-Leipzig zu nennen. Ferner ist die Anbindung des Flughafens Köln/Bonn an das System des Schienenfernverkehrs vor dem Hintergrund der Vernetzung der Verkehrssysteme Nordrhein-Westfalens, aber auch unter dem Aspekt der Nutzung knapper Luftraumressourcen unerläßlich.

Unter dem Gesichtspunkt, daß sich das Leistungsangebot der Deutschen Bahn AG auf qualitativer Ebene so verändert, daß nicht nur der Bedarf der Grundstoffindustrie abgedeckt ist, kann die dichte Schienenerschließung Nordrhein-Westfalens als positiv wirksamer Faktor der Standortqualität angesehen werden.

Die höchste Bewertung aller Standortfaktoren erhält der Anschluß an die **Autobahn** (4,32). Im wesentlichen folgen die Autobahnen in Nordrhein-Westfalen der Streckenführung der Eisenbahn, so daß sich auch etwa die gleichen Knotenpunkte ergeben. Sowohl die Dichte der Autobahnen als auch die der anderen überörtlichen Straßen liegt über dem Durchschnitt der alten Bundesländer.[182]

Zur Beurteilung des Beitrags der Autobahnen zur Standortqualität in Nordrhein-Westfalen bietet sich an, dies unter zwei Aspekten zu tun: Zunächst soll die fernräumliche Verbindungsfunktion der Autobahn betrachtet werden und dann ihre Eignung als Transitweg von einem nahegelegenen Zentrum im Untersuchungsraum zu einem anderen sowie im Falle des Ruhrgebiets ihre Eignung zur Verbindung mehrerer Zentren innerhalb eines Agglomerationsraums.

Den Ausführungen zum Schienenverkehr folgend kann für Nordrhein-Westfalen gesagt werden, daß es über ein Autobahnnetz verfügt, welches Verbindungen zu allen größeren Wirtschaftsräumen des In- und benachbarten Auslands bereitstellt.

---

181   Vgl. Landesamt für Datenverarbeitung und Statistik des Landes Nordrhein-Westfalen 1992, o. S.

182   Vgl. Voppel 1993, S. 31.

In dieser Funktion hebt sich Nordrhein-Westfalen wohl von allen anderen deutschen Wirtschaftsräumen in positiver Weise ab. Lediglich die Anbindung des südwestlichen Teils des Untersuchungsraums in östlicher Richtung an den Raum Dortmund oder Leipzig erfolgt nicht in direkter Weise. Hier muß der Umweg über Olpe-Gießen-Bad Hersfeld in Kauf genommen werden.

Als nahräumliche oder regionale Verbindung zwischen den Zentren des Untersuchungsraums erscheinen die Autobahnen Nordrhein-Westfalens jedoch in einem anderen Licht. Zu den Stoßzeiten (Arbeits- und Ausbildungsbeginn) sind ihre kapazitären Grenzen erreicht. Die hohe Verkehrsdichte läßt dann nur noch einen langsamen Verkehrsfluß zu, so daß in diesem Zusammenhang schon von einem Standortnachteil gesprochen werden kann. Hiervon ist nicht nur der "Berufsverkehr", sondern auch der aus anderen Teilen Deutschlands oder des benachbarten Auslands kommende Gütertransportverkehr betroffen. Dies schlägt sich insbesondere bei den praktizierten Just-in-time-Lieferbeziehungen nachteilig nieder.

Die Analyse der nach Wirtschaftsräumen differenzierten Betrachtung ergibt, daß die Unternehmungen aus dem Ruhrgebiet die Qualität des Autobahnanschlusses mit der Bewertung 4,43 (Großraum Köln 4,17 und Großraum Düsseldorf 4,08) als besonders hoch einschätzen. Dies gibt Anlaß zu der Vermutung, daß die negativen Auswirkungen bezüglich der Kapazitätseffekte auf Autobahnen zu Spitzenzeiten die positiven Wirkungen der fernräumlichen Anbindungsfunktion durch die Autobahnen (noch) nicht kompensiert haben. Denn gerade im Ruhrgebiet sind die Verkehrsbelastungen seit der Wiedervereinigung besonders hoch. Die Verkehrsleistung hat seit 1989 an der nordöstlichen Peripherie des Ruhrgebiets auf der A 1, der A 2 und der etwas südlicher verlaufenden A 44 um fast 40% zugenommen.[183]

Gerade um künftig die Qualität der fernräumlichen Verbindungsfunktion der Autobahnen in Nordrhein-Westfalen zu erhalten (erhöhen), sollte der Weiterentwicklung der Integrationskonzepte von Verkehrssystemen (z.B. Güterverteilerzentren) auf der vorhandenen Basis, nämlich dem dichten Netz der verschiedenen Verkehrsträger, besondere Aufmerksamkeit geschenkt werden.[184]

---

[183] Vgl. Klecker 1993, S. 4.
[184] Vgl. auch Europäische Gemeinschaften - Kommission 1993, S. 31 ff.; Beckmann 1993, S. 201.

Nordrhein-Westfalen verfügt über drei **Flughäfen,** die internationale Verbindungen bieten. Dies sind (gereiht nach ihrer Bedeutung) der Rhein-Ruhr-Flughafen Düsseldorf/Lohausen, der Flughafen Köln/Bonn und der Flughafen Münster/Osnabrück, wobei nur die beiden erstgenannten für Großraumflugzeuge im interkontinentalen Verkehr geeignet sind. Einschränkend muß hinzugefügt werden, daß am Flughafen Düsseldorf aufgrund einer nicht ausreichend langen Startbahn Großraumflugzeuge im Interkontinentalverkehr nicht voll ausgelastet werden können. Über eine uneingeschränkt nutzbare Hauptbahn verfügt der Flughafen Köln/Bonn, was im Zusammenspiel mit der (bis Mitte des Jahres 1995) bestehenden Nachtflugregelung und der landgebundenen Verkehrslage zu einer sehr intensiven Nutzung des Flughafens im Frachtverkehr geführt hat.[185] Neben etlichen Schwerpunktflug- und Verkehrslandeplätzen verfügt Nordrhein-Westfalen über fünf Regionalflughäfen, von welchen sich insbesondere der Flughafen Paderborn/Lippstadt durch hohe Wachstumsraten im Verkehrsaufkommen auszeichnet.[186]

Mit den genannten (und namentlich nicht genannten) Flughäfen verfügt Nordrhein-Westfalen über eine hinreichende Ausstattung des Raumes mit Flugplätzen, wobei insbesondere die an der Peripherie des Untersuchungsraums gelegenen Flughäfen Münster/Osnabrück und Paderborn/Lippstadt einerseits in Zubringerfunktion die internationale und interkontinentale Anbindungsqualität des Standortes anheben sowie andererseits wichtige Faktoren im System der innerräumlichen Verkehrsverbindungen darstellen. Die Bedeutung der Lage zu Flughäfen haben über 80% der Unternehmungen als wichtig oder sehr wichtig bezeichnet.

Die beiden großen Flughäfen Nordrhein-Westfalens stehen aufgrund der relativen räumlichen Nähe[187] in unmittelbarer Konkurrenz mit dem Rhein-Main-Flughafen, dem Flughafen Amsterdam-Schiphol, dem Flughafen Brüssel und dem Flughafen Hannover.[188] Insbesondere in der Konkurrenzsituation mit den Flughä-

---

[185] Vgl. Landesamt für Datenverarbeitung und Statistik des Landes Nordrhein-Westfalen 1994, o. S.

[186] Vgl. Voppel 1993, S. 32 f.; Statistisches Jahrbuch für die Bundesrepublik Deutschland 1994, o. S.

[187] Zur Verteilung von Flughäfen als Anbieter Güter hoher und höchster Stufe (Flugverbindungen) im Raum vgl. Pagnia 1992a, S. 15 ff.; Voppel 1988, S. 49.

[188] Insbesondere für den Flughafen Düsseldorf ist unter den Konkurrenzhäfen ferner München zu nennen, wobei sich die Konkurrenzbeziehung vornehmlich auf die Bedienung des südeuropäischen Raums und der arabischen Staaten beschränkt. Vgl. Pagnia 1992a, S. 188 zitiert nach Baier 1990, o. S.

fen Rhein-Main und Amsterdam-Schiphol kommen die eingangs genannten qualitätsmindernden Faktoren zum Tragen. Das unzureichende Angebot an internationalen und interkontinentalen Linienflugverbindungen der Flughäfen Köln/Bonn und Rhein-Ruhr[189] (wobei die Aussage für den Flughafen Düsseldorf nur für die interkontinentale Verbindung gilt) hat zur Folge, daß sich die Flughäfen mit den höheren Bedienungswerten[190] in der Zukunft noch schneller entwickeln werden. Im Zuge dessen wird Kundenpotential in zunehmendem Maße auf die Flughäfen mit den höchsten Bedienungswerten umgelenkt werden. Die Bedeutung der innereuropäischen Fluganbindung und die der an die Vereinigten Staaten von Amerika wurde von 74% beziehungsweise 66% der befragten Unternehmungen als wichtig oder sehr wichtig eingestuft.[191] Hinsichtlich der augenblicklichen Situation besteht (den Bewertungen der Stichprobe folgend) kein akuter Handlungsbedarf, wobei jedoch der ungeänderte Fortgang der Entwicklung des Verkehrsaufkommens an den beiden Großflughäfen Nordrhein-Westfalens und an deren Konkurrenzflughäfen künftig zu einer Minderung der Standortqualität führen wird, weil sich die Lage zu Flughäfen, die über einen hohen Bedienungswert verfügen, im Zuge dieser Entwicklung verschlechtern wird.

Sowohl der Flughafen Düsseldorf als auch der Flughafen Köln/Bonn verfügen über gute Anschlüsse an das Autobahnnetz der Bundesrepublik Deutschland.

Neben der Autobahn ist die Anbindung an das Schienennetz von Bedeutung für die Akzeptanz und den Nutzwert der Flughäfen. Während der Flughafen Düssel-

---

[189] Im Linienflugverkehr bedient der Flughafen Köln/Bonn lediglich 15 nichtdeutsche Destinationen innerhalb der EU, von welchen etliche nur einmal pro Woche angeflogen werden. Es gibt keine Linienflugverbindung in die Vereinigten Staaten von Amerika, dafür werden 19 Destinationen in den ehemaligen GUS-Staaten und dem restlichen Osteuropa angeboten. Vgl. Flughafen Köln/Bonn, Flugplan Mai/Juni 1995.

Der Flughafen Düsseldorf bedient mehr als 50 nichtdeutsche Destinationen innerhalb der EU und acht Ziele in den Vereinigten Staaten von Amerika im Linienflugverkehr. In den ehemaligen GUS-Staaten und im restlichen Osteuropa werden zehn Ziele angeflogen. Vgl. Flughafen Düsseldorf GmbH, Flugplan Sommer 1995.

[190] Zu den Determinanten des Bedienungswertes von Flughäfen allgemein und zu den Bedienungswerten der Flughäfen Düsseldorf und Köln/Bonn an sich vgl. Pagnia 1992a, S. 186 ff.

[191] Vgl. auch Ergebnisse der Untersuchung von Pagnia 1992a, S. 179 ff. zur Bedeutsamkeit von Flughäfen für internationale Mehrbetriebsunternehmungen. Ferner haben in der genannten Untersuchung (S. 186 ff.) die internationalen Mehrbetriebsunternehmungen die Bedienungswerte der Flughäfen Köln/Bonn und Düsseldorf einzeln bewertet. Hierbei wurde deutlich, daß der Flughafen Köln/Bonn aus Sicht der internationalen Betriebe einen geringeren Bedienungswert als der Düsseldorfer Flughafen aufweist.

dorf über einen S-Bahnanschluß (zwei Linien) zum Hauptbahnhof Düsseldorf und zum Hauptbahnhof Duisburg verfügt sowie durch einen IC über Düsseldorf und Köln (Hauptbahnhof) mit Frankfurt a. M. (Hauptbahnhof und Flughafen) verbunden ist, kann der Flughafen Köln/Bonn nur über eine Busverbindung vom Hauptbahnhof Köln und damit von dem fernräumlichen Streckennetz der Deutschen Bahn AG erreicht werden. Weder die lang geforderte Verbindung des Köln/Bonner Flughafens über eine S-Bahn mit dem Hauptbahnhof Köln noch die Errichtung einer Schleife und eines Haltepunkts des ICE`s auf der geplanten HGV-Trasse Frankfurt a.M. - Köln sind (Stand Juni 1995) in die Bauphase getreten.

Die Wirkung des Anschlusses eines Flughafens an eine Hochgeschwindigkeitsstrasse im Schienenverkehr muß, in Abhängigkeit von der Funktion des Flughafens sowie der Art der betrachteten Verkehrsleistung, differenziert bewertet werden.[192] Für einen Flughafen wie Frankfurt, welcher als internationales Drehkreuz fungiert, bedeutet der Anschluß eine zum Luftverkehr komplementäre Verkehrsverbindung. Durch den Anschluß entsteht zusätzliches Verkehrsaufkommen im fernräumlichen Quellverkehr, welches durch die Zubringerfunktion unterstützt oder auch initiiert wird. Andererseits steht diese Anbindung in einer Konkurrenzbeziehung zum luftgebundenen Zubringerverkehr, was im Falle Frankfurts eine erwünschte Entlastung des Luftraums ohne Verlust von fernräumlichen Quellverkehr zur Folge haben könnte.

Für den Flughafen Köln/Bonn könnte der Anschluß an eine ICE-Strecke Frankfurt/Main - Köln eine gänzlich andere Folge haben. Innerdeutscher Quellverkehr zu anderen international ausgerichteten Flughäfen (hier konkret Frankfurt) könnte auf den in substitutiver Beziehung zu diesem stehenden Hochgeschwindigkeitsverkehr der Bahn verlagert werden. Der Anschluß wäre für den Flughafen Köln/Bonn nur dann von Vorteil, wenn aufgrund kapazitativer Engpässe des Flughafens Rhein/Main Verkehrsleistungen für diesen übernommen werden könnten. Anders ist der Anschluß des Flughafens Köln/Bonn an das Schienennetz des Verkehrsverbundes Rhein-Sieg zu bewerten, da hiermit eine komplementäre Funktion erreicht würde, welche zur Folge hätte, daß der Bedienungswert des Flughafens steigen würde.

---

[192] Vgl. Wendlick 1995, S. 51.

In bezug auf das Einzugsgebiet des Köln/Bonner Flughafens[193] muß ferner ausgeführt werden, daß er, hinsichtlich des Kundenpotentials aus dem Ballungsraum Ruhrgebiet, im Verkehrsschatten des Düsseldorfer Flughafens liegt, welcher nahezu alle von Köln/Bonn erreichbaren Destinationen bedienen kann.[194] Lediglich die Errichtung von Flugverbindungen von Köln/Bonn zu zahlreichen Zielen der ehemaligen GUS-Staaten (16 Städte darunter Rostov am Don, Jekaterinburg, Nowgorod und die Kölner Partnerstadt Wolgograd)[195] hebt sich Köln/Bonn im Bereich des Passagierverkehrs positiv von Düsseldorf ab. Da knapp 90% der Unternehmungen im Untersuchungsraum die Öffnung der "Ostmärkte" heute oder in Zukunft als bedeutsam für sich einschätzen, könnte hier ein langfristig beständiges Marktpotential für den Flughafen Köln/Bonn zu finden sein. Wenn diese Ziele in Zukunft ausreichend oft angeflogen werden, dann ist damit auch für die amerikanischen Unternehmungen ein Standortfaktor positiv wirksam, dessen Bedeutung mit der Steigerung der Kaufkraft der Märkte im Zielgebiet korreliert.

Letztendlich wird die Attraktivität des Standortes Nordrhein-Westfalen für die amerikanischen Direktinvestoren von dem Ausmaß mitbestimmt sein, in dem es den Flughäfen Köln/Bonn und Düsseldorf gelingt, weitere Linienflugverbindungen in ausreichender Bedienungshäufigkeit zu innereuropäischen und interkontinentalen Destinationen (vor allem in den Vereinigten Staaten von Amerika) anbieten zu können.[196] Hierzu müßten in Düsseldorf die Hauptbahn von heute 3000 m auf 3300 m (3500 m) verlängert sowie die Genehmigung zur Inbetriebnahme der Parallelbahn unter Verzicht auf kapazitative Restriktionen erteilt werden. Der Kölner Flughafen sollte unter Beibehaltung der jetzigen Nachtflugregelung (Juni 1995) durch den Verkehrsverbund Rhein-Sieg über Schiene an das IC-Netz der Deutschen Bahn AG angeschlossen werden. Unter diesen Bedingungen könnte es den Flughäfen gelingen, die Abwanderung von Fluggesellschaften und, diesen folgend, von Kunden zu verhindern sowie in einem zweiten Schritt an Konkurrenten verlorene Märkte wiederzugewinnen. Die für 1998 vorgesehene Anbin-

---

[193] Vgl. Voppel 1988, S. 49.

[194] Vgl. Pagnia 1992a, S. 197.

[195] Vgl. Flughafen Köln/Bonn GmbH 1994, Flugpläne des Jahres 1994; Flughafen Köln/Bonn GmbH 1995, Flugpläne des Jahres 1995, Flughafen Düsseldorf GmbH, Flugplan Sommer 1995.

[196] Die heute nonstop bedienten Ziele in anderen Kontinenten können zwar mit Großraumflugzeugen (widebodies) von Düsseldorf aus bedient werden, dabei kann aber die Kapazität des Flugzeuges (zum Beispiel der Boeing B-747) in Abhängigkeit von der Temperatur und den Windverhältnissen nicht voll ausgeschöpft werden. Dies führt dazu, daß die Fluggesellschaften bei der Bedienung dieser Linien a priori mit Kostennachteilen kalkulieren müssen.

dung des Flughafens Münster/Osnabrück an die Bundesautobahn A1[197] trägt, sofern sie erfolgt, zur Steigerung der Standortqualität bei.

Nicht nur aus Sicht des Standortes Nordrhein-Westfalen wäre der Vollzug der oben genannten Maßnahmen geboten, sondern auch unter Berücksichtigung von Aspekten der Arbeitsteilung, die knappe Ressource Luftraum[198] beachtend, wären die Umsetzungen der Forderungen volkswirtschaftlich in positiver Weise wirksam.[199]

Obwohl unter allen Verkehrssystemen beim **öffentlichen Personennahverkehr** der Bezug zum Beitrag zur Standortqualität am wenigsten direkt ist, kann er nicht außer acht gelassen werden: Einerseits spielt der öffentliche Personennahverkehr eine bedeutende Rolle im Rahmen der Erreichbarkeit von Unternehmungen ohne private Beförderungsmittel und anderseits ist er wesentlicher Faktor der Entlastung des Straßenverkehrs, dessen gute Funktionserfüllung von großer Bedeutung für die amerikanischen Unternehmungen ist.

Der öffentliche Personennahverkehr wird mit 3,41 bewertet, was auf mehrere in die Bewertung einfließende Komponenten zurückzuführen ist. Neben dem Streckennetz der verschiedenen Verkehrssysteme des öffentlichen Personennahverkehrs ist die Taktfrequenz sowie die Bedienungsdauer, das heißt der Zeitraum zwischen der ersten und der letzten Bedienung eines Zyklus, von Bedeutung. Ferner ist die Zeitdauer der Überwindung der Strecke zwischen Quell- und Zielort von Bedeutung für die Güte des öffentlichen Personennahverkehrs.

Zusätzlich ist, bei der Betrachtung des gesamten Untersuchungsraums als Einheit, die Abstimmung der Fahrpläne der beteiligten Unternehmungen des öffentlichen Personennahverkehrs aufeinander relevant. Diese Organisationsform der Ver-

---

[197] Zu dieser und den anderen Ausbau- und Verbesserungsmaßnahmen hinsichtlich der Erreichbarkeit deutscher Verkehrsflughäfen vgl. Arbeitsgemeinschaft Deutscher Verkehrsflughäfen (ADV) 1993, S. 82 ff.

[198] Insbesondere der Luftraum in Hessen im Umfeld des Rhein-Main-Flughafens wird bei gleichbleibender Entwicklung und ohne einschneidenden technischen Fortschritt sehr bald an seine Kapazitätsgrenze gelangen. Allerdings scheint die zivile Luftfahrt vor entscheidenden Neuerungen auf den Gebieten der Flugsicherung, der Kommunikation, der Überwachung und Verkehrsführung innerhalb der nächsten zehn Jahre zu stehen. Kapazitätssteigerungen von mehr als 100% im Streckenflug sind zu erwarten. Dies würde bedeuten, daß der Frankfurter Flughafen in absehbarer Zukunft zu Lasten der Flughäfen Köln/Bonn und Düsseldorf wachsen könnte. Vgl. Wendlick 1995, S. 208.

[199] Vgl. auch Voppel 1993 S. 32 ff.

kehrsverbünde und Verkehrsgemeinschaften hat zur Qualität des öffentlichen Personennahverkehrs erheblich beigetragen.

Zum 30.09.1993 umfaßte das U- und Stadtbahnnetz Nordrhein-Westfalens eine Streckenlänge von 227 km. Das Netz der Straßenbahnen umfaßte zum gleichen Stichtag 526 km[200], wobei dieses Netz, sofern die Nah- und Bezirksverbindungen mitbetrachtet werden, als großflächig und dicht bezeichnet werden kann.[201]

Im Unterschied zum straßengebundenen Verkehrssystem sind hier noch kapazitative Reserven vorhanden, welche für viele Strecken über die Erhöhung der Taktfrequenzen oder der Platzkapazitäten (z. B. durch den augenblicklich in der Testphase befindlichen Einsatz des Doppelstockwagens) sehr schnell aktiviert werden können. Neben der Kapazitätserhöhung kann die Qualität des öffentlichen Personennahverkehrs weiter gesteigert werden. In dieser Hinsicht stellt die Bevorrechtigung im öffentlichen Straßenverkehr durch Freihaltung von Fahrspuren und bedarfsgesteuerten Vorrangschaltungen an Lichtanlagen in den Zentren ein geeignetes Mittel zur Qualitätserhöhung sowie einen Ansatzpunkt im Bestreben der Verlagerung des innerstädtischen Individualverkehrs auf Träger des öffentlichen Personennahverkehrs dar.[202]

Lediglich der Standortfaktor **Binnenschiffahrtanbindung** erhält keine positive Bewertung. Obgleich im Einzelfall eine negative Bewertung denkbar wäre, gibt dieses Urteil nicht die tatsächliche Situation wider. Nordrhein-Westfalen hat bezüglich der Verkehrserschließung durch die Binnenschiffahrt zusammen mit den Niederlanden eine Spitzenposition in Europa. Im Rahmen der Primärpotentiale ist hier zunächst der Rhein zu nennen, der auf 226 km durch Nordrhein-Westfalen fließt und flußaufwärts bis Köln sogar für Seeschiffe befahrbar ist. Ferner ist als schiffbarer Fluß noch die Weser zu nennen. Die Sekundärpotentiale füllen in Nordrhein-Westfalen in diesem Zusammenhang wichtige Verbindungsfunktionen aus, so daß insgesamt ein synergetischer Qualitätszuwachs für die Verkehrserschließung durch die Binnenschiffahrt in der Existenz dieser begründet wird. Hier sind der Dortmund-Ems-Kanal, der die wichtige Verbindung nach Osten hin zum Mittellandkanal und damit zu Weser und Elbe herstellt, und der Lippe-Seiten-Kanal zu nennen. Weiterhin sind die bedeutenden Nordseehäfen der Niederlande und Belgien über den Rhein und Kanäle zu erreichen.

---

200 Vgl. Verband Deutscher Verkehrsunternehmen 1993, o. S.
201 Vgl. kartographische Darstellungen bei Voppel 1993, S.34 f.
202 Vgl. Koch 1994, S. 628 f.

Mit der rückläufigen Entwicklung in der Grundstoffindustrie in Nordrhein-Westfalen sind die Beförderungsmengen der traditionellen Transportgüter der Binnenschiffahrt in Nordrhein-Westfalen (Rohöl, Ölprodukte, Eisenerze, Kohle) gesunken, so daß die Binnenschiffahrt sich auf zukunftsträchtigeren Transportbedarf einstellen muß. Der anhaltende Strukturwandel in der Stahlindustrie in Europa wird gerade im Ruhrgebiet die transportierte Tonnage an Kohle und Eisenerzen künftig weiter sinken lassen; hingegen stellen alternative Produktionen im Bereich der Wiederverwertung von Metallen für die Binnenschiffahrt künftig ein Marktpotential dar. Unter dem zukunftsträchtigen Transportaufkommen sind, neben den seit jeher dominierenden Massengütern, Massenstückgüter und Container zu nennen. Insbesondere der größte europäische Binnenhafen Duisburg stellt sich auf eine veränderte Aufgabenstellung ein. Nicht nur die Stellung eines Freihafens, sondern das in Quantität und Qualität wachsende Angebot an Dienstleistungen durch ansässige Unternehmungen sind Anzeichen des Wandels im Binnenschiffahrtswesen Nordrhein-Westfalens.[203]

Der Wandel in der Binnenschiffahrt ist eine durch die rückläufige Entwicklung in der Grundstoffindustrie in Nordrhein-Westfalen bedingte Folge. Durch diese Umstellung kann die Binnenschiffahrt verstärkt zum Standortfaktor für andere Industriezweige und den Großhandel werden, was die amerikanischen Unternehmungen dieser Zweige gleichermaßen begünstigen würde.

Da auch in der Einschätzung der Bedeutung diesem Standortfaktor ein stark unterdurchschnittliches Ergebnis zuteil geworden ist, ist hier, wie auch bei der Bewertung der Schienenanbindung, der Eindruck nicht von der Hand zu weisen, daß die Bewertung durch die einzelnen Unternehmungen nicht vollkommen unabhängig von der Einschätzung der grundsätzlich geringen Bedeutung des Faktors erfolgt ist.

Insgesamt betrachtet sind es, unter Berücksichtigung der Bedeutung der einzelnen Verkehrssysteme (siehe 3.2.3), diese Standortfaktoren, die, noch vor der Lage des Standortes, die Standortqualität Nordrhein-Westfalens am stärksten positiv prägen. Erkennbar ist dies auch an der Verteilung der amerikanischen Unternehmungen im Untersuchungsraum, die sich, von Ausnahmen abgesehen, dort konzentrieren, wo die Erschließung durch die Verkehrssysteme am dichtesten ist (vgl. Abbildung 17 und Abbildung 4).

---

203 Vgl. Landesamt für Datenverarbeitung und Statistik des Landes Nordrhein-Westfalen 1994, o. S.; Voppel 1993, S. 23 ff.; Wienert 1995, S. 326.

Im Vergleich mit den anderen Wirtschaftsräumen bewerten die Unternehmungen des Ruhrgebiets die Flugverbindung mit den restlichen Kontinenten mit 2,67 als eher negativ. Dieses Urteil könnte durch die nördlich periphere Lage des Ruhrgebiets im Untersuchungsraum geprägt sein, da vielfach die Anbindung an Destinationen in der "restlichen Welt" im deutschen Raum nur über den Flughafen Frankfurt gewährleistet ist. Andererseits kann in diesem Wirtschaftsraumvergleich der Flughafen Amsterdam-Schiphol als relativ nah für das Ruhrgebiet angesehen werden.

Am Standort Köln bewerten die Unternehmungen den Anschluß an die Autobahn mit 4,8. Diese Bewertung ist auf das in Köln sehr dichte und fast alle Richtungen erschließende Autobahnnetz zurückzuführen, welches gerade für die in Köln stark vertretenen unternehmungsbezogenen Dienstleister der Stichprobe standortwirksam ist.

In der nach Einzelstandorten differenzierten Analyse ist weiterhin auffällig, daß die Unternehmungen aus Neuss und Düsseldorf der Lage zu Flughäfen eine besondere Bedeutung beimessen. Auch ihr Urteil über die Güte dieser Lage ist besser als das aller anderen regional differenzierten Teilgesamtheiten. Die innereuropäischen Verbindungen über den Düsseldorfer Flughafen bewerten die Neusser und Düsseldorfer Unternehmungen ebenfalls auffallend positiv (beide 4,2), wobei die Verbindungen in die Vereinigten Staaten von Amerika und in die restlichen Kontinente schon deutlich schwächer bewertet werden. Die Standorte Düsseldorf und Neuss verfügen in mikroräumlicher Hinsicht mit dem Flughafen Düsseldorf über einen bedeutenden Standortvorteil, der bezüglich amerikanischer Direktinvestoren voll wirksam ist.

Der öffentliche Personennahverkehr wird von den Unternehmungen des Ruhrgebiets schwächer bewertet als von den Unternehmungen der beiden anderen betrachteten Wirtschaftsräume. Hinsichtlich der Dichte des Netzes bestehen zu den beiden anderen Wirtschaftsräumen keine signifikanten Unterschiede im Ruhrgebiet. Von qualitätsmindernder Wirkung ist allerdings die Tatsache, daß im Ruhrgebiet noch unterschiedliche Spurbreiten (Normalspur und Meterspur) anzutreffen sind (besonders im Raum Essen und Bochum), so daß an gewissen Punkten Umsteigen notwendig wird. Andererseits fangen die S-Bahnen der Deutschen

Bahn AG diese "Mißstände" zum Teil auf, denn das vorhandene Netz läßt großräumliche Bewegungen im Ruhrgebiet ohne Umsteigen zu.[204]

Die nach sektoralen Gesichtspunkten differenzierte Betrachtung ergibt in den einzelnen Teilgesamtheiten keine signifikanten Bewertungsunterschiede zu den Bewertungsergebnissen der gesamten Stichprobe. Lediglich die Unternehmungen des Dienstleistungssektors (ohne Verkehr und Nachrichtenübermittlung) weichen in ihrer Bewertung der Qualität der Binnenschiffahrtanbindung (1,67) vom Gesamtbild (2,64) negativ ab.[205]

---

[204] Im Gegensatz zu dem Raum Stuttgart, in welchem die Schienensysteme in kürzester Zeit auf Normalspur vereinheitlicht werden sollen, werden einige Regionalverkehrsunternehmungen des Ruhrgebiets an der Meterspur auf längere Sicht festhalten. Interview mit Herrn Vladeck Verband Deutscher Verkehrsunternehmen Geschäftsbereich Technik am 29.6.1995.
Zur Linienführung des Schnellbahnnetzes im Ruhrgebiet findet sich eine kartographische Darstellung bei Hommel 1988, S. 17.

[205] Dies stützt die These der unzureichenden Trennung in der Beurteilung von der grundsätzlichen Bedeutung des Standortfaktors für die Unternehmung und der Bewertung der Qualität des Standortfaktors durch die Unternehmung (vgl. in diesem Kapitel: Binnenschiffahrt).

3.3.4 Boden und Gebäude

Abbildung 30: Die Bewertung von Boden und Gebäuden

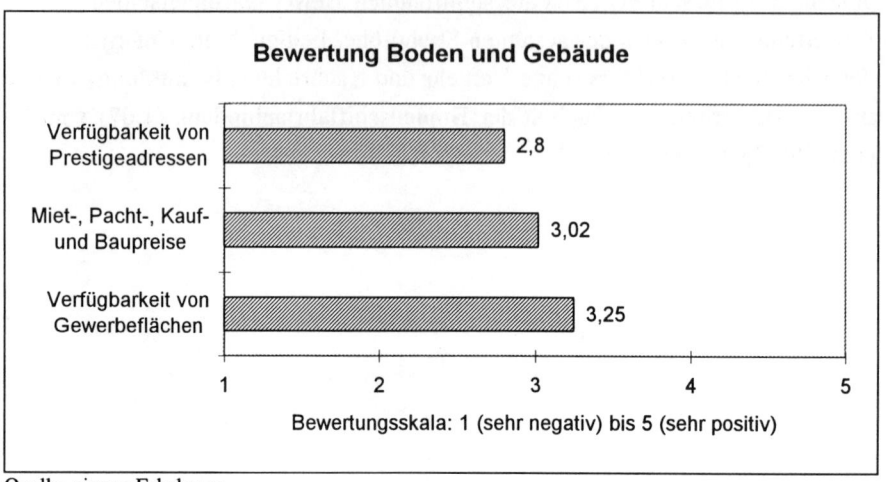

Bewertung Boden und Gebäude

Standortfaktor	Bewertung
Verfügbarkeit von Prestigeadressen	2,8
Miet-, Pacht-, Kauf- und Baupreise	3,02
Verfügbarkeit von Gewerbeflächen	3,25

Bewertungsskala: 1 (sehr negativ) bis 5 (sehr positiv)

Quelle: eigene Erhebung

Das Standortfaktorenbündel wird insgesamt mit der Bewertung 3,02 weder positiv noch negativ gesehen, wobei die bedeutsamere Verfügbarkeit von Gewerbeflächen[206] eine bessere Bewertung als die Verfügbarkeit von Prestigeadressen[207] erhält.

Die Verfügbarkeit von Gewerbeflächen kann in diesem Zusammenhang in zwei verschiedenen Situationen zum Tragen und damit zur Bewertung kommen: Zunächst stellt sich das Problem im Rahmen einer Neuansiedlung in der Art, daß Gewerbefläche in einem durch den Entscheider vorgegebenen Raum gesucht wird. Eine andere Situation ist die eines Betriebes, der unmittelbar am bisherigen Standort expandieren möchte. In diesem Fall kann es sein, daß die neuen Betriebsteile in unmittelbarer Nachbarschaft oder sogar in räumlicher Einheit gelegen sein sollen oder aus produktionstechnischen Gründen sogar gelegen sein müssen.[208] Zur künstlichen Verknappung der Gewerbeflächen trägt die Zeitdauer

---

[206] Über 60% der Unternehmungen bewerten diesen Standortfaktor mit wichtig oder sehr wichtig.

[207] 17% der Unternehmungen bewerten diesen Standortfaktor mit wichtig oder sehr wichtig.

[208] Dieser Fall ist typisch für Unternehmungen der chemischen Industrie vgl. Bauerschmitz, Stirl 1995, S. 39.

zwischen Abwanderung einer Unternehmung und erneuter Freigabe der Industriebrache zur Ansiedlung von Unternehmungen bei, welche zwischen vier und acht Jahren beträgt.[209]

Über 90% der antwortenden Unternehmungen geben an, daß, wenn sie Folgeinvestitionen tätigen würden, diese vorzugsweise in Beteiligungen oder Betriebsübernahmen fließen sollten. Die Nachfrage nach Gewerbefläche in räumlicher Einheit mit den bestehenden Betrieben als standortbeeinflussender Faktor könnte daher nur in 10% der Fälle wirksam werden.[210]

Die Unternehmungen, die jedoch Vergrößerungsinvestitionen konkret geplant haben, geben im Verhältnis 3 zu 1 an, daß sie sich am bisherigen Ort und nicht an einem neuen Ort vergrößern wollen. Dies ist einerseits ein Indiz dafür, daß die Intensität der Nutzung von Gewerbeflächen noch gesteigert werden kann und zeigt gleichzeitig, wie bedeutsam es ist, bei der Vergabe von Gewerbeflächen eine spätere Expansion des Betriebes als Eventualität zu berücksichtigen. Sofern dieser Umstand im Angebot von Gewerbeflächen berücksichtigt wird (Vorkaufsrecht o.ä.), kann er standortwirksam im Rahmen der Ansiedlung von Unternehmungen sein.

Da 80% der Unternehmungen den Miet-, Pacht-, Kauf- und Baupreisen eine wichtige oder sehr wichtige Bedeutung beimessen und diese weder positiv noch negativ bewerten, können sie als bedeutende Standortfaktoren angesehen werden, die aber die Qualität des Standortes insgesamt nicht anheben können.

Nach Wirtschaftsregionen differenziert betrachtet, fällt erneut die Bewertung der Unternehmungen aus dem Ruhrgebiet auf. Die Verfügbarkeit von Gewerbeflächen wird in diesem Raum etwas besser eingeschätzt[211] als in den Großräumen Köln und Düsseldorf. Mit deutlichem Abstand wird die Qualität der Miet-, Pacht-, Kauf- und Baupreise durch die Unternehmungen des Ruhrgebiets (3,43) besser bewertet als durch die der anderen Wirtschaftsräume (jeweils 2,75). Das durch die Probleme des Bergbaus und der eisen- und stahlschaffenden Industrie gezeichnete Ruhrgebiet verfügt aufgrund des laufenden Wandlungsprozesses über Chancen der positiven mikroräumlichen Standortdifferenzierung. Durch die ne-

---

209 Vgl. Junkernheinrich 1989, S. 33.
210 Eine Untersuchung im Kammerbezirk Essen hat ergeben, daß die meisten abwandernden Unternehmungen beengte räumliche Verhältnisse am Standort beklagten. Vgl. Industrie- und Handelskammer für Essen, Mülheim a. d. Ruhr, Oberhausen zu Essen 1987, S. 11.
211 Vgl. auch Noll, Rechmann 1989, S. 35 f.

gative Entwicklung der im Ruhrgebiet dominierenden Zweige werden Gewerbeflächen frei, die verkehrsgeographisch gut erschlossen sind. Im Zuge des augenblicklichen Wandels könnte eine Berücksichtigung der Bildung von Reserveflächen (s.o.) für das Ruhrgebiet auf mikroräumlicher Ebene positiv standortwirksam werden. Ferner ist das Angebot un-/angelernter Arbeitskräfte groß und es lassen sich durch die räumliche Nähe zu anderen Industriebetrieben Kontaktvorteile realisieren. Da auch die beiden erstgenannten Standortfaktoren durch die Unternehmungen der Stichprobe als bedeutsam (61,8% bei Gewerbeflächen und 77,2% bei Miet-, Pacht-, Kauf- und Baupreisen) eingeschätzt werden, liegt hier ein wichtiger, jedoch auf die Dauer des Strukturwandels begrenzter Standortvorteil des Ruhrgebiets gegenüber den beiden Vergleichsräumen vor, sofern es um die mikroräumliche Standortfrage in der Ansiedlung einer Direktinvestition geht.

Die sektoral differenzierte Analyse zeigt, daß der Handel die Verfügbarkeit von Gewerbeflächen mit der Bewertung 3,64 positiver einstuft als es die anderen Sektoren (3,21 im Durchschnitt) tun. Möglicherweise führen an Gewerbeflächen gekoppelte Auflagenpakete dazu, daß hinsichtlich industrieller Nutzung ein Verknappungseffekt entsteht.

3.3.5 Fühlungsvorteile

Abbildung 31: Die Bewertung der Fühlungsvorteile

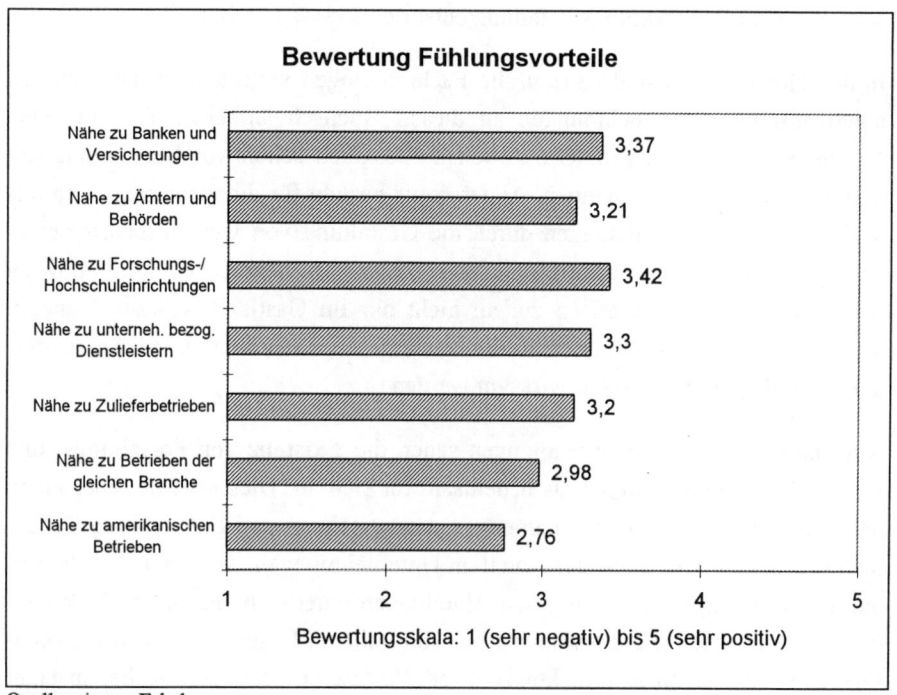

Bewertung Fühlungsvorteile

Faktor	Bewertung
Nähe zu Banken und Versicherungen	3,37
Nähe zu Ämtern und Behörden	3,21
Nähe zu Forschungs-/Hochschuleinrichtungen	3,42
Nähe zu unterneh. bezog. Dienstleistern	3,3
Nähe zu Zulieferbetrieben	3,2
Nähe zu Betrieben der gleichen Branche	2,98
Nähe zu amerikanischen Betrieben	2,76

Bewertungsskala: 1 (sehr negativ) bis 5 (sehr positiv)

Quelle: eigene Erhebung

Als Standortfaktorenbündel wird den Fühlungsvorteilen neben den rein auf amerikanische Betriebe ausgerichteten sonstigen Faktoren insgesamt die geringste Bedeutung beigemessen. In der Bewertung der Qualität liegt das Standortfaktorenbündel bei 3,18, also im mittleren Gütebereich. Die relevantesten Faktoren "Nähe zu unternehmungsbezogenen Dienstleistern" und "Nähe zu Banken und Versicherungen" erhalten durchaus positive Bewertungen, wobei die als unbedeutender eingeschätzte Nähe zu Forschungs- und Entwicklungseinrichtungen mit 3,42 die beste Bewertung erhält.

Nordrhein-Westfalen kann als dicht besiedelte Hochschullandschaft bezeichnet werden. Unter den zwölf größten Hochschulstädten (gemessen an der Zahl der eingeschriebenen Studenten) der Bundesrepublik befinden sich sechs in Nordrhein-Westfalen.[212] Dies sind nach Größe geordnet im einzelnen Köln, Münster, Aachen, Bochum, Bonn und Dortmund. An allen Standorten haben sich amerikanische Unternehmungen angesiedelt (vgl. Abbildung 17). Neben zehn Universitäten gibt es sechzehn Fachhochschulen,[213] deren Verteilung im Raum im wesentlichen der Bevölkerungsverteilung entspricht.[214]

In den Hochschulen sind nahezu alle Fachrichtungen vertreten, so daß sich den amerikanischen Unternehmungen an diesen Hochschulen einerseits eine gute Möglichkeit bietet, qualifizierte Arbeitskräfte, auch schon vor Beendigung des Studiums, für sich zu gewinnen. Andererseits besteht für die amerikanischen (als ausländische) Unternehmungen durch die Gestaltung von Gemeinschaftsprojekten mit den Hochschulen die Möglichkeit, Zugang zu heimischem know-how zu bekommen. Dieser Vorteil ist zudem nicht nur im Gastland wirksam, sondern kann auch über Wissenstranfer für die Muttergesellschaft oder andere Schwesterunternehmungen im Ausland wirksam werden.

Nur knapp 25% der Unternehmungen sehen die **Existenz** von Forschungs- und Entwicklung**seinrichtungen** als bedeutsam für sich an. Dies bedeutet aber nicht, daß lediglich 25% der Unternehmungen der Forschung und Entwicklung Bedeutung beimessen. Hier fehlt der Anteil an Unternehmungen, die ihren Forschungs- und Entwicklungsbedarf in eigenen Abteilungen unternehmungsintern decken.[215] Insbesondere spielt die Zusammenarbeit mit anderen Unternehmungen in grundsätzlicher, aber auch in projektbezogener Weise eine besondere Rolle. In einer Umfrage unter westdeutschen Industrieunternehmungen gaben knapp 50% beziehungsweise über 40% der befragten Unternehmungen an, in Zusammenarbeit mit ihren Lieferanten beziehungsweise Kunden zu forschen. Hochschulen werden von etwas mehr als 40% und private Forschungseinrichtungen von knapp 34% der Unternehmungen in diesem Zusammenhang angegeben. Den größten Anteil

---

212 Informationsdienst des Instituts der Deutschen Wirtschaft 1995b, S. 3.
213 Vgl. Landesamt für Datenverarbeitung und Statistik des Landes Nordrhein-Westfalen 1992, o. S.
214 Vgl. Voppel 1993, S. 150.
　　Eine kartographische Darstellung hierzu findet sich ebenfalls bei Voppel 1993, S. 150.
215 Dieser Anteil beträgt etwa 2/3 der gesamten Forschung und Entwicklung. Vgl. Meyer-Kramer 1993, S. 563.

in dieser Umfrage erhält die gemeinsame Forschung mit Mutter-, Tochter- und Schwesterunternehmungen (über 65%).[216]

Aus dem hohen Anteil an gemeinsamer Forschung mit der Muttergesellschaft folgt für Direktinvestitionsunternehmungen, daß sie in dieser Hinsicht von den Einrichtungen der Region in einem höheren Grade unabhängig sind als heimische Unternehmungen. Andererseits werden sie durch den Bedarf an Kooperation mit Kunden und Lieferanten in derselben Weise gebunden wie die deutschen Unternehmungen. Möglicherweise ergibt sich hier ein Vorteil für die Direktinvestitionsunternehmungen; denn gerade die restriktiven Gesetze im Bereich der Grundlagen- und insbesondere der Gentechnikforschung können für die Unternehmungen zum Vorteil werden, die auf Forschungsergebnisse aus den Vereinigten Staaten von Amerika zurückgreifen können.[217] Gerade diese unternehmungsspezifischen Vorteile werden in der wissenschaftlichen Literatur regelmäßig als Direktinvestitionsmotive genannt.[218]

Das strukturelle Wandlungsbedürfnis des Ruhrgebiets wird auch hier wieder sichtbar; denn sowohl hinsichtlich der Nähe zu Zulieferbetrieben als auch der Nähe zu unternehmungsbezogenen Dienstleistern fällt die Qualitätsbewertung deutlich negativer aus. Während die Nähe zu Zulieferbetrieben in den Großräumen Köln und Düsseldorf mit 3,4 bewertet wird, lautet der Vergleichswert für das Ruhrgebiet 3,14. Für die Nähe zu unternehmungsbezogenen Dienstleistern gilt Entsprechendes in stärkerer Form. Während der Wert in Köln und Düsseldorf wiederum bei 3,4 liegt, bewerten die Unternehmungen im Ruhrgebiet diesen Standortfaktor lediglich mit 2,86, wobei er gleichzeitig von 60% der Unternehmungen als wichtig oder sehr wichtig eingestuft wird. Im innerräumlichen Vergleich hat das Ruhrgebiet durch die fehlende Nähe zu Zulieferbetrieben und unternehmungsbezogenen Dienstleistern einen Standortnachteil gegenüber den Großräumen Düsseldorf und Köln.

---

216 Vgl. Schmalholz, Penzkofer 1993, S. 24.

Zu den Wechselwirkungen zwischen Wissenschaftlichen Einrichtungen und Wirtschaft innerhalb einer Region vgl. Brackmann 1993, S. 179 ff.; Ke, Bergman 1995, S. 70.

217 Obwohl die amerikanischen Unternehmungen in Deutschland zu 90% mit Unternehmungen im Inland kooperieren, spielt die Kooperation mit Unternehmungen in den Vereinigten Staaten von Amerika für sie eine wichtige Rolle. Vgl. Schmalholz, Penzkofer 1993, S. 24; Heise 1993, S. 353; Hellmann 1966, S. 103; Standke 1965, S. 86.

218 Vgl. Stehn 1992, S.56 f.; Hellmann 1966, S. 103.

Die sektorale Analyse weist ein zur Bewertung durch die Stichprobengesamtheit konformes Bild auf.

Auch wenn die amerikanischen Unternehmungen aufgrund ihrer Möglichkeit zum Forschungstransfer mit verbundenen Unternehmungen in den Vereinigten Staaten von Amerika von den Forschungs- und Entwicklungseinrichtungen in Nordrhein-Westfalen unabhängiger sind, bleibt die Nähe zu Forschungs- und Entwicklungseinrichtungen neben den schon genannten Gründen auch deswegen von Bedeutung, weil forschungsorientierte Unternehmungen einen solchen Standort trotz sachlicher Unabhängigkeit aus Imagegründen präferieren können, da bei Kunden der Standort einer Unternehmung zur Imagebildung der Unternehmung beiträgt.[219] Insgesamt sind die Forschungs- und Hochschuleinrichtungen in Nordrhein-Westfalen, zumindest über indirekte Wirkungszusammenhänge, als wichtiger positiver Faktor der Standortqualität zu bewerten.

Die Analyse der Einzelstandorte zeigt, daß die Unternehmungen in Köln sowie in Düsseldorf und Neuss die Nähe zu Banken und Versicherungen überdurchschnittlich positiv bewerten, die allerdings als Standortfaktor lediglich von knapp über 35% der Unternehmungen als wichtig oder sehr wichtig bezeichnet wird.

Unter den betrachteten Einzelstandorten fällt ferner auf, daß die in Münster ansässigen amerikanischen Unternehmungen an ihrem Standort die Nähe zu Forschungs- und Hochschuleinrichtungen besonders positiv bewerten (3,8). Neben der Universität ist insbesondere die Fachhochschule in diesem Zusammenhang standortprägend, da mit dem Chemieingenieurwesen, der Elektrotechnik, dem Maschinenbau und der Versorgungstechnik Fachbereiche vertreten sind, die sich auch in der sektoralen Struktur der dort ansässigen amerikanischen Direktinvestitionsunternehmungen (vgl. 3.1.2.2) wiederfinden, was die Möglichkeit der Realisierung von Synergieeffekten in der oben dargelegten Weise ergibt.

---

[219] Vgl. auch Jungnickel 1993, S. 317.

3.3.6 Arbeitsmarkt

Abbildung 32: Die Bewertung des Arbeitsmarktes

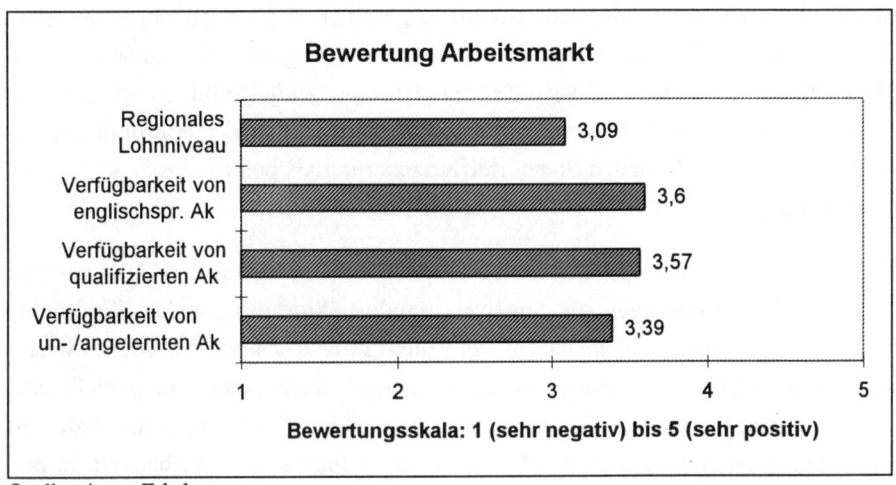

Bewertung Arbeitsmarkt

- Regionales Lohnniveau: 3,09
- Verfügbarkeit von englischspr. Ak: 3,6
- Verfügbarkeit von qualifizierten Ak: 3,57
- Verfügbarkeit von un-/angelernten Ak: 3,39

Bewertungsskala: 1 (sehr negativ) bis 5 (sehr positiv)

Quelle: eigene Erhebung

Dem Standortfaktorenbündel Arbeitsmarkt wird durch die Gesamtstichprobe die zweithöchste Bedeutung beigemessen. In der Qualitätsbewertung wird dieses Bündel mit 3,41 an die dritte Stelle gesetzt.

Durch die Frage nach der Verfügbarkeit der Arbeitskräfte lassen die Ergebnisse nicht direkt auf das unmittelbare Arbeitsangebot in Nordrhein-Westfalen schließen, da dieser Fragestellung das Potential des Standortes, Arbeitskräfte zu generieren, immanent ist. Folglich gelangt auch indirekt die Mobilität der nichtansässigen Arbeitskräfte in die Bewertung. Diese wird unter anderem durch das regionale Lohnniveau sowie den Grad des wirtschaftlichen Zwanges zur Arbeitsverrichtung (beispielsweise nach längerer unfreiwilliger Arbeitslosigkeit) stark beeinflußt. Insbesondere die Arbeitskräfte mit sehr hohem Ausbildungsniveau (Aufstiegsmobilität) und die un-/angelernten Arbeitskräfte aus Regionen, welche durch strukturelle Krisen gezeichnet sind, weisen hohe Mobilitätsgrade auf.[220] Folglich erfaßt dieses Standortfaktorenbündel durch die "Verfügbarkeitsbewertung" neben dem direkten standorteigenen Arbeitskräfteangebot auch das Potential des Standortes, fremde Arbeitskräfte an den Standort holen zu können.

---

[220] Vgl. Velling 1994, S. 212 ff.

Insbesondere die hohen Bewertungen der Verfügbarkeit von englischsprachigen Arbeitskräften (3,6) und der Verfügbarkeit von qualifizierten Arbeitskräften ist für die insgesamt gute Plazierung bestimmend. Die Verfügbarkeit von englischsprachigen Arbeitskräften wird von über 90% der Unternehmungen der Stichprobe als wichtig oder sehr wichtig angesehen.[221] Hier muß beachtet werden, das diese Bewertung auf ein hohes, in der gesamten Bundesrepublik Deutschland vorhandenes Niveau des Schulsystems zurückzuführen ist. Das bedeutet, daß dieser hoch bewertete Standortfaktor weder in der mikroräumlichen noch in der mesoräumlichen Standortdifferenzierung als positiver Aspekt speziell des Standortes Nordrhein-Westfalen wirksam werden kann.

Die Verfügbarkeit von qualifizierten Arbeitskräften kann jedoch in dieser regionalen Konkurrenzsituation als positiver Standortfaktor des Landes Nordrhein-Westfalen gewertet werden, da auf der einen Seite das bundesdeutsche Schul- und Ausbildungsniveau (duales System) weltweit einen guten Ruf genießt und auf der anderen Seite die dichte Forschungs- und Entwicklungslandschaft des Untersuchungsraums, auf dem Schul- und Ausbildungssystem aufbauend, in positiver Form standortwirksam ist.

Das hohe Niveau des Kultur- und Freizeitangebotes in Nordrhein-Westfalen trägt in diesem Zusammenhang indirekt zur Standortqualität bei,[222] da sich nur bei zureichender Ausstattung des Raumes mit Erholungsmöglichkeiten im Rahmen von Feierabendgestaltung und ein- bis mehrtägigen Reisemöglichkeiten qualifizierte Arbeitskräfte gewinnen und halten lassen.[223]

Das regionale Lohnniveau wird von etwa 70% der Unternehmungen in der Stichprobe als wichtig oder sehr wichtig betrachtet und mit einer Wertung von 3,09 als weder deutlich positiv noch negativ bewertet. Allerdings ist es von den untersuchten Faktoren im Rahmen der Arbeitsmarktbeschreibung der am niedrigsten bewertete Standortfaktor.

---

[221] Dieses Ergebnis liegt leicht über dem einer Umfrage bei industriellen Unternehmungen in der Bundesrepublik Deutschland, nach welcher 85% der Unternehmungen ausländische Akademiker beschäftigen (allerdings lag ihr Beschäftigtenanteil nur bei gut 3%) und die Fremdsprachenkenntnis als Schlüsselqualifikation bezeichnen. Vgl. Informationsdienst des Instituts der deutschen Wirtschaft 1995c, S. 4 f. auf der Basis der Untersuchung: List 1995, o. S.

[222] Vgl. Voppel 1993, S. 127 ff.

[223] Vgl. Monheim 1972, S. 7 u. S. 249.
Vgl. auch Ahnström 1984, S. 168.

Die Einordnung dieser Wertung im Hinblick auf ihren Stellenwert bezüglich des Untersuchungsziels fällt nicht leicht.[224] Zunächst ist der Anteil der Lohnkosten (inklusive Lohnnebenkosten) an den Stückkosten eines produzierten Gutes bedeutsam. Dieser läßt sich auch signifikant für einzelne Branchen differenziert betrachten, so daß wertende Aussagen in sektoraler Unterscheidung grundsätzlich möglich sind. Da es sich hier jedoch um eine Untersuchung von Direktinvestitionsunternehmen handelt, kommt ein weiterer Aspekt hinzu. Die in der wissenschaftlichen Literatur ausführlich aufgearbeitete Interdependenz[225] zwischen dem Lohnniveau und der Produktivität einer Unternehmung beziehungsweise in einer Branche läßt sich hier nur in ihren theoretischen Aspekten übernehmen. Die Berücksichtigung westdeutscher branchenabhängiger Produktivitätsindizes vernachlässigt ein vielen Direktinvestitionen zugrunde liegendes Motiv: den Transfer heimischer Produktivitätsvorteile.[226] Da die amerikanischen Unternehmungen oftmals mit amerikanischen Techniken und damit auch mit importierter Produktivität arbeiten, können nordrhein-westfälische bzw. westdeutsche Anhaltswerte zu Berechnungszwecken nicht übernommen werden. Für diese Untersuchung folgt daraus, daß sich Konsequenzen nur als Tendenzaussagen in Abhängigkeit der relativen Höhe des Lohnniveaus im Vergleich mit Konkurrenzregionen, nicht aber in sektoraler Differenzierung ableiten lassen.[227]

Neben den im innerdeutschen Vergleich hohen Arbeitskosten in Nordrhein-Westfalen[228] nimmt Deutschland innerhalb der Europäischen Gemeinschaft die

---

[224] Zur in diesem Absatz geschilderte Problematik vergleiche folgende empirische Arbeiten: Agarwal und andere 1991; Culem 1988, S. 885 ff.; Cushman 1988, S. 174 ff.; Koechlin 1992, S. 203 ff.; Kravis, Lipsey 1982, S. 201 ff.; Lorz 1993, S. 149 ff.; Moore 1993, S. 120 ff.; Wheeler, Mody 1992, S. 57 ff.

[225] Vgl. Döhrn 1992, S. 49 ff.; Gates 1961, S. 119 ff.

[226] Vgl. Shanzi, Bergman 1995, S. 70.

[227] Als Ausnahme hierzu mag der Dienstleistungssektor angesehen werden, welcher die Bedeutung des regionalen Lohnniveaus als signifikant unwichtiger einschätzt als die Stichprobengesamtheit. Vgl. hierzu und zur Begründung die Ausführungen in 3.2.

[228] Zu Unterschieden im regionalen Lohnniveau einzelner Wirtschaftsräume innerhalb der Bundesrepublik Deutschland und zu deren Bestimmung durch die Struktur eines Wirtschaftsraumes vgl. Koller 1987, S. 30 ff.
Zur Höhe der Bruttojahreslöhne pro Kopf der sozialversicherungspflichtig Beschäftigten in räumlicher Darstellung vgl. Hirschenhauer 1994, S. 112.

Spitzenposition im Ländervergleich ein.[229] Damit ist ein gewichtiger Nachteil des deutschen und speziell des nordrhein-westfälischen Standortes offengelegt.

Die Bewertung 3,09 durch die Unternehmungen zeigt, daß die Höhe der Arbeitskosten noch nicht als negativer Standortfaktor gewertet wird. Allerdings muß gesehen werden, daß im direkten Vergleich mit anderen Regionen das hohe Arbeitskostenniveau negativ standortwirksam ist.

Die Unternehmungen des Ruhrgebiets bewerten die Verfügbarkeit von un-/angelernten, insbesondere aber auch von qualifizierten Arbeitskräften in ihrem Raum höher, als es die Unternehmungen der Großräume Köln und Düsseldorf tun. Dies könnte eine Auswirkung der Freisetzung von Arbeitskräften durch die sich rückläufig entwickelnde Grundstoffindustrie in Nordrhein-Westfalen sein. Wenn sich die hohe Verfügbarkeit von Arbeitskräften mindernd auf das Lohnniveau auswirkt, könnte darin temporär ein Standortvorteil für das Ruhrgebiet im Rahmen der Ansiedlung neuer Unternehmungen liegen.[230] Allerdings dürfte dieser Vorteil[231] auch in lohnintensiven Produktionen nur begrenzt wirksam sein, da die freien Marktkräfte einseitig durch das bestehende Tarifsystem und Tarifrecht reguliert werden. Zusätzlich beeinflussen die gesetzlich und die tariflich bedingten Personalzusatzkosten, die knapp 80% der Personalzusatzkosten und diese wiederum knapp 50% der gesamten Personalkosten ausmachen,[232] mögliche Unterschiede in regionalen Lohnniveaus ausgleichend.

Um das Arbeitskräftepotential des Ruhrgebiets positiv zu beinflussen, sollte mit der strukturellen Wandlung des Ruhrgebiets ein Imagewechsel angestrebt werden, denn das herrschende Meinungsbild zum sozio-kulturellen Umfeld der Arbeit und des Lebens im Ruhrgebiet ist hinderlich im Bemühen, qualifizierte Arbeitskräfte für diesen Raum zu gewinnen.[233]

Im Kontext der Standortfaktoren dieses Bündels ist auch die Einschätzung der geltenden Arbeitszeitbestimmungen (Frage 11 des Fragebogens) zu nennen, wel-

---

[229] Vgl. Dierkes 1990, S. 112 ff.; Industrie und Handelskammer zu Köln 1992, S. 6; Informationsdienst des Instituts der Deutschen Wirtschaft 1995a, S. 7; Peren 1995, S. 476 ff.

[230] Vgl. auch Noll, Rechmann 1989, S. 31 ff.

[231] Zur Ambivalenz ausgeprägter Lohndispersion vgl. Möller 1995, S. 147 f.

[232] Vgl. Peren 1995 S.476 f.; Informationsdienst des Instituts der deutschen Wirtschaft 1995a, S. 7.

[233] Vgl. Pankoke 1993, S. 759 ff.

che von etwa 65% der Unternehmungen als akzeptabel und 30% als zufriedenstellend bezeichnet werden. Die Arbeitszeitbestimmungen sind in der jüngeren Vergangenheit in Anlehnung an den durch technische Vorgaben der Produktionsabläufe determinierten Produktionsplan in vielen Fällen gelockert worden. Zu kurze Maschinenlaufzeiten sowie häufiges Unterbrechen und erneutes Anfahren von Maschinen im industriellen Bereich haben direkte Wirkung auf die Rentabilität des eingesetzten Kapitals und mithin auf Investitionsentscheidungen.

Trotz einiger positiver Beispiele der Flexibilisierung von Arbeitszeiten (und Entlohnungsformen) in der Metallindustrie in den 90er Jahren[234] muß der Standort Nordrhein-Westfalen hier als deutscher Standort im internationalen Vergleich eine Standortschwäche bekennen, welche nicht vernachlässigbar ist.[235]

In der sektoralen Differenzierung ist auffällig, daß die Unternehmungen der chemischen Industrie die Verfügbarkeit von qualifizierten Arbeitskräften mit 4,0 und die Verfügbarkeit von englischsprachigen Arbeitskräften mit 3,75 besonders positiv bewerten. Möglicherweise wirken sich hier die hohen Gehälter, welche in der chemischen Industrie gezahlt werden,[236] in positiver Form auf das Arbeitsangebot aus.

Die Unternehmungen des Dienstleistungssektors gelangen in der Bewertung der Verfügbarkeit von qualifizierten und von englischsprachigen Arbeitskräften sogar zu den Ergebnissen 4 und 4,2. Bedenkt man nun, daß in der chemischen Industrie die Bedeutung dieser Faktoren von 80% beziehungsweise 85% der Unternehmungen und im Dienstleistungsbereich sogar von 93,8% beziehungsweise 100% der Unternehmungen als wichtig und sehr wichtig bezeichnet wird, so wird deutlich, daß der Untersuchungsraum über eine auch sektoral differenzierte positiv wirksame Standortqualität verfügt.

Die Bewertung der Verfügbarkeit von qualifizierten und von englischsprachigen Arbeitskräften durch die anderen Industriezweige weicht von der Bewertung durch die Gesamtstichprobe nicht ab.

---

[234] Vgl. Heise 1993, S. 355.
[235] Vgl. Irwing 1991, o. S.
[236] Vgl. Landesamt für Datenverarbeitung und Statistik Nordrhein-Westfalen 1994, o. S.

3.3.7 Allgemeine Versorgung

Abbildung 33: Die Bewertung der allgemeinen Versorgung

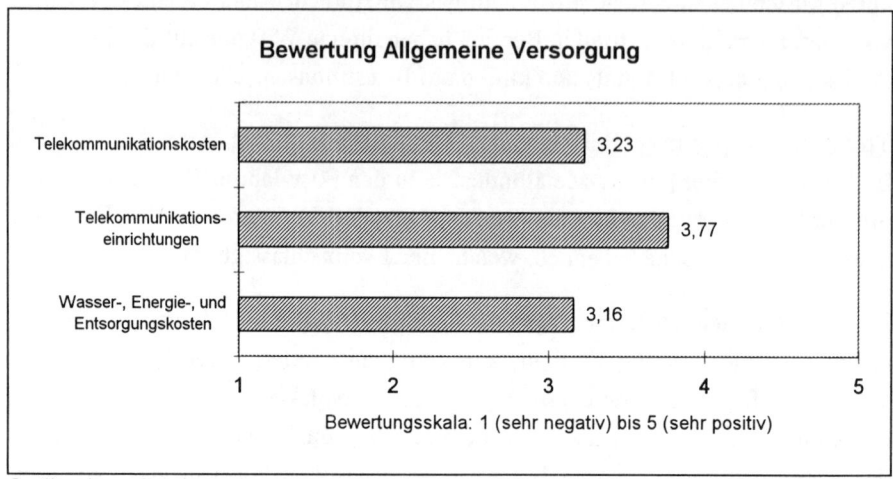

Bewertung Allgemeine Versorgung

- Telekommunikationskosten: 3,23
- Telekommunikationseinrichtungen: 3,77
- Wasser-, Energie-, und Entsorgungskosten: 3,16

Bewertungsskala: 1 (sehr negativ) bis 5 (sehr positiv)

Quelle: eigene Erhebung

Dieses Standortfaktorenbündel ist von den Unternehmungen der Stichprobe als das bedeutsamste eingestuft worden. In der Bewertung der Qualität erlangt es mit einem Wert von 3,39 lediglich die viertbeste Plazierung.

Die Qualität der Versorgung der Unternehmungen mit Einrichtungen der Telekommunikation wird mit 3,77 bewertet, wobei die Kosten der Nutzung derselben nur mit 3,23 bewertet werden. Die Differenzierung nach Wirtschaftsregionen und Einzelstandorten zeigt, daß die Qualität der Versorgung mit Telekommunikationseinrichtungen an allen Standorten (Wirtschaftsregionen) gleich gut bewertet wird und demnach keine mikroräumlich standortdifferenzierende Wirkung von ihr ausgeht.

Insbesondere die Ausstattung eines Wirtschaftsraumes mit dem modernsten Stand an Telekommunikationseinrichtungen ist heute und wird in Zukunft von prägender Bedeutung für die Qualität eines Wirtschaftsraums sein. Obwohl sich persönliche Kontakte und direkt geführte Gespräche aus dem Alltag des Wirtschaftslebens nicht wegdenken lassen, gewinnen die Möglichkeit der Substitution von Bürofläche durch Arbeitsplätze zu Hause sowie andere mögliche Folgen[237] eines voll vernetzten Standortes an Bedeutung.[238] Ergänzend kann die Versorgung mit Telekommunikationseinrichtungen gerade für amerikanische Unternehmungen ein wesentlicher Faktor sein. Auf der einen Seite garantiert diese die Möglichkeit zum Austausch mit der Mutter- beziehungsweise einer anderen ausländischen Tochterunternehmung in der gewünschten Weise, und andererseits sind amerikanische Unternehmungen aufgrund der großen Distanzen in ihrem Heimatland an auf Telekommunikation basierende Arbeit gewöhnt. Die Möglichkeit, vom eigenen Standort aus über größere Distanzen Geschäfte tätigen zu können, ist für die amerikanischen Unternehmungen auch in Europa ein bedeutender Standortfaktor, da knapp 30% ihrer Absatzmärkte in Ländern der Europäischen Union außerhalb Deutschlands liegen.

Insbesondere der Wettbewerb auf den globalen Märkten und damit die Internationalisierung eines Standortes setzt eine ausreichende Ausstattung des Raumes mit Einrichtungen der Telekommunikation voraus.[239] Fraglich ist, ob gerade diese Form der Internationalisierung mit dem Phänomen der Direktinvestition in positiver Weise zu verknüpfen ist. Denn warum sollte man, sonst gleiche Bedingungen vorausgesetzt, in einem unbekannten Markt produzieren, wenn dieser auch vom Mutterland aus zu bedienen ist? Nicht zuletzt ist hier die Vorbeugung vor drohenden Marktverlusten durch das Umgehen möglicher Handelsschranken von Bedeutung,[240] was in einem zweiten Schritt dann der Ausstattung des Standortes mit Telekommunikationseinrichtungen wieder volle Bedeutung zukommen läßt.

Die Kosten von Wasser, Energie und Entsorgung werden mit dem Wert 3,16 gerade noch als positiv bewertet. Nordrhein-Westfalen ist als energiereicher Standort (Steinkohle und später Braunkohle) durch die energieintensive Grundstoffindustrie geprägt worden. Heute ist diese Basis einerseits wirtschaftlich nicht mehr gegeben (Steinkohle) sowie andererseits politisch bedroht (Braunkohle). Die Steinkohle des Reviers (sowie in der bereits vollkommen stillgelegten Förderung im Aachener Raum) ist nicht mehr konkurrenzfähig. Der seit Jahren bezuschußte Steinkohlenbergbau hat zu strukturellen Folgen in der Industrie heute geführt.

---

237 Vgl. Ehrenfeld 1985, S. 60; Europäische Gemeinschaften -Kommission- 1993, S. 32; o. Verfasser 1995a, o. S.; Jahrreiß 1984, S. 111 ff.; Voppel 1980, S. 113 f.
238 Vgl. auch Hilbert, Potratz 1992, S.83 ff.
239 Vgl. Voppel 1980, S. 79.
240 Vgl. Jungnickel 1993, S. 317; o. Verfasser 1995b, o. S.; Heinemann 1995, S. 342 f.; Hellmann 1966, S. 56; Standke 1975, S. 33; Stehn 1992, S. 44 ff.

Ohne die staatlichen Hilfen im Steinkohlenbergbau und später auch in der Grundstoffindustrie des Ruhrgebiets hätte der strukturelle Wandlungsprozeß früher beginnen und sich schneller vollziehen können, so daß die Dominanz des Bergbaus sowie der eisen- und stahlschaffenden Industrie heute nicht mehr so ausgeprägt wäre.

Der für die Region notwendige Abbau der noch wettbewerbsfähigen Braunkohle (Garzweiler II, Hambach und Inden) scheint die Energieversorgung des Standortes für die mittelfristige Zukunft zu sichern. Geht allerdings auch diese verloren, so wird dies in direkter Form Konsequenzen für die sektorale Struktur der heimischen Industrie haben; es könnte, als eine von vielen betroffenen Industrien, die strukturbestimmende Schwerchemie aus dem Kölner Raum abwandern, wenn keine Alternative wie beispielsweise preiswerte Kernenergie geboten würde.[241]

Die heutige Sekundärenergieerzeugung Nordrhein-Westfalens stützt sich im wesentlichen auf die Verstromung von Stein- und Braunkohle. Der Anteil an Kernenergie ist verschwindend gering und liegt deutlich unter dem Durchschnitt der Bundesrepublik Deutschland.[242] Gerade bezüglich energieintensiver Produktionen steht der Untersuchungsraum in Konkurrenzbeziehung zu nahegelegenen französischen Wirtschaftsräumen, die weitaus preiswerteren Strom (Kernenergie) anbieten können. Die energieintensiven Produktionen wie beispielsweise die Grundstoffindustrien fordern seit Jahren die Liberalisierung/Öffnung des Strom- und Erdgasmarktes, um Standortdefizite auszugleichen.[243] Die Versorgung der Unternehmungen mit französischem Strom kann jedoch nur eine bedingt anzustrebende Lösung sein, da nach Überwindung der politischen Barrieren im Standort Nordrhein-Westfalen ebenfalls preiswerter Strom aus Kernenergie erzeugt werden könnte.

Auch das hohe Niveau von Sicherheits- und Umweltschutzauflagen in den Wirtschaftsräumen der Bundesrepublik Deutschland wirkt sich bei enger Betrachtung so lange negativ auf die an den Produktionsbedingungen gemessene Qualität der Standortfaktoren aus, solange es nicht gelingt, die externen Kosten der Produktion in allen Wirtschaftsräumen in gleichen Anteilen zu internalisieren.[244]

---

241 Vgl. Gläßer 1987, S. 132 f.; Schürmann 1995, o. S.

242 Zur detaillierteren Aufschlüsselung der Sekundärenergieerzeugung in Nordrhein-Westfalen und insbesondere deren Verteilung im Raum vgl. Voppel 1993, S. 39 ff.

243 Vgl. Verband der chemischen Industrie 1995, S.22.

244 Vgl. Bössmann 1979, S. 9 ff.; Monissen 1976, S. 392 ff.

Sowohl die räumlich differenzierte als auch die sektoral aufgegliederte Betrachtung ergibt bezüglich der noch nicht gesondert angesprochenen Faktoren Telekommunikationskosten sowie Wasser-, Energie- und Entsorgungskosten ein zu der Gesamtstichprobe konformes Bild.

Würde unter den amerikanischen Unternehmungen der chemischen Industrie in Nordrhein-Westfalen der Anteil an Betrieben der Großchemie dem aller Chemieunternehmungen in Nordrhein-Westfalen entsprechen, wäre angesichts des jetzt herrschenden Energiepreisniveaus sowie der Absicht der Landesregierung bezüglich der Beibehaltung der Subventionen für die Steinkohle und der Einführung einer CO_2- bzw. einer Energiesteuer[245] eine schlechtere Bewertung der Energiepreise durch amerikanische Unternehmungen dieses energieintensiven Wirtschaftszweiges zu erwarten gewesen.[246] Doch diese am Stichprobendurchschnitt liegende Bewertung durch die amerikanischen Unternehmungen in der chemischen Industrie stützt die Vermutung, daß der Anteil an Unternehmungen der Leichtchemie unter diesen dominiert (vgl. 3.2.3). Damit wären diese Betriebe nicht unbedingt energieintensiven Produktionen zuzurechnen.

---

[245] Vgl. Verband der Chemischen Industrie 1995, S. 63.
[246] Vgl. Verband der Chemischen Industrie 1995, S. 22 f. u. S. 63.

3.3.8 Öffentliche Unterstützung

Abbildung 34: Die Bewertung der öffentlichen Unterstützung

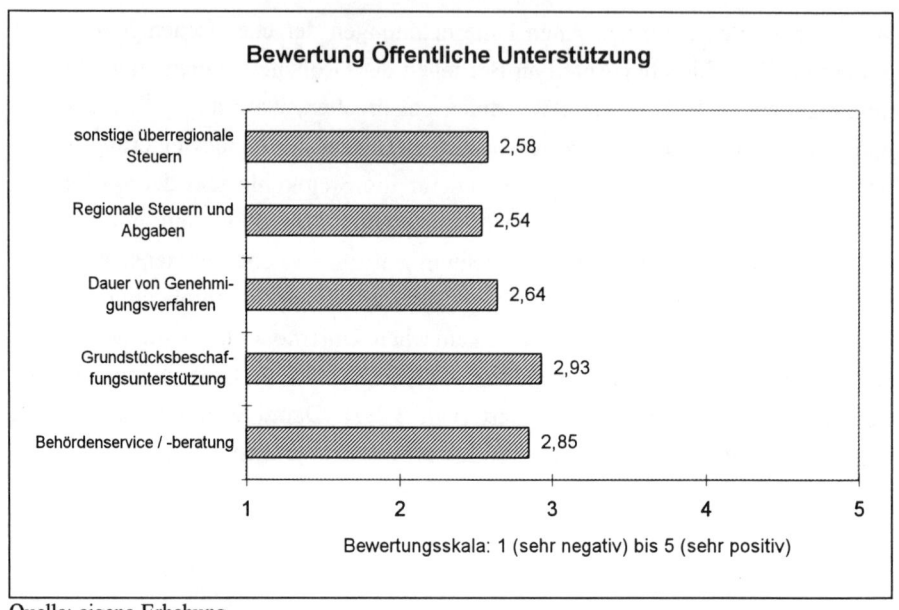

Bewertung Öffentliche Unterstützung

- sonstige überregionale Steuern: 2,58
- Regionale Steuern und Abgaben: 2,54
- Dauer von Genehmigungsverfahren: 2,64
- Grundstücksbeschaffungsunterstützung: 2,93
- Behördenservice / -beratung: 2,85

Bewertungsskala: 1 (sehr negativ) bis 5 (sehr positiv)

Quelle: eigene Erhebung

Die öffentliche Unterstützung wird in der Gesamtheit aller Einzelfaktoren als viertbedeutsamstes Faktorenbündel eingestuft. Die Qualität des Standortfaktorenbündels hingegen wird mit deutlichem Abstand an letzter Stelle (ohne die US-spezifischen sonstigen Faktoren) gesehen und eher negativ (2,71) bewertet. Die Unzufriedenheit der Unternehmungen drückt sich über die Bewertung aller Einzelfaktoren hinweg aus.

Im Rahmen der überregional, also in dieser Fragestellung nicht innerdeutsch standortdifferenzierend wirkenden Steuern ist das Niveau der Unternehmungsbesteuerung[247] sowie die komplexe Art der Besteuerung (insgesamt 41 Steuerarten durch Bund, Länder und Gemeinden) als gesamtdeutscher Standortnachteil zu bewerten. Obwohl die Reform der Unternehmungsbesteuerung schon seit etlichen

---

[247] Im internationalen Vergleich ist umstritten, ob das Unternehmungsbesteuerungsniveau tatsächlich zu hoch ist. Schwierigkeiten ergeben sich bei grenzüberschreitenden Vergleichen aufgrund der unterschiedlichen Steuersysteme. Vgl. Janeba 1993, S. 86.

Jahren Kernthema der Standortsicherungsdebatte ist,[248] haben sich in dieser Hinsicht noch keine wesentlichen Änderungen ergeben.

Viele der Direktinvestitionsunternehmungen sind Töchter multinationaler Unternehmungen und haben über das breitere Angebot an Finanzierungsmöglichkeiten sowie über die Möglichkeiten der grenzübergreifenden Konzernrechnungslegung viele Möglichkeiten, die Besteuerung zu lenken. Die negative Bewertung der Höhe der überregionalen Steuern bedeutet, daß für die Unternehmungen ein Anreiz besteht, die Steuerbemessungsgrundlage der betroffenen Steuerarten in Deutschland gering zu halten. Durch das mit den Vereinigten Staaten von Amerika bestehende Doppelbesteuerungsabkommen und infolge der Möglichkeiten im Rahmen der internationalen Konzernrechnungslegung ist die Höhe der überregionalen Steuern nur eingeschränkt als Standortfaktor negativ wirksam, da die Unternehmungen die Möglichkeit haben, große Anteile der Bemessungsgrundlage an andere Konzernstandorte zu lenken.[249]

Die von fast 80% der Unternehmungen als wichtig oder sehr wichtig bezeichnete Höhe der regionalen Steuern und Abgaben wird mit 2,54 gleichsam schlecht bewertet. Der von den Kommunen festzulegende Gewerbesteuersatz ist im Rahmen der Attrahierung von Direktinvestitionen als Lenkungsinstrument anzusehen und in der Konkurrenz mit anderen Standorten wichtiger Parameter der Ansiedlungsentscheidung. Die zurückhaltende Bewertung der Zufriedenheit mit dem Niveau der regionalen Abgaben und Steuern kann Indikator dafür sein, daß die Wirksamkeit dieses Instruments durch das insgesamt sehr hohe Steuerniveau sowie die Anrechenbarkeit der Gewerbesteuer auf die Einkommen- und Körperschaftssteuer[250] überlagert wird. Das hat aber nicht den Verlust der Lenkungsfunktion zur Folge, denn auf makroräumlicher Ebene sind andere Parameter für die Standortwahl relevant, und auf meso- beziehungsweise mikroräumlicher Ebene wirken unterschiedlich hohe Gewerbesteuersätze weiterhin raumdifferenzierend.

Ferner wird die von etwa 60% der Unternehmungen als bedeutsam eingestufte Dauer von Genehmigungsverfahren mit 2,64 eher negativ bewertet. Die Dauer von Genehmigungsverfahren ist als zeitlich labiles Tertiärpotential nur in Teilen

---

248 Vgl. Referentenentwurf des BMF für ein "Gesetz zur Verbesserung der steuerlichen Bedingungen zur Sicherung des Wirtschaftsstandorts Deutschland im Europäischen Binnenmarkt (Standortsicherungsgesetz)", 1992, o. S.
249 Vgl. auch Janeba 1993, S. 88.
250 Vgl. § 4 Abs. 4 EStG i.V.m. Schmidt, L 1995, §4 EStG Anmerkung 520.

von der Gesetzgebung und dem Verhalten der Behörden des Landes abhängig. In dem Maße, in dem die Bestimmungen in die Zuständigkeit des Bundes fallen, kann die Bewertung nicht in vollem Umfang in die Verantwortlichkeit des Landes gestellt werden kann. Für die Bundesrepublik Deutschland gilt generell, daß eine sehr hohe Dichte an Auflagen für den Betrieb industrieller Anlagen herrscht,[251] obwohl gesehen werden muß, daß Dauer und Verlauf von Genehmigungsverfahren in technischer, räumlicher und politischer Hinsicht jeweils Einzelfälle sind.[252]

Die Bedeutung dieses Tertiärpotentials für die Attraktivität eines Standortes mag man sich am Beispiel der Gentechnik verdeutlichen. Das bundesdeutsche Gentechnik-Gesetz hat dazu geführt, daß die Forschung in diesem Bereich teilweise ins Ausland abgewandert ist, was auch Wirkungen auf die Standortwahl abhängiger Produktionen hatte.[253] Insbesondere in der chemischen Industrie und dort in der Pharmazeutik spielen die beiden Faktoren eine überdurchschnittlich gewichtige Rolle.[254] Die Unternehmungen der chemischen Industrie bewerten die Dauer von Genehmigungsverfahren mit 3,0, so daß diese (noch) kein negativ wirksamer Faktor der Standortqualität Nordrhein-Westfalens ist.

Von zweitrangiger Bedeutung ist die leicht negative Beurteilung der Unterstützung bei der Grundstücksbeschaffung sowie der Service von und die Beratung durch Behörden, da beide Faktoren nur von etwa 30% der Unternehmungen als bedeutsam bezeichnet werden.

Die drei erstgenannten Faktoren erweisen sich als Standortnachteil für die Bundesrepublik Deutschland und im Rahmen der Länderkompetenzen als Nachteil für Nordrhein-Westfalen. Neben den rein monetären Wirkungen dieser Faktoren prägen sie und insbesondere die Dauer von Genehmigungsverfahren die Ein-

---

[251] Vgl. Ortmeyer 1989, S. 156.

[252] Ergebnis eines Gesprächs mit Herrn Ritz, Verband der Chemischen Industrie, Frankfurt vom 12.7. 1995.

Untersuchungen des DIHT haben ergeben, daß Auflagendichte und Dauer von Genehmigungsverfahren weniger von dem Bundesland abhängig sind, sondern zu beobachten ist, daß in Räumen hoher Bevölkerungsdichte die Auflagendichte höher und die Dauer von Genehmigungsverfahren länger ist. Vgl. Ortmeyer 1989, S. 156.

[253] Vgl. Glos, Lenzer 1993, S. 33; Siebert 1992, S. 421; o. Verfasser 1995c, Bundestagsdrucksache 13/1127 1995, o. S.

[254] Zur Dauer von Genehmigungsverfahren in der pharmazeutischen Industrie vgl. Hager, Scholtholt 1993, S. 633 ff.

schätzung der Unternehmungen bezüglich des unternehmerischen Klimas der Region. Für die Attrahierung weiterer Direktinvestitionsunternehmungen können die Erfahrungen von Betroffenen, sofern es zu einem Meinungstransfer ins Mutterland kommt, als psychologische Komponente im Entscheidungsprozeß von großer Bedeutung sein.

Sowohl die räumlich als auch sektoral differenzierte Analyse zeigt ein mit der Stichprobengesamtheit konformes Meinungsbild. Deutliche Verschlechterungen im Hinblick auf das Vermögen des Landes, energieintensive Produktionsunternehmungen anzusiedeln, werden sich dann ergeben, wenn die Landesregierung ihr Bestreben zur Einführung einer Ersatzsteuer für den "Kohlepfennig" in Form einer CO_2- oder Energiesteuer in die Tat umsetzt.[255]

Zusammenfassend muß für die Tertiärpotentiale des Standortes Bundesrepublik Deutschland und damit implizite für den Standort Nordrhein-Westfalen gesagt werden, daß generell die Belange der Industrie stärker berücksichtigt werden sollten.

---

[255] Vgl. Verband der chemischen Industrie 1995, S. 63.

3.3.9 Sonstige Faktoren

Abbildung 35: Die Bewertung der sonstigen Faktoren

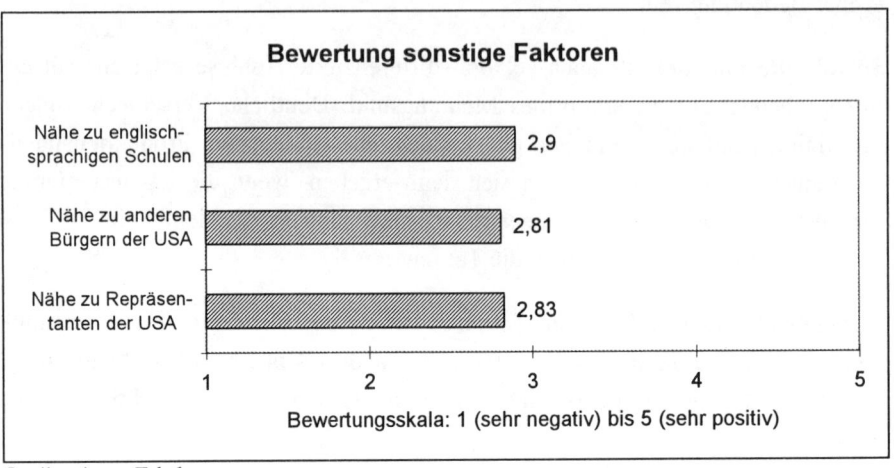

Bewertung sonstige Faktoren

- Nähe zu englischsprachigen Schulen: 2,9
- Nähe zu anderen Bürgern der USA: 2,81
- Nähe zu Repräsentanten der USA: 2,83

Bewertungsskala: 1 (sehr negativ) bis 5 (sehr positiv)

Quelle: eigene Erhebung

Dieses Standortfaktorenbündel wird von mehr als 90% der Unternehmungen der Stichprobe als unbedeutend bewertet. Die Bewertung der Qualität dieser Faktoren fällt mit einer insgesamt negativen Bewertung nachteilig für die Qualität des Standortes aus. Es ist verwunderlich, daß die Nähe zu eigenen Interessenvertretern einerseits als so unbedeutsam und im Falle des Untersuchungsraums als so negativ bewertet wird: nach sieben Jahren des Fernbleibens sind die amerikanischen Behörden Ende des Jahres 1994 in Form eines Generalkonsulats in Düsseldorf nach Nordrhein-Westfalen zurückgekehrt.

Tatsächlich scheinen sich die mit amerikanischem Kapital finanzierten Unternehmungen im Ausland derart in ihre Umgebung zu integrieren, daß heimische Komponenten der Unternehmungsorganisation und Unternehmungsführung ohne Außenwirkung bleiben. Die Funktion des Generalkonsulats ist eher im Bereich der Handelsvermittlung sowie in der Rolle der transatlantischen Kontaktstelle für amerikanische Unternehmungen in den Vereinigten Staaten zu sehen.

Teil 4 **Abschließende Betrachtung und Ansatzpunkte zur Entwicklung von Handlungsempfehlungen**

Im abschließenden Teil der Untersuchung werden die Stärken und Schwächen des Standortes aus Sicht der untersuchten Direktinvestitionsunternehmungen dargestellt. Die Eingrenzung der Auswahl der in diesem Kontext zu würdigenden Faktoren richtet sich nach der Bedeutung, die ihnen durch die amerikanischen Unternehmungen beigemessen wird.

Die zehn wichtigsten Standortfaktoren erhielten die in der folgenden Abbildung dargestellten Bewertungen:

Abbildung 36: Die Bewertung der 10 wichtigsten Standortfaktoren

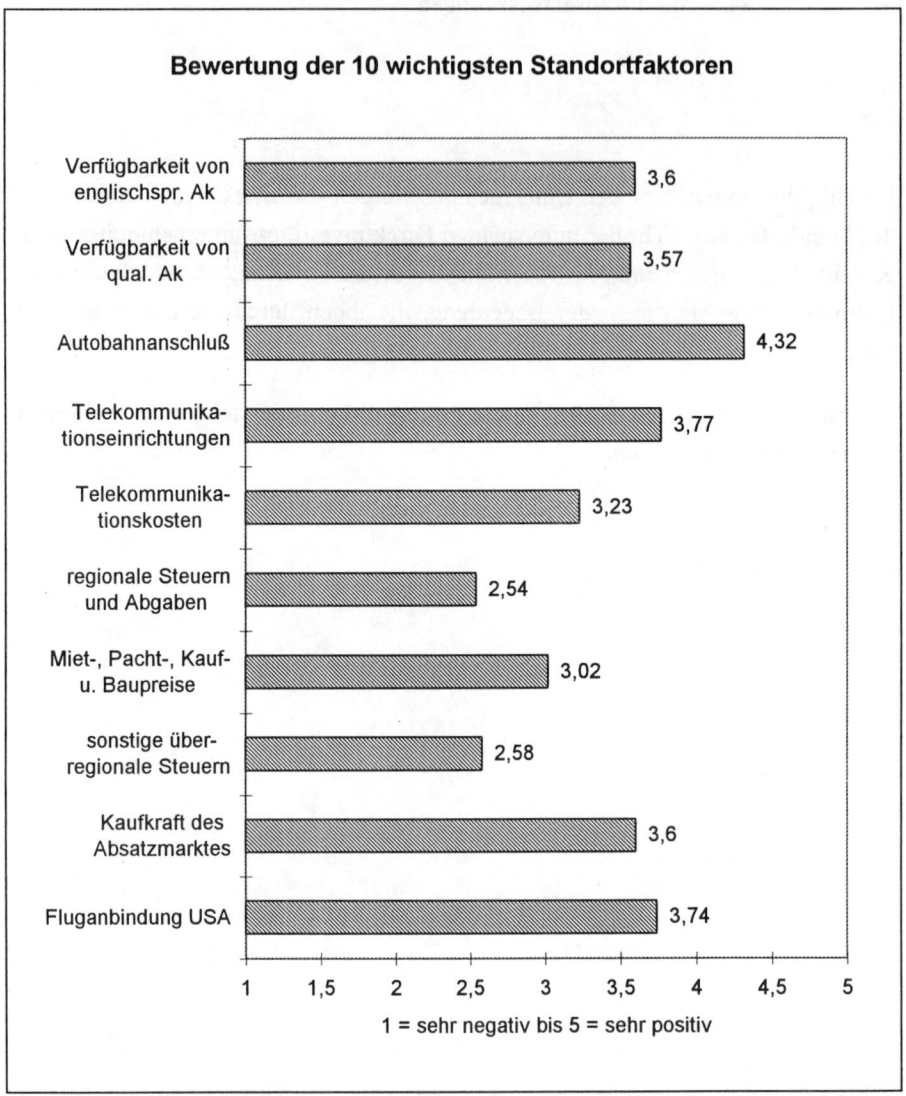

Bewertung der 10 wichtigsten Standortfaktoren

Standortfaktor	Bewertung
Verfügbarkeit von englischspr. Ak	3,6
Verfügbarkeit von qual. Ak	3,57
Autobahnanschluß	4,32
Telekommunikationseinrichtungen	3,77
Telekommunikationskosten	3,23
regionale Steuern und Abgaben	2,54
Miet-, Pacht-, Kauf- u. Baupreise	3,02
sonstige überregionale Steuern	2,58
Kaufkraft des Absatzmarktes	3,6
Fluganbindung USA	3,74

1 = sehr negativ bis 5 = sehr positiv

Die Reihenfolge der Standortfaktoren entspricht der Rangfolge der Bedeutung, die den Faktoren von den amerikanischen Unternehmungen beigemessen wurde. Die Bedeutung der Standortfaktoren nimmt von oben nach unten ab.
Quelle: eigene Erhebung

Die größte Relevanz wird dem Vermögen des Standortes, englischsprachige Arbeitskräfte verfügbar zu machen, beigemessen. Wie unter 3.3.6 ausgeführt, tragen etliche, die Standortqualität determinierende, Faktoren dazu bei. Die Bewertung 3,6 macht deutlich, daß hier eine wesentliche Standortstärke Nordrhein-

Westfalens liegt, obgleich die Verfügbarkeit von englischsprachigen Arbeitskräften auf mikro- und mesoräumlicher Ebene der Standortentscheidung nur hinsichtlich der Standortattraktivität für Arbeitnehmer im Rahmen der Wahl ihres Arbeits- und Wohnumfeldes bundeslanddifferenzierend wirksam ist. Ansonsten muß das hohe Niveau der Englischsprachigkeit von Arbeitskräften dem deutschen Schulsystem zugerechnet werden und kann nur im Zusammenwirken mit anderen Standortfaktoren als Standortvorteil Nordrhein-Westfalens wirksam sein. Im Rahmen der Attraktivität des Standortes als Arbeits- und Lebensraum gilt hinsichtlich der Standortstärke für die Verfügbarkeit von qualifizierten Arbeitskräften das gleiche wie für die Verfügbarkeit von englischsprachigen Arbeitskräften. Bezüglich der Qualifikation des Humankapitals kann allerdings auf Ebene der Bundesländer differenziert werden. Bedingt durch die lange Tradition der industriellen Betriebe und der an diese gebundenen Ausbildung von qualifiziertem Personal in Nordrhein-Westfalen einerseits sowie die Vielzahl verschiedenartiger Hochschul- und anderer Forschungs- und Entwicklungseinrichtungen andererseits (vgl. 3.3.5), verfügt Nordrhein-Westfalen über einen Standortvorteil, welcher hinsichtlich anderer deutscher und ausländischer Standorte auch in mittelbarer Zukunft wirksam bleiben kann. Dies ist insbesondere in einer Zeit wichtig, in der zunehmend humankapitalintensive und innovative Industriebereiche zu Schlüsselindustrien der Wirtschaft werden.

Unter den zehn relevantesten Faktoren erhält der Anschluß an die Autobahn die beste Bewertung. In Kombination mit der zentralen Lage auf der Nord-Süd-Achse innerhalb der Europäischen Union (vgl. auch Abbildung 28) und unter Berücksichtigung der guten Bewertung der anderen für die befragten Unternehmungen wichtigen Verkehrssysteme kann die Erreichbarkeit des Standortes Nordrhein-Westfalen sowie die Erreichbarkeit einzelner Standorte innerhalb Nordrhein-Westfalens als positivste Determinante der Standortqualität bezeichnet werden. Der Vergleich der Abbildung 4 mit der Abbildung 17 macht die positive Korrelation der Dichte der Verteilung der amerikanischen Direktinvestitionsunternehmungen mit der Dichte der Verkehrserschließung deutlich, wobei die Autobahn in dieser Hinsicht am stärksten standortwirksam ist. Nach der Autobahn sind die Flughäfen und hier insbesondere der Flughafen Düsseldorf von großer Bedeutung für die Standortwahl der untersuchten Unternehmungen.

Da durchschnittlich nur 16,5% der Absatzmärkte der untersuchten Unternehmungen in Nordrhein-Westfalen liegen (vgl. Tabelle 21), kann die gute Bewertung der Kaufkraft des Absatzmarktes als Standortvorteil Nordrhein-Westfalen nicht voll zugerechnet werden. Da aber 85 % der Absatzmärkte der Unternehmungen innerhalb der Grenzen der Europäischen Union liegen, begünstigt die geographische Lage Nordrhein-Westfalens innerhalb der Europäischen Union in Kombination mit der guten Verkehrslage eine Ansiedlungsentscheidung für Nordrhein-Westfalen. Somit kann die Kaufkraft der Märkte der EU als indirekt wirksamer Standortvorteil für Nordrhein-Westfalen bezeichnet werden. Sofern das Kaufkraftaufkommmen (mehr als 65% der befragten Unternehmungen bezeichnen die Kaufkraft des Absatzmarktes als wichtig oder sehr wichtig) als Zentralitätsmaß der Lage dient, verschiebt sich, mit zunehmender Kaufkraft der "Ostmärkte", die Lage Nordrhein-Westfalens in Richtung Westen. Hinsichtlich dieser mittel- bis langfristig zu erwartenden Entwicklung muß zur Bewahrung der Standortqualität dem Ausbau und der Neueinrichtung von Verkehrsverbindungen in östlicher Richtung besondere Aufmerksamkeit geschenkt werden. Diesem Gesichtspunkt ist in der konkreten Planung des Baus von Autobahn- und Schienentrassen noch in keiner Weise ausreichend Berücksichtigung geschenkt worden, während im Luftverkehr durch das relativ junge Angebot einer Vielzahl von Destinationen innerhalb der ehemaligen Gemeinschaft unabhängiger Staaten durch den Flughafen Köln-Bonn (vgl. 3.3.3) erste Schritte getan worden sind.

Die Versorgung des Standortes mit Telekommunikationseinrichtungen sowie das Niveau der Kosten der Nutzung dieser Einrichtungen legen einzeln, aber eben auch kombiniert betrachtet, einen weiteren Standortvorteil Nordrhein-Westfalens offen. Allerdings erwächst dem Standort durch die augenblickliche Neuausstattung der neuen Bundesländer mit dem modernsten Standard an Telekommunikationseinrichtungen eine nicht zu vernachlässigende Standortkonkurrenz.

Als gravierende Standortnachteile aus Sicht der amerikanischen Direktinvestoren sind einerseits die regionalen Steuern und Abgaben und andererseits die sonstigen überregionalen Steuern zu betrachten. Während es sich im zweiten Fall um ein nicht nach Bundesländern differenzierbares Phänomen handelt und somit der Standortnachteil (nur) in der Konkurrenz mit ausländischen Standorten zum Tragen kommt, erweist sich die schlechte Bewertung der regionalen Steuern und Abgaben als drohender Verlust eines wirksamen Lenkungsinstrumentes auf Ebene der Kommunen. Wie unter 3.3.8 ausgeführt, bleibt der Lenkungscharakter des Gewerbesteuersatzes zwar in seiner Natur erhalten, jedoch so lange wenig wirkungsvoll, wie das hohe Niveau der Besteuerung insgesamt auf mesoräumlicher Ebene eine Entscheidung zugunsten eines deutschen Standortes verhindert und sich damit die Frage nach einer mikroräumlichen Entscheidung nicht mehr stellt.

Das Niveau der Miet-, Pacht-, Kauf- und Baupreise wird von den Unternehmungen weder deutlich positiv noch negativ bewertet, was darauf hindeutet, daß es einerseits der Ansiedlung oder Ausdehnung rentabler Geschäftszweige nicht im Wege steht, andererseits aber noch hoch genug ist, um nicht indirekt subventionierend zu wirken, und damit strukturelle Schwächen unterstützt.

Obgleich sich aus den Untersuchungsergebnissen ableiten läßt, daß die amerikanischen Direktinvestitionsunternehmungen nur in geringem Ausmaß ausländerspezifische Anforderungen an den Standort stellen, zeigt der hohe Bedeutungswert, welcher der Fluganbindung an die Vereinigten Staaten von Amerika beigemessen wird, daß die Bindung an das Heimatland eine Standortanforderung darstellt. Letztlich wird hier deutlich, daß die Erreichbarkeit eines Standortes im Hinblick auf die Möglichkeit zur persönlichen Kommunikation unabdingbare Voraussetzung zur Ansiedlung von Direktinvestitionsunternehmungen ist. Trotz der Bewertung 3,74 muß es das Bestreben des Standortes sein, die Luftverbindung in die Vereinigten Staaten von Amerika im Rahmen von Liniendirektflügen weiter auszubauen, da die Anforderungen an die Anbindungsqualität weiter wachsen werden. Im Rahmen einer möglichen Aufgabenteilung zwischen den dicht beieinander liegenden Flughäfen Rhein-Ruhr und Köln/Bonn sollte die Bedienungshäufigkeit zu den acht angebotenen Destinationen in den Vereinigten Staaten von Amerika im Linienflugverkehr des Flughafens Rhein-Ruhr erhöht werden, was erst nach einer Verlängerung der Hauptbahn möglich ist. Dies hätte zwar zur Folge, daß noch mehr Nachfrage vom Flughafen Köln/Bonn abgezogen würde, würde aber verhindern, daß Kundenpotential des Standortes Nordrhein-Westfalen in das nahe Ausland oder nach Hessen abwandert.

An der nach Wirtschaftsräumen differenzierten Betrachtung ist auffällig, daß die Unternehmungen des Großraums Köln die Lage zu Flughäfen und die innereuropäische Fluganbindung, nicht aber die Fluganbindung an die Vereinigten Staaten von Amerika zu den zehn wichtigsten Faktoren zählen. Für die Unternehmungen des Großraums Düsseldorf hingegen gehören neben der innereuropäischen Fluganbindung auch die an die Vereinigten Staaten von Amerika sowie die Fluganbindung an die übrigen Kontinente zu den zehn relevantesten Standortfaktoren. Unter Berücksichtigung des an dem jeweiligen Flughafen vorhandenen Angebots wird die standortdeterminierende Wirkung des Flughafens bezüglich der Attraktivität für Direktinvestitionsunternehmungen erneut deutlich. Ferner leistet dieses Ergebnis einen Beitrag zur Lösung der Frage, warum im Bundesland Hessen die Zuwachsraten ausländischer Direktinvestitionen in den letzten 15 Jahren im innerdeutschen Vergleich überdurchschnittlich hoch ausgefallen sind (vgl. 2.8.2).

Die nach sektoralen Gesichtspunkten differenzierte Analyse folgt im wesentlichen dem Gesamtergebnis. Abweichend von diesem sind dem Verarbeitenden Gewerbe die Wasser-, Energie- und Entsorgungskosten besonders bedeutsam (Rang 4). Die Verfügbarkeit von Gewerbeflächen hat hingegen speziell für die Unternehmungen der chemischen Industrie eine besondere Relevanz (Rang 6). Beide Faktoren können als spezielle Anforderungen an den Raum begriffen werden, die im Falle Nordrhein-Westfalens weder besonders positiv noch negativ bewertet sind, mithin also weitere Ansatzpunkte zur Steigerung der Standortattraktivität darstellen können.

Auf die Frage, ob die Unternehmungen planen, sich binnen der nächsten fünf Jahre zu verkleinern (zu desinvestieren), antworteten 91 Unternehmungen mit nein und lediglich neun Unternehmungen bejahend. Grundsätzlich scheint die Standortqualität den Ansprüchen zu genügen, wobei auffällig ist, daß zwei der bejahenden Unternehmungen aus dem grenznahen Wirtschaftsraum Aachener Land stammen und dort insgesamt nur drei Unternehmungen an der Untersuchung teilgenommen haben.

Amerikanische Direktinvestoren finden hinsichtlich der Kaufkraft des Absatzmarktes und der Lage innerhalb der EU insbesondere unter Berücksichtigung der vorhandenen Verkehrserschließung in Nordrhein-Westfalen einen besonders guten Standort. Hinsichtlich der Erschließung durch die Autobahn, die Eisenbahn und die Binnenschiffahrt hebt sich Nordrhein-Westfalen positiv von den anderen Bundesländern ab. Lediglich Hessen und Bayern verfügen bezüglich der überregionalen Verkehrserschließung mit ihren Großflughäfen über einen gewichtigen Standortvorteil im innerdeutschen Vergleich aus Sicht der amerikanischen Direktinvestoren (vgl. 2.8.2).

Da in absehbarer Zukunft die bedeutenden Agglomerationsräume in den neuen Bundesländern durch modernste Datenleitungen erschlossen sind, entstehen im Rahmen der Standortanforderung "Versorgung mit Telekommunikationseinrichtungen" Konkurrenzräume, die im Hinblick auf die "Ostmärkte" zudem noch Lagevorteile aufweisen. Dieser Umstand begründet neben der Notwendigkeit, weitere landgebundene Verkehrsverbindungen in Richtung Osten bereitzustellen, auch den Bedarf, die Erschließung Nordrhein-Westfalens durch Telekommunikationseinrichtungen kontinuierlich zu verbessern.

Unter allen betrachteten Teilräumen verfügen die Großräume (und Einzelstandorte) Düsseldorf und Köln, gemessen an den durch die befragten Unternehmungen geäußerten Standortanforderungen, über die höchste Standortqualität.

Sollten sich die räumlichen Konzentrationstendenzen in der Schwerindustrie des Ruhrgebiets weiter fortsetzen, so kann Duisburg trotz der allgemein rückläufigen Entwicklung dieser Industrie als Schwerindustriestandort in Zukunft für solche amerikanische Direktinvestoren an Bedeutung gewinnen, die in Ausrichtung auf vorhandene Schwerindustrie oder als Folgeindustrie dieser in der Europäischen Union vertreten sein wollen.

Neben den aus der Untersuchung abgeleiteten amerikaspezifischen Standortstärken tragen vier weitere für die gesamte Wirtschaft des Standortes Nordrhein-Westfalen positiv und innerhalb der Bundesrepublik Deutschland standortdifferenzierend wirksame Potentiale des Landes besonders zur Standortqualität bei (vgl. letzter Absatz in 1.5).

Die sekundärstatistische Untersuchung im zweiten Teil der Arbeit hat unter anderem ergeben, daß das amerikanische Direktinvestitionsengagement in Nordrhein-Westfalen in den letzten 15 Jahren im innerdeutschen Vergleich als überdurchschnittlich stark zu betrachten ist. Während der amerikanische Anteil an ausländischen Direktinvestitionen in der Bundesrepublik insgesamt gesunken ist, kann dieser in Nordrhein-Westfalen als konstant bei insgesamt steigenden Direktinvestitionen bezeichnet werden. Dies wie auch die Ergebnisse der primärstatistischen Untersuchung weisen darauf hin, daß Nordrhein-Westfalen im Rahmen der Bundesrepublik Deutschland ein Wirtschaftsraum mit überdurchschnittlich hoher Standortqualität für amerikanische Investoren ist. Allerdings ist die Bundesrepublik Deutschland im internationalen Vergleich durch spezifische bundesweit wirksame Standortschwächen gekennzeichnet, welche auch in Nordrhein-Westfalen wirksam sind.

Literatur- und Quellenverzeichnis

Adebahr, H. 1981: Direktinvestitionen, Eine Problemskizze = Volkswirtschaftliche Schriften, Heft 306, Berlin 1981

Agarval, J. P., Gubitz, A., Nunnenkamp, P. 1994: Foreign Direct Investments in Developing Countries: The Case of Germany = Kieler Studien 238, Tübingen 1991

Agarval, J. P. 1980: "Determinants of Foreign Direct Investments: A Survey", Weltwirtschaftliches Archiv, Vol. 116, 1980, S. 739 bis S. 773

Ahnström, L. 1984: Why are they where they are?, in: Geo Journal 9 (1984) 2, S. 163 bis S. 170

Aharoni, Y. 1966: The Foreign Investment Decision Process, Boston 1966

Aliber, R. Z. 1971: Multinational Enterprise in a Multiple Currency World, in: Dunning, J. H. (Hrsg.): The Multinational Enterprise, London 1971, S. 49 bis S. 56

American Chamber of Commerce in Germany 1991: The Federal Republic of Germany as an Investment Location. An American Perspective, prepared by: The Trade Policy Committee, AmCham Germany, Teil III, Frankfurt a.M. 1991

Arbeitsgemeinschaft Deutscher Verkehrsflughäfen (ADV): Kompendium, Stuttgart 1993

Armingeon, K. 1988: Die Entwicklung der westdeutschen Gewerkschaften 1950-1985 Frankfurt a.M., New York 1988

Baier, V. 1990: Das Wettbewerbsverhalten der internationalen Verkehrsflughäfen in der Bundesrepublik Deutschland, Mannheim 1990 = unveröffentlichte Diplomarbeit, Universität Mannheim, Lehrstuhl für Allgemeine Betriebswirtschaftslehre, öffentliche Verwaltungen und öffentliche Unternehmen

Barlow, E. R., Wender, I. T. 1955: Foreign Investment and Taxation, Englewood Cliffs 1955

Bauer, H. H.:Marktabgrenzung: Konzeption und Problematik von Ansätzen und Methoden zur Abgrenzung und Strukturierung von Märkten unter besonderer Berücksichtigung von marketingtheoretischen Verfahren, Schriften zum Marketing Band 23; Berlin 1989

Bauerschmitz, C., Stirl, A. 1995: Entwicklungstendenzen der chemischen Industrie im Wirtschaftsraum Köln seit Beginn der achtziger Jahre, in: Glässer, E. (Hrsg.): Wirtschaftsgeographische Entwicklungen in Nordrhein-Westfalen = Kölner Forschungen zur Wirtschafts- und Sozialgeographie Band 44, Köln 1995

Beckmann, K. 1993: Probleme und Perspektiven für die Entwicklung des Stadtverkehrs, in: Bundesforschungsanstalt für Landeskunde und Raumforschung (Hrsg.), Informationen zur Raumentwicklung, Heft 4, 1993, S. 187 bis S. 204

Bellstedt, C. 1962/1963: Die Neuregelung der Besteuerung von Auslandsinvestitionen im amerikanischen Steuerrecht, in: Deutsches Steuerrecht, Heft 14, 1962/63, S. 331 bis S. 336

Bergsten, F. C., Horst, T., Moran, T. M. 1978: American Multinationals and American Interests, Washington D.C. 1978

Berthold, N. 1992: Wettbewerbsfähigkeit der deutschen Wirtschaft - Gefahr im Verzug?, Berlin 1992 = Wirtschaftspolitische Kolloquien der Adolf Weber Stiftung, Bd. 19

Bössmann, E. 1979: Externe Effekte (I), in: wisu - das wirtschaftsstudium, Zeitschrift für Ausbildung, Examen und Kontaktstudium, 8. Jg., 1979, Nr. 2, S. 9 bis S. 12

Böventer von, E. 1979: Standortentscheidung und Raumstruktur, Hannover 1979 = Veröffentlichungen der Akademie für Raumforschung und Landesplanung, Abhandlungen Bd. 64

Brackmann, H.-J. 1993: Wechselwirkungen zwischen Fachhochschulen und Wirtschaft in der Region, in: Bundesforschungsanstalt für Landeskunde und Raumordnung (Hrsg.): Informationen zur Raumentwicklung, Heft 3, 1993, S. 179 bis S. 184

Branson, W. H. 1970: Monetary Policy in the New View of International Capital Movements, Brooking Papers on Economic Activity, 1970, No. 2, S. 235 bis S. 262

Brünning, R. M. 1978: Die Beurteilung von Länderrisiken - Ermittlung von Bewertungsziffern, in: vbo-Informationen, Heft 4, 1978, S. 70 bis S. 86

Butzin, B. 1992: Was macht alte Industrieregionen alt? Das Beispiel Ruhrgebiet, in: Wolf, K. (Hrsg.): Berichte zur deutschen Landeskunde, Band 67, Heft 2, 1992, S. 243 bis S. 254

Christaller, W. 1933: Die zentralen Orte in Süddeutschland, Eine ökonomisch-geographische Untersuchung über die Gesetzmäßigkeit der Verbreitung und Entwicklung der Siedlungen mit städtischen Funktionen, Jena 1933

Claval, P. 1991: New industrial spaces: realities, theories and doctrines, in: Industrial Change and Regional Development, 1991, S. 275 bis S. 285

Cooper, R. N. 1980: The Economics of Interdependence: Economic Policy in the Atlantic Community, New York 1980

Corden, W. M. 1974: The Theory of International Trade, in: J. H. Dunning (Hrsg.): Economic Analysis and the Multinational Enterprise, London 1974, S. 209 bis S. 232

Culem, C. G. 1988: The Locational Determinants of Direct Investments Among Industrialized Countries, in: European Economical Review, Vol. 32, 1988, S. 885 bis S. 904

Cushman, D. O. 1988: The Effects of Real Wages and Labor Productivity on Foreign Direct Investment, in: Southern Economic Journal, Vol. 54, 1988, S. 174 bis S. 185

D'Arge, R. 1969: A Note on Customs Unions and Direct Foreign Investment, in: The Economic Journal, Jg. 79, 1969, S. 324 bis S. 334

Dege, W., Kerkemeier, S. 1993: Der wirtschaftliche Wandel im Ruhrgebiet in den 80er Jahren, in: Geographische Rundschau 9/1993, S. 503 bis S. 509

Deitmers, J. 1982: Auslandsinvestitionen und inländische Beschäftigung, Probleme der Ermittlung heimischer Beschäftigungswirkungen von Direktinvestitionen = Europäische Hochschulschriften, Reihe V, Bd. 353, S. 503 bis S. 509

Depenbrock, J., Reiners, H., Fink, M. 1988: Grundlagen der Raumordnung und Landesplanung in Nordrhein-Westfalen, Dortmund = ILS-Schriften 11, Hrsg.: Institut für Landes- und Stadtentwicklungsforschung des Landes Nordrhein-Westfalen

Deutsche Bundesbank 1993: Monatsberichte der Deutschen Bundesbank, 45. Jg., Nr. 4, April 1993

Deutsche Bundesbank 1991: Monatsberichte der Deutschen Bundesbank, 43. Jg., Nr. 4, April 1991

Deutsche Bundesbank 1989: Monatsberichte der Deutschen Bundesbank, 41. Jg., Nr. 4, April 1989

Deutsche Bundesbank 1979: Monatsberichte der Deutschen Bundesbank, 31. Jg., Nr. 4, April 1979

Deutsche Bundesbank 1975: Monatsberichte der Deutschen Bundesbank, 27. Jg., Nr. 10, Oktober 1975

Deutsche Bundesbank 1965: Monatsberichte der Deutschen Bundesbank, 17. Jg., Nr. 12, Dezember 1965

Deutsche Bundesbank 1983 ff.: Die Entwicklung der Kapitalverflechtung der Unternehmen mit dem Ausland, Beilage zu "Statistische Beihefte zu den Monatsberichten der Deutschen Bundesbank", Reihe 3, Zahlungsbilanzstatistik

Deutsche Bundesbank 1976: Stand der Direktinvestitionen 1976, Monatsbericht Jg. 31, 4/1976, S. 26 bis S. 40

Dierkes, M., Zimmermann, K. (Hrsg.) 1990: Wirtschaftsstandort Bundesrepublik, Leistungsfähigkeit und Zukunftsperspektiven Frankfurt a. M., New York 1990

Dietz, F. 1969: Aus Reden und Schriften, IHK, Frankfurt a.M. 1969

Dowe, G. 1964: Amerikanische Firmen in Deutschland, in: Der Volkswirt, Nr. 15, 1964, S. 586 bis S. 588

Döhrn, R. 1992: Der EG-Binnenmarkt und der Standort Nordrhein-Westfalen, in: Klemmer, P. und Schubert, K. (Hrsg.): Politische Maßnahmen zur Verbesserung von Standortqualitäten = Schriftenreihe des Rheinisch-Westfälischen Instituts für Wirtschaftsforschung Essen, Neue Folge Heft 53, 1992, S. 49 bis S. 64

Ehrenfeld, H. 1985: Außenhandel, Direktinvestitionen und Lizenzen, Analyse auf Unternehmensebene, Frankfurt a.M., Bern, New York 1985 = Europäische Hochschulschriften, Reihe 5, Bd. 577

Ehrenfeld, H. 1982: Theoretische Aspekte der Direktinvestitionsstatistiken und die Direktinvestitionsstatistiken in der Bundesrepublik Deutschland = Diskussionsbeiträge des Fachbereichs Wirtschaftswissenschaft, Universität Duisburg, Gesamthochschule, Nr. 46

Europäische Gemeinschaften - Kommission 1993: Die künftige Entwicklung gemeinsamer Verkehrspolitik, Bulletin der Europäischen Gemeinschaft, Beilage 3/93, Brüssel

Flughafen Düsseldorf GmbH 1995: Flugplan Sommer 1995

Flughafen Köln/Bonn GmbH 1994: Flugpläne des Jahres 1994

Flughafen Köln/Bonn GmbH 1995: Flugpläne des Jahres 1995

Franke, G., Hax H. 1990: Finanzwirtschaft des Unternehmens und Kapitalmarkt, 2. verb. Auflage, Berlin, Heidelberg, New York, London, Paris, Tokyo, Hong Kong, Barcelona 1990

Gabler 1988: Wirtschaftslexikon, 12. Auflage, Berlin 1988

Gates, T. R., Linden, F. 1961: Costs and Competition: American Enterprise Abroad, The Conference Board, Studies in Business Economics, Nr. 73, New York 1961

Gesellschaft für Wirtschaftsförderung Nordrhein-Westfalen mbH 1993: Japanische Unternehmen in der Bundesrepublik Deutschland = Schriftenreihe der Gesellschaft für Wirtschaftsförderung Nordrhein-Westfalen mbH, Heft 3, Düsseldorf 1993

Gläßer, E. 1987: Nordrhein-Westfalen, Länderprofile - Geographische Strukturen, Daten, Entwicklungen, Stuttgart 1987

Glos, M., Lenzer, C. 1993: Hochtechnologien - Lebensnerv der deutschen Wirtschaft, in: HWWA-Institut für Wirtschaftsforschung - Hamburg (Hrsg.): Wirtschaftsdienst, Zeitschrift für Wirtschaftspolitik, Jg. 73, Nr. 1, 1993, S. 31 bis S. 34

Goldberg, M. A. 1972: Determinants of U.S. Direct Investment in the E.E.C., in: American Economic Review, Jg. 62, 1972, S. 692 bis S. 699

Grünewald, H. 1979: Auslandsinvestitionen im Strukturwandel der Weltwirtschaft, in: Zeitschrift für Betriebswirtschaftliche Forschung, Jg. 31, 1979, S. 69 bis S. 75

Guth, W. 1979: Unternehmensführung im Spannungsfeld zwischen nationalen und weltwirtschaftlichen Einflüssen, in: Zeitschrift für Betriebswirtschaftliche Forschung, Jg. 31, 1979, S. 285 bis S. 294

Hager, I.-D., Scholtholt, J. 1993: Dauer der Zulassungsverfahren in der Bundesrepublik Deutschland, in: Pharmazeutische Industrie 55, Nr. 7, 1993, S. 633 bis S. 639

Halbach, A. J. 1979: Direktinvestitionen in Entwicklungsländern: Bedeutung, Probleme und Risiken, in: IFO-Schnelldienst, 32. Jg., Heft 17/18, 1979, S. 64 bis S. 69

Hasenpflug, H. 1979: Die EG-Außenbeziehungen, Stand und Perspektiven, Veröffentlichung des HWWA-Institut für Wirtschaftsforschung, Hamburg 1979

Haubold, D. 1971: Auswirkungen von Direktinvestitionen in Industrieländern auf die Zahlungsbilanz des Gläubigerlandes - Dargestellt am Beispiel der amerikanischen Direktinvestitionen in der verarbeitenden Industrie Westeuropas, Dissertation, Hamburg 1971

Heckscher, E. F., Ohlin, B. 1991: Heckscher-Ohlin Trade Theory, Cambridge, Massachusetts, London 1991

Heinemann, H.-J. 1995: Der neue Regionalismus, in: Wirtschaftswissenschaftliches Studium (WiSt), Zeitschrift für Ausbildung und Hochschulkontakt, 24. Jg., Heft 7, 1995, S. 342 bis S. 347

Heller, K., Rosemann, B. 1974: Planung und Auswertung empirischer Untersuchungen, Eine Einführung für Pädagogen, Psychologen und Soziologen, 1. Auflage, Stuttgart 1974

Heise, M. 1993: Die Deutsche Wirtschaft im internationalen Standortwettbewerb, in: Wirtschaftsdienst, Zeitschrift für Wirtschaftspolitik, Nr. 7, 73. Jg., 1993, S. 348 bis S. 354

Hellmann, R. 1976: Dollar, Gold und Schlange: die Pseudoreform des Weltwährungssystems, Baden-Baden 1976

Hellmann, R. 1970: Weltunternehmen nur amerikanisch? Das Ungleichgewicht der Investitionen zwischen Amerika und Europa, Baden-Baden 1970

Hellmann, R. 1966: Amerika auf dem Europamarkt, US-Direktinvestitionen im Gemeinsamen Markt = Schriftenreihe zum Handbuch für Europäische Wirtschaft, Band 33, 1966, Baden-Baden 1966

Henning, F.-W. 1991: Das industrialisierte Deutschland 1914-1990, 7. Auflage, Paderborn, München, Wien, Zürich 1991

Hilbert, J., Potratz, W. 1992: Mit alten Industrien und neuen Produktionskonzepten zum modernen Standort?, in: Klemmer, P., Schubert, K. (Hrsg.): Politische Maßnahmen zur Verbesserung von Standortqualitäten, Berlin = Schriftenreihe des Rheinisch-Westfälischen Instituts für Wirtschaftsforschung, Neue Folge, Heft 53, S. 83 bis S. 98

Hirsch, S. 1976: An International Trade and Investment Theory of the Firm, in: Oxford Economic Papers, Vol. 28, 1976, S. 258 bis S. 270

Hirschenhauer, F. 1994: Indikatoren zur Neuabgrenzung des regionalpolitischen Fördergebiets 1993, in: Bolte, K. M. et al (Hrsg.): Mitteilungen aus der Arbeitsmarkt- und Berufsforschung, Jg. 27., Heft 2, 1994, S. 108 bis S. 129

Hommel, M. 1988: Das Ruhrgebiet im siedlungsgeographischen und wirtschaftsgeographischen Strukturwandel, in: Geographische Rundschau, Jg. 40, Heft 7-8, 1988, S. 14 bis S. 20

Hufbauer, G. C., Adler, F. M. 1968: Overseas manufacturing and the balance of payments, US Treasury Department, Washington D.C. 1968

Hymer, S. H. 1976: The international operations of national firms: A Study of Direct Foreign Investment, Cambridge, Massachusetts, London 1976

Industrie- und Handelskammer für Essen, Mülheim a. d. Ruhr, Oberhausen zu Essen 1987: Analyse der Zu- und Abwanderungen von Firmen im Bezirk der Industrie und Handelskammer zu Essen in der Zeit vom Januar 1984 bis Dezember 1986, Essen

Industrie- und Handelskammer zu Köln 1992: Der Produktionsstandort Deutschland - Nicht mehr attraktiv? - Ergebnis einer IHK-Befragung, Köln

Informationsdienst des Instituts der deutschen Wirtschaft 1995a: Arbeitskosten in der Industrie, Westdeutschland teuerstes Pflaster, Jg. 21, Nr. 24, Köln 1995

Informationsdienst des Instituts der deutschen Wirtschaft 1995b: Studenten-Städte, Jg. 21, Nr. 20, Köln 1995

Informationsdienst des Instituts der deutschen Wirtschaft 1995c: Arbeitsplatz Deutschland, Jg. 21, Nr. 13, Köln 1995

Jahrreiß, W. 1984: Zur Theorie der Direktinvestitionen im Ausland: Versuch einer Bestandsaufnahme und Integration partialanalytischer Forschungsansätze, Berlin 1984

Janeba, E. 1993: Deutsche Unternehmenssteuerreform und internationale Wettbewerbsfähigkeit, in: Wirtschaftsdienst, Zeitschrift für Wirtschaftspolitik, Nr. 2, 73. Jg., 1993, S. 86 bis S. 89

Jorgenson, D. W. 1963: Capital Theory and Investment Behavior, The American Economic Review, Vol. 53, 1963, S. 247 bis S. 259

Jungnickel, R. 1993: Neue Trends der internationalen Direktinvestitionen, in: Wirtschaftsdienst, Zeitschrift für Wirtschaftspolitik, Nr. 6, 73. Jg., 1993, S. 317 bis S. 324

Jungnickel, R., Matthies, K. 1973: Multinationale Unternehmen und Gewerkschaften, HWWA-Studien zur Außenwirtschaft und Entwicklungspolitik, Hamburg 1973

Junkernheinrich, M. 1989: Ökonomische Erneuerung alter Industrieregionen: das Beispiel Ruhrgebiet, in: Wirtschaftsdienst, Zeitschrift für Wirtschaftspolitik, Nr. 1, 69. Jg., 1989, S. 28 bis S. 35

Karmasin, F., Karmasin, H. 1977: Einführung in Methoden und Probleme der Umfragenforschung, Wien, Köln, Graz 1977

Kaufmann, F. 1993: Internationale Kooperation als Strategie zur Sicherung der Unternehmenskontinuität des Mittelstandes, in: Betriebswirtschaftliche Forschung und Praxis, Verlag Neue Wirtschaftsbriefe, Mai/Juni 1993, Berlin

Keeble, D. 1976: Industrial Location and Planning in the United Kingdom, London 1976

Klecker, P. M. 1993: Ost-West-Verkehr: Hemmnis der Stadtentwicklung?, in: Standort - Zeitschrift für Angewandte Geographie 3/1993, S. 3 bis S. 5

Klodt, H. 1995: Auf dem Weg in die Dienstleistungsgesellschaft, Geht die industrielle Basis verloren? in: Wirtschaftswissenschaftliches Studium (WiSt), Zeitschrift für Ausbildung und Hochschulkontakt, 6/1995, S. 297 bis S. 301

Kloock, J. 1990: Bilanz und Erfolgsrechnung, Düsseldorf 1990

Knickerbocker, F. T. 1973: Oligopolistic Reaction and Multinational Enterprise, Boston 1973

Koch, M. 1994: Verkehrsanbindung und Verkehrsabwicklung von bzw. in Großsiedlungen, in: Bundesforschungsanstalt für Landeskunde und Raumordnung (Hrsg.): Informationen zur Raumentwicklung, Heft 9, 1994, S. 627 bis S. 631

Koechlin, T. 1992: The Determinants of Location of USA Direct Foreign Investment, International Review of Applied Economics, Vol. 6, 1992, S. 203 bis S. 216

Kohlhagen, S. W. 1977: Exchange Rate Changes, Profitability and Direct Foreign Investment, in: The Southern Economic Journal, Vol. 44, 1977, S. 43 bis S. 52

Kolko, G. 1971: Die Hintergründe der US-Außenpolitik, Deutsche Ausgabe, Europäische Verlagsanstalt, Frankfurt a. M. 1971, S. 64 bis S. 95

Koller, M. 1987: Regionale Lohnstrukturen = Mitteilungen aus der Arbeitsmarkt- und Berufsforschung, 20. Jg., Nr.1, 1987, S. 30 bis S. 44

Konstroffer, O. F. 1994: Die Geschichte der US-Investitionen in Deutschland und Europa, FAZ Nr.6/1D vom 6.1.1994

Kortüm, B. 1971: Zum Entscheidungsprozeß bei privaten Auslandsinvestitionen = Veröffentlichungen des Instituts für Bankwirtschaft und Bankrecht an der Universität zu Köln, Band XXIV, Köln 1971

Kraus, W. D. 1970: Die Quantifizierung von Standortfaktoren als Grundlage für die Standortlenkung, Dissertation, Würzburg 1970

Kravis, I. B., Lipsey, R. 1982: The Location of Overseas Production and Production for Export by U.S. Multinational Firms, in: Journal of International Economics, Vol. 12, 1982, S. 201 bis S. 223

Krägenau, H. 1975: Internationale Direktinvestitionen 1950-1973, Vergleichende Untersuchung und statistische Materialien, HWWA-Institut für Wirtschaftsforschung, Hamburg 1975

Kutter, E. 1993: Eine Rettung des Lebensraumes Stadt ist nur mit verkehrsintegrierender Raumplanung möglich, in: Bundesforschungsanstalt für Landeskunde und Raumordnung, Informationen zur Raumentwicklung Heft 5/6., 1993, S. 283 bis S. 294

Landesamt für Datenverarbeitung und Statistik des Landes Nordrhein-Westfalen 1994: Statistisches Jahrbuch Nordrhein-Westfalen 1994, 36. Jg.

Landesamt für Datenverarbeitung und Statistik des Landes Nordrhein-Westfalen 1992: Statistisches Jahrbuch Nordrhein-Westfalen 1992, 34. Jg.

Landeszentralbank in Nordrhein-Westfalen 1994: Bericht zur konjunkturellen Lage in Nordrhein-Westfalen, Herbst 1994, Düsseldorf

Landeszentralbank in Nordrhein-Westfalen 1977 ff.: Bestandserhebungen über Direktinvestitionen, Beilagen zum Vierteljahresbericht, Düsseldorf

Launhardt, W. 1882: Der zweckmäßigste Standort einer gewerblichen Anlage, in: Zeitschrift des Vereins deutscher Ingenieure, 1882, S. 5 bis S. 15

Lauschmann, E. 1976: Grundlagen der Theorie einer Regionalpolitik, 3. Auflage, Hannover 1976

Lorz, J. O. 1993: Direktinvestitionen des Verarbeitenden Gewerbes in Industrieländern, in: Die Weltwirtschaft, 1993, S. 149 bis S. 166

List, J. 1995: Euro-Mobil? = Beiträge des Instituts der deutschen Wirtschaft zur Gesellschafts- und Bildungspolitik, Nr. 200, Köln

Liston, L. 1993: North Rhine-Westphalia Site Selection, Staff Evaluation of Investment Opportunities in North Rhine-Westphalia, Düsseldorf 1993

McGhee, G. C. 1965: Amerikanische Investitionen im Gemeinsamen Markt, in: Magnetfeld EWG, Beiheft zu "Der Volkswirt", Nr. 39, 1965, S. 35 bis S. 37

Meyer-Kramer, F. 1993: Welche Technologiepolitik braucht der Standort Deutschland?, in: Wirtschaftsdienst, Zeitschrift für Wirtschaftspolitik, Nr. 11, 73. Jg., 1993, S. 559 bis S. 563

Möller, J. 1995: Lohnstruktur, Lohnflexibilität und Arbeitslosigkeit, in: List-Forum, Bd. 21, 1995, Heft 2, S. 142 bis S. 167

Monheim, H. 1972: Zur Attraktivität deutscher Städte, Einflüsse von Ortspräferenzen auf die Standortwahl von Bürobetrieben, München 1972

Monissen, H.G.: Haftungsregeln und Allokation: Einige einfache analytische Zusammenhänge, Jahrbuch für Sozialwissenschaft, Bd. 27, 1976, S. 391 bis S. 412

Moore, M. O. 1993: Determinants of German Manufacturing Direct Investment: 1980-1988, = Weltwirtschaftliches Archiv, Bd. 129, S. 120 bis S. 138

Müller, H.-J. 1976: Methoden zur regionalen Analyse und Prognose, 2. Auflage, Hannover 1976

Müller, R. 1973: Die Direktinvestitionen in der EWG. Die Bedeutung der Antitrustpolitik und der technologischen Lücke für das Überwiegen der US-amerikanischen gegenüber den innergemeinschaftlichen Direktinvestitionen = Europäische Hochschulschriften, Reihe V, Band 64, Bern, Frankfurt a.M. 1973

Mündemann, T. 1993: Standortfaktor Wohnungsmarkt, in: markt + wirtschaft, Mitteilungen der Industrie und Handelskammer zu Köln, Nr. 8, 1993, S. 8 bis S. 13

Noll, W., Rechmann, B. 1989: Strukturwandel im Ruhrgebiet, in: Kommunalverband Ruhrgebiet (Hrsg.): Das Ruhrgebiet, Essen 1989

OECD Economic Surveys; B.L.E.U., Jahrgang 1971 ff.

Ohlin, B. 1933: Interregional and International Trade, Cambridge, Massachusetts 1933

o. Verfasser 1995a: Stellungnahme von Autzen, H.; Wirtschaftsministerium Baden-Würtemberg, in: Frankfurter Allgemeine Zeitung Nr. 133 vom 10.6.1995

o. Verfasser 1995b: Direktinvestitionen / Bonner Studie Unternehmen verlagern Produktionen ins Ausland, in: Handelsblatt, Wirtschafts- und Finanzzeitung, Nr. 22/5 vom 31.1.1995

o. Verfasser 1995c: Bundestagsdrucksache 13/1127 vom 13.4 1995 Nr. 119

o. Verfasser 1991: Frederick Irwing, Präsident der amerikanischen Handelskammer in Deutschland, in: Kölnische Rundschau vom 30.10.1991

o. Verfasser 1965a: Vertrag in Erlangen, in: Die Zeit vom 19.2.1965

o. Verfasser 1965b: Wir kaufen die ganze deutsche Industrie, in: Der Spiegel, 6. Oktober 1965, Nr. 41, S. 49 bis S. 64

Ortmeyer, A. 1989: Regionale Wirtschaftspolitik kontrovers: das Thema Ruhrgebiet, in: Wirtschaftsdienst, Zeitschrift für Wirtschaftspolitik, Nr. 3, 69. Jg., 1989, S. 154 bis S. 158

Pagnia, A. 1992a: Die Bedeutung von Verkehrsflughäfen für Unternehmungen, Dissertation Köln 1992 = Europäische Hochschulschriften, Reihe V, Volks- und Betriebswirtschaft, Bd./Vol. 1376

Pagnia, A. 1992b: Die Wirtschaft fliegt auf Düsseldorf, in: Unsere Wirtschaft, Jg. 63, Heft 4, 1992 S. 32 bis S. 34

Pankoke, E. 1993: Regionalkultur?, Muster und Werte regionaler Identität im Ruhrgebiet, in: Bundesforschungsanstalt für Landeskunde und Raumordnung (Hrsg.): Informationen zur Raumentwicklung, Heft 11, 1993, S. 759 bis S. 768

Peren, K. 1995: Personalzusatzkosten, Die Strukturen im internationalen Vergleich, in: Bundesvereinigung der Deutschen Arbeitgeberverbände (Hrsg.): arbeitgeber 47. Jg. Nr. 13/14, 1995, Köln, S. 476 bis S. 478

Petzina, D. 1992: Standortprobleme und Standortpotentiale im Ruhrgebiet, in: Klemmer, P. und Schubert, K. (Hrsg.); Politische Maßnahmen zur Verbesserung von Standortqualitäten = Schriftenreihe des Rheinisch-Westfälischen Instituts für Wirtschaftsforschung Essen, Neue Folge Heft 53, 1992, S. 99 bis S. 112

Petzina, D. 1988: The Ruhr Area: Historical Development, in: Hesse, J. J. (Hrsg.): Die Erneuerung alter Industrieregionen, Baden-Baden 1988

Phillips, E. A. 1960: American Investments in West German Manufacturing Industries 1945 to 1959, in: Current Economic Comment, 22. Jg., 1960, Heft 2, S. 29 bis S. 44

Pohl, H. 1992: Der Einfluß ausländischer Unternehmen auf die Deutsche Wirtschaft vom Spätmittelalter bis zur Gegenwart, in: Zeitschrift für Unternehmensgeschichte, Beiheft 65, Stuttgart 1992

Pott, P. 1983: Direktinvestitionen im Ausland: Investitionsmotive, Standortfaktoren und Hilfsmittel bei der Entscheidung für die optimale Auslandsinvestition, Minerva Publikation, München 1983

Ragazzi, G. 1973: Theories of the Determinants of Direct Foreign Investment, in: International Monetary Fund Staff Papers, Vol. 20, 1973, S. 471 bis S. 498

Referentenentwurf des BMF für ein "Gesetz zur Verbesserung der steuerlichen Bedingungen zur Sicherung des Wirtschaftsstandorts Deutschland im Europäischen Binnenmarkt (Standortsicherungsgesetz)" 1992: Drucksache Nr.IV B 2 - S 1900 - 436/92, 27.11.1992

Ricardo, D. 1924: Principles of Political Economy and Taxation, kommentierter Neudruck: Gonner, E. C. K. (Hrsg); London 1924

Rogge, P. G. 1959: Die amerikanische Hilfe für Westberlin, Tübingen 1959

Rudolph, W. A. 1993: Luftverkehr noch im Höhenrausch, Die Städte und ihre Flughäfen, in: der Städtetag, April 1993, S. 291 bis S. 297

Rugman, A. M. 1982: New Theories of the Multinational Enterprise, Kent 1982

Rugman, A. M. 1979: International Diversification and the Multinational Enterprise, Lexington, Massachusetts, Toronto 1979

Sachverständigenrat zur Begutachtung der gesamtwirtschaftlichen Entwicklung, Jahresgutachten 1988/89, Bundestagsdrucksache 11/3478 vom 24.11.1988, Tz. 378 - Tz. 438

Scaperlanda, A. E. 1967: The E.E.C. and the U.S. Foreign Investment: Some Empirical Evidence, in: The Economic Journal, 77. Jg., 1967, S. 22 bis S. 26

Scaperlanda, A. E., Mauer, L. J. 1972/1973: The Impact of Controls on United States Direct Foreign Investment in the European Economic Community, in: The Southern Economic Journal, Jg. 39, 1972/73, S. 419 bis S. 423

Scaperlanda, A. E., Mauer, L. J. 1969: The Determinants of U.S. Direct Investment in the EEC, The American Economic Review, Jg. 59, 1969, S. 558 bis S. 568

Schätzl, L. 1974: Zur Konzeption der Wirtschaftsgeographie, in: Die Erde 105, 1974, S. 124 bis S. 134

Scharrer, H.-E. 1972: Förderung privater Direktinvestitionen, Hamburg 1972

Schlösser, J. 1993: Klassifikation der Kreise in Nordrhein-Westfalen nach ihrer Wirtschaftskraft, Eine Analyse unter Berücksichtigung der Entwicklung von 1978 bis 1989, Dissertation, Köln

Schmalholz, H., Penzkofer, H. 1993: Innovationsstandort Deutschland: Ergebnisse des ifo Innovationstests = ifo Schnelldienst 13/93 46. Jg. Heft 13, 1993, S. 16 bis S. 25

Schmidt, L. 1995: Einkommensteuergesetz, 14. Auflg., München 1995

Schmitz, A., Bieri, J. 1972: EEC Tariffs and U.S. Direct Investment, in: European Economic Review, 3. Jg., 1972, S. 259 bis S. 270

Schorer, K., Grotz, R. 1993: Attraktive Standorte: Gewerbeparks, in: Geographische Rundschau, September 1993, S. 498 bis S. 502

Schürmann, J. H. 1995: Vor einem Abstieg als Industriestandort, in Handelsblatt, Wirtschafts-und Finanzzeitung, Nr. 125/27 vom 3.7.1995

Schwarze, J. 1988: Grundlagen der Statistik I, Beschreibende Verfahren, 4. Auflage, Herne, Berlin 1988

Seifert, H. 1967: Die deutschen Direktinvestitionen im Ausland, Ihre statistische Erfassung als Instrument der internationalen technisch - wirtschaftlichen Zusammenarbeit = Aachener Studien zur internationalen technisch-wirschaftlichen Zusammenarbeit, Reihe: Internationale Kooperation, Band 1, Eine Schriftenreihe des Forschungsinstituts für Internationale Technisch-Wirtschaftliche Zusammenarbeit der Rheinisch-Westfälischen Technischen Hochschule, Aachen, Köln, Opladen 1967

Shanzi K., Bergman E. 1995: Regional and Technological Determinants of Company Productivity Growth in the Late 1980s, in: Regional Studies, Journal of the Regional Studies Association, Volume 29, Number 1, 1995, S. 59 bis S. 72

Siebert, H. 1992: Standortwettbewerb - nicht Industriepolitik, in: Die Weltwirtschaft, Vierteljahresschrift des Instituts für Weltwirtschaft an der Universität Kiel, Heft 4, 1992, S. 409 bis S. 424

Smith, I. J. 1985: Foreign Direct Investment and Divestment Trends in Industrialised Countries, in: Progress in Industrial Geography, London, Sydney, Dover, New Hampshire, 1985, S. 142 bis S. 173

Snoy, B. 1975: Taxes and Direct Investment Income in the E.E.C.: A Legal and Economic Analysis, New York 1975

Standtke, K.-H. 1965: Amerikanische Investitionspolitik in der EWG, Frankfurt a.M. 1965

Statistical Abstract of the United States 1965 ff.: 86th Annual Edition, Washington D.C., 1965

Statistisches Amt der Europäischen Gemeinschaften 1965 ff.: Statistische Grundzahlen der Gemeinschaft

Stehn, J. 1992: Ausländische Direktinvestitionen in Industrieländern: Erklärungsansätze und empirische Evidenz = Institut für Weltwirtschaft an der Universität Kiel, Kieler Studien Nr. 245

Stehn, J. 1990: Determinanten internationaler Direktinvestitionen - Eine kritische Analyse traditioneller Theorieansätze = Institut für Weltwirtschaft, Forschungsabteilung I, Arbeitspapier Nr. 412

Stelzer-Rothe, Th. 1990: Standortbewährung und Raumwirkung junger Industriegründungen unter besonderer Berücksichtigung des Raumpotentials - Dargestellt an den Beispielen Brunsbüttel, Stade und Wolfsburg, Dissertation Köln 1990 = Kölner Forschungen zur Wirtschafts-und Sozialgeographie, Band XXXIX

Stobaugh jr., R. B. 1969: Where in the world should we put that plant?, in: Harvard Business Review, 47. Jg., Heft 1, 1969, S. 129 bis S. 136

Swansbrough, R. H. 1972: The American Investor's view of Latin American Nationalism, in: Inter-American Economic Affairs, 26. Jg., Heft 3, 1972, S. 61 bis S. 82

The Chase Manhattan Bank 1964: Report on Western Europe, Nr. 28 bis Nr. 32, 1964

Thunell, L. H. 1977: Political Risk in International Business Investment Behaviour of Multinational Corporations, New York, London

te Kloot, H. 1993: Unsere Wirtschaft, Zeitschrift der IHK Düsseldorf, Nr. 6, Juni 1993, S. 17 bis S. 19

U.S. Chamber of Commerce, Survey of Current Business 1957 ff.

von Thünen, J. H. 1826: Der isolierte Staat in Beziehung auf Landwirtschaft und Nationalökonomie, I. Teil, Hamburg 1826

Velling, J., Bender, St. 1994: Berufliche Mobilität zur Anpassung struktureller Diskrepanzen am Arbeitsmarkt = Mitteilungen aus der Arbeitsmarkt- und Berufsforschung, 27. Jg., Heft 3, 1994, S. 212 bis S. 229

Verband der Chemischen Industrie e.V. (VCI) 1995: Jahresbericht 1994/95, Frankfurt a.M.

Verband Deutscher Verkehrsunternehmen (Hrsg.) 1993: VÖV-Statistik 1993

Verband öffentlicher Verkehrsbetriebe (Hrsg.) 1987: VÖV-Statistik 1987

Vernon, R., Wells, L. T. Jr. 1972: The Economic Environment of International Business, 4. Ed., Harvard 1972

Vernon, R. 1966: International Investment and International Trade in the Product Cycle, in: The Quarterly Journal of Economics, Vol. 80, 1966, S. 190 bis S. 207

Voppel, G. 1993: Nordrhein-Westfalen, Bundesrepublik Deutschland = Wissenschaftliche Länderkunden, Band 8, Bundesrepublik Deutschland VI, Nordrhein-Westfalen, Darmstadt 1993

Voppel, G. 1990a: Die Industrialisierung der Erde, Stuttgart 1990

Voppel, G. 1990b: Grundlagen und strukturräumliche Entwicklungen der Wirtschaft in der Bundesrepublik Deutschland, in: Tietze, W., Boesler, K.-A.; Klink, H.-J., Voppel, G. (Hrsg.): Geographie Deutschlands, Bundesrepublik Deutschland, Berlin, Stuttgart 1990, S. 351 bis S. 538 und S. 631 bis S. 639

Voppel, G. 1980: Verkehrsgeographie, Darmstadt 1980 = Erträge der Forschung, Band 135

Voppel, G. 1975: Wirtschaftsgeographie, Stuttgart = Schaeffers Grundriß des Rechts und der Wirtschaft, Abteilung III: Wirtschaftswissenschaften, Band 98

Voppel, G. 1972: Texte zur wirtschaftsräumlichen Gliederung von Nordrhein-Westfalen (E, F und G), in: Hottes, K. H., Meynen, E., Otremba, E. (Hrsg.): Wirtschaftsräumliche Gliederung der Bundesrepublik Deutschland, Bonn-Bad Godesberg = Forschungen zur deutschen Landeskunde, Bd. 193, S. 55 bis S. 110

Voppel, G. 1969: Die wachsende Bevölkerung und ihr Lebensraum, Sonderdruck aus: Technische Zivilisation, Möglichkeiten und Grenzen, Stuttgart 1969, S. 27 bis S. 46

Wallis, K. F. 1986: The EEC and United States Foreign Investment, in: The Economic Journal, 78. Jg., 1986, S. 717 bis S. 719

Weber, A. 1909: Über den Standort der Industrien, 1. Teil: Reine Theorie des Standortes, Tübingen 1909

Wellems, C. 1992: Die Standortorientierung ausländischer Unternehmen in Düsseldorf, in: Europäische Hochschulschriften, Reihe V, Band 1240, Frankfurt a.M. 1992

Wendlick, H. 1995: Infrastrukturpolitik im europäischen Luftverkehr unter den Bedingungen eines wachsenden Marktes, Dissertation, Köln 1995

Wheeler, D., Mody, A. 1992: International Investment Location Decisions: The Case of U.S. Firms, in: Journal of International Economics, Vol. 33, Nr. 1/2, 1992, S. 57 bis S. 72

Wienert, H. 1995: Strukturwandel in der Stahlindustrie in der Europäischen Union, in: Wirtschaftswissenschaftliches Studium (WiSt), Zeitschrift für Ausbildung und Hochschulkontakt, 6/1995, S. 323 bis S. 326

Wilkins, M. 1974: The Maturing of Multinational Enterprise: American Business Abroad from 1914 to 1970, Cambridge, Massachusetts 1974

Wolf, K. 1994: Der Flughafen Frankfurt am Main - Luft-Drehkreuz in Europa, in: Zeitschrift für den Erdkundeunterricht, 46. Jg., Dezember 1994, S. 461 bis S. 467

Young, J. H. 1973: The Aquisition of United States Business by Overseas Investors, in: British Tax Review, Heft 6, 1973, S. 339 bis S. 362

Gesprächspartner:

Verband Deutscher Verkehrsunternehmen e. V., Fachstelle Statistik, Frau Dziambor

Verband Deutscher Verkehrsunternehmen e. V., Geschäftsbereich Technik, Herr Vladeck

Verband der Chemischen Industrie e. V., Herr Ritz

Gesellschaft für Wirtschaftsförderung Nordrhein-Westfalen mbH, Abteilung Nordamerika, Herr Dr. Steiner

1a. Wie hoch ist der amerikanische Anteil
am Eigenkapital Ihrer Betriebsstätte?   ❏ 0-19%   ❏ 20-49%   ❏ 50-100%

1b. Wie lautet Ihre Postleitzahl? _____

2. Existieren weitere, Ihrer Muttergesellschaft
zugehörige, Tochtergesellschaften?   ❏ ja, und zwar: ❏ Nordrhein-Westfalen
❏ übriges Deutschland
❏ sonstige EU-Länder
❏ sonstiges Europa
❏ restl. Welt: _____

3a. Welchem der nachfolgenden Wirtschaftszweige
ist Ihre Betriebsstätte zugeordnet?   ❏ Baugewerbe

❏ Energie- und Wasserversorgung, Bergbau   ❏ Großhandel
❏ Chemische Industrie   ❏ Einzelhandel
❏ Herstellung von Kunststoff- und Gummiwaren
❏ Metallerzeugung und -bearbeitung   ❏ Verkehr und Nachrichtenübermittlung
❏ Stahl-, Maschinen- und Fahrzeugbau
❏ Herstellung von Büromaschinen, DV-Geräten und -einrichtungen   ❏ Kreditinstitut
❏ Ernährungsgewerbe   ❏ Versicherungsgewerbe
❏ Elektrotechnik, Feinmechanik und Optik   ❏ Werbung und Beratung
❏ sonstiges verarbeitendes Gewerbe   ❏ sonstige Dienstleistung

3b. Welche unternehmerische Funktion ist in Ihrer Betriebsstätte dominierend?

❏ Produktion   ❏ Forschung und Entwicklung
❏ Service / Vertrieb   ❏ Repräsentanz

4. Auf welchen Zeitraum (Zeitpunkt) fällt der Investitionsschwerpunkt Ihrer Betriebsstätte?
Jahr(e): _____

5a. Sind Folgeinvestitionen zur reinen Betriebsstättenvergrößerung   ❏ konkret geplant   (❏ bisheriger Ort / ❏ neuer Ort)
❏ denkbar   (❏ bisheriger Ort / ❏ neuer Ort)
❏ ausgeschlossen?

5b. Sind Folgeinvestitionen zwecks Diversifikation   ❏ konkret geplant   (❏ bisheriger Ort / ❏ neuer Ort)
❏ denkbar   (❏ bisheriger Ort / ❏ neuer Ort)
❏ ausgeschlossen?

5c. Planen Sie, sich binnen der nächsten 5 Jahre zu verkleinern (zu desinvestieren)?   ❏ ja
❏ nein

6. Folgeinvestitionen sollen vorzugsweise als ❏ Neugründung, ❏ Übernahme, ❏ Beteiligung oder ❏ _____ getätigt werden!

7a. Welches war das schwerstwiegende Problem im Verlauf Ihrer Ansiedlung? _____

7b. Wurden Sie in der Problembewältigung unterstützt?   ❏ nein
❏ ja, durch: _____

7c. Wurde Ihre Investition durch das Land bezuschußt?   ❏ ja   ❏ ja, aber nicht ausreichend   ❏ nein

7d. Wie sind Sie auf NRW als Standort aufmerksam geworden? _____

7e. Wie beurteilen Sie das „unternehmerische Klima" in NRW?   ❏ gut   ❏ mittel   ❏ schlecht

8. Sind Sie der einzige Anbieter in Ihrem Marktsegment?
❏ nein und auch nie gewesen
❏ nein, aber etwa ___ Jahre gewesen.
❏ ja, seit etwa ___ Jahren.

9. Wo liegen die Absatz- und Beschaffungsmärkte Ihrer Betriebsstätte?

	Absatzmärkte	Beschaffungsmärkte
gleicher Kreis:	___%	___%
übriges Nordrhein-Westfalen:	___%	___%
übrige Bundesrepublik:	___%	___%
übrige EU-Länder:	___%	___%
sonstiges Europa:	___%	___%
USA:	___%	___%
übrige Welt: _____:	___%	___%
	= 100%	= 100%

10a. Unsere Betriebsstätte handelt/produziert Güter, welche ❏ Investitionsgüter bzw. ❏ Konsumgüter sind.

10b. Das Gut kann der Freizeitbranche zugerechnet werden! ❏ ja ❏ nein

10c. Das Gut kann als Luxusgut klassifiziert werden! ❏ ja ❏ nein

10d. Der Kunde assoziiert das Gut direkt mit den Vereinigten Staaten von Amerika! ❏ ja ❏ nein

11a. In welcher Umsatzkategorie wird Ihre Betriebsstätte 1994 einzuordnen sein?
❏ unter 0,5 Mio. DM ❏ 0,5 Mio. bis unter 1 Mio. DM
❏ 1 bis unter 5 Mio. DM ❏ 10 Mio. bis unter 25 Mio. DM
❏ 10 bis unter 25 Mio. DM ❏ 25 Mio. bis unter 50 Mio. DM
❏ 50 Mio. DM oder mehr (ca:_____ Mio. DM)

11b. Welchen Anteil Ihres Umsatzes reinvestieren Sie durchschnittlich hier vor Ort? ____%

11c. Wieviele Beschäftigte hatte Ihre Betriebsttätte 1994? Vollzeitbeschäftigte: ____
Teilzeitbeschäftigte: ____

11d. Möchten Sie die genannte Relation von Voll- zu Teilzeitbeschäftigung in Zukunft ändern?
❏ nein
❏ ja und zwar zugunsten ❏ Vollzeitbeschäftigung
❏ Teilzeitbeschäftigung

11e. Die Beschäftigtenstruktur entsprach 1994 etwa folgenden Anteilen:
____% un-/angelernte Arbeitskräfte
____% qualifizierte Arbeitskräfte
____% Führungskräfte, davon ____% Amerikaner

11f. Sie halten die geltenden Arbeitszeitbestimmungen für: ❏ sehr gut ❏ akzeptabel ❏ zu restriktiv

11g. Die Qualität des lokalen Arbeitsmarktes halten Sie für: ❏ hochwertig ❏ durchschnittlich ❏ niedrig

11h. Die Motivation der hiesigen Arbeitskräfte halten Sie für: ❏ hoch ❏ durchschnittlich ❏ gering

12. Wie hoch war Ihre aus dem letzten Geschäftsjahr resultierende Unternehmenssteuerlast? ca. DM:
_____

13. Schätzen Sie die Öffnung der „Ostmärkte" als vorteilhaft für Sie ein?
❏ ja, auf jeden Fall.
❏ ja, insbesondere wenn sie künftig mehr Kaufkraft aufweisen.
❏ nein, sie sind uninteressant.
❏ _____

		un- wichtig	wenig wichtig	wichtig	sehr wichtig
14. Welche Bedeutung haben die aufgelisteten Standortfaktoren für Ihre Betriebsstätte <u>grundsätzlich</u> bei der regionalen Standortwahl?	**14.1 Absatz- und Beschaffungsmarkt**	❏	❏	❏	❏
	- Lage zum Absatzmarkt	❏	❏	❏	❏
	- Lage zum Beschaffungsmarkt	❏	❏	❏	❏
	- Lage zu „Ostmärkten"	❏	❏	❏	❏
	- Lage innerhalb der EU	❏	❏	❏	❏
	- Nähe zu Rohstoffen	❏	❏	❏	❏
	- Kaufkraft des Absatzmarktes	❏	❏	❏	❏
Bitte lassen Sie die Gegebenheiten an Ihrem jetzigen Standort für die Bearbeitung unberücksichtigt!	**14.2 Verkehrsverbindungen**	❏	❏	❏	❏
	- Autobahnanschluß	❏	❏	❏	❏
	- Schienenanbindung	❏	❏	❏	❏
	- Binnenschiffahrtanbindung	❏	❏	❏	❏
	- Lage zu Flughäfen	❏	❏	❏	❏
	- Fluganbindung innereuropäisch	❏	❏	❏	❏
	- Fluganbindung USA	❏	❏	❏	❏
	- Fluganbindung interkontinental (ohne USA)	❏	❏	❏	❏
	- Öffentlicher Personennahverkehr	❏	❏	❏	❏
	- sonstiges: _____	❏	❏	❏	❏
	14.3 Boden und Gebäude	❏	❏	❏	❏
	- Verfügbarkeit von Gewerbeflächen	❏	❏	❏	❏
	- Miet-, Pacht-, Kauf- und Baupreise	❏	❏	❏	❏
	- Verfügbarkeit von Prestigeadressen	❏	❏	❏	❏
	- sonstiges: _____	❏	❏	❏	❏
	14.4 Fühlungsvorteile	❏	❏	❏	❏
	- Nähe zu amerikanischen Betrieben	❏	❏	❏	❏
	- Nähe zu Betrieben Ihrer Branche	❏	❏	❏	❏
	- Nähe zu Zulieferbetrieben	❏	❏	❏	❏
	- Nähe zu unternehmensbezog. Dienstleistern	❏	❏	❏	❏
	- Nähe zu Forschungs-/Hochschuleinrichtungen	❏	❏	❏	❏
	- Nähe zu Ämtern und Behörden	❏	❏	❏	❏
	- Nähe zu Banken und Versicherungen	❏	❏	❏	❏
	- sonstiges: _____	❏	❏	❏	❏
	14.5 Arbeitsmarkt	❏	❏	❏	❏
	- Verfügbarkeit von un-/angelernten Arbeitskräften	❏	❏	❏	❏
	- Verfügbarkeit von qualifizierten Arbeitskräften	❏	❏	❏	❏
	- Verfügbarkeit von englischsprachigen Kräften	❏	❏	❏	❏
	- Regionales Lohnniveau	❏	❏	❏	❏
	- sonstiges: _____	❏	❏	❏	❏
	14.6 Allgemeine Versorgung	❏	❏	❏	❏
	- Wasser-, Energie- und Entsorgungskosten	❏	❏	❏	❏
	- Telekommunikationseinrichtungen	❏	❏	❏	❏
	- Telekommunikationskosten	❏	❏	❏	❏
	- sonstiges: _____	❏	❏	❏	❏
	14.7 Öffentliche Unterstützung	❏	❏	❏	❏
	- Behördenservice/-beratung	❏	❏	❏	❏
	- Grundstücksbeschaffungsunterstützung	❏	❏	❏	❏
	- Dauer von Genehmigungsverfahren	❏	❏	❏	❏
	- Regionale Steuern und Abgaben	❏	❏	❏	❏
	- sonstige überregionale Steuern	❏	❏	❏	❏
	14.8 Sonstige Faktoren	❏	❏	❏	❏
	- Nähe zu Repräsentanten der USA	❏	❏	❏	❏
	- Nähe zu anderen Bürgern der USA	❏	❏	❏	❏
	- Nähe zu englischsprachigen Schulen	❏	❏	❏	❏
	- sonstiges: _____	❏	❏	❏	❏

		a. zu Beginn	b. heute
		-2 -1 0 1 2	-2 -1 0 1 2

15. Bitte bewerten Sie abschließend Ihre konkrete Standortsituation:

a. zum Zeitpunkt der Investitionsentscheidung

b. zum heutigen Zeitpunkt

Bewertungsskala:
Wertung -2 = sehr negativ
bis
2 = sehr positiv

15.1 Absatz- und Beschaffungsmarkt ☐ ☐ ☐ ☐ ☐   ☐ ☐ ☐ ☐ ☐
- Lage zum Absatzmarkt ☐ ☐ ☐ ☐ ☐   ☐ ☐ ☐ ☐ ☐
- Lage zum Beschaffungsmarkt ☐ ☐ ☐ ☐ ☐   ☐ ☐ ☐ ☐ ☐
- Lage innerhalb der EU ☐ ☐ ☐ ☐ ☐   ☐ ☐ ☐ ☐ ☐
- Nähe zu Rohstoffen ☐ ☐ ☐ ☐ ☐   ☐ ☐ ☐ ☐ ☐
- Kaufkraft des Absatzmarktes ☐ ☐ ☐ ☐ ☐   ☐ ☐ ☐ ☐ ☐

15.2 Verkehrsverbindungen ☐ ☐ ☐ ☐ ☐   ☐ ☐ ☐ ☐ ☐
- Autobahnanschluß ☐ ☐ ☐ ☐ ☐   ☐ ☐ ☐ ☐ ☐
- Schienenanbindung ☐ ☐ ☐ ☐ ☐   ☐ ☐ ☐ ☐ ☐
- Binnenschiffahrtanbindung ☐ ☐ ☐ ☐ ☐   ☐ ☐ ☐ ☐ ☐
- Lage zu Flughäfen ☐ ☐ ☐ ☐ ☐   ☐ ☐ ☐ ☐ ☐
- Fluganbindung innereuropäisch ☐ ☐ ☐ ☐ ☐   ☐ ☐ ☐ ☐ ☐
- Fluganbindung USA ☐ ☐ ☐ ☐ ☐   ☐ ☐ ☐ ☐ ☐
- Fluganbindung interkont. (ohne USA) ☐ ☐ ☐ ☐ ☐   ☐ ☐ ☐ ☐ ☐
- Öffentlicher Personennahverkehr ☐ ☐ ☐ ☐ ☐   ☐ ☐ ☐ ☐ ☐
- sonstiges: _____ ☐ ☐ ☐ ☐ ☐   ☐ ☐ ☐ ☐ ☐

15.3 Boden und Gebäude ☐ ☐ ☐ ☐ ☐   ☐ ☐ ☐ ☐ ☐
- Verfügbarkeit von Gewerbeflächen ☐ ☐ ☐ ☐ ☐   ☐ ☐ ☐ ☐ ☐
- Miet-, Pacht-, Kauf- und Baupreise ☐ ☐ ☐ ☐ ☐   ☐ ☐ ☐ ☐ ☐
- Verfügbarkeit von Prestigeadressen ☐ ☐ ☐ ☐ ☐   ☐ ☐ ☐ ☐ ☐
- sonstiges: _____ ☐ ☐ ☐ ☐ ☐   ☐ ☐ ☐ ☐ ☐

15.4 Fühlungsvorteile ☐ ☐ ☐ ☐ ☐   ☐ ☐ ☐ ☐ ☐
- Nähe zu amerikanischen Betrieben ☐ ☐ ☐ ☐ ☐   ☐ ☐ ☐ ☐ ☐
- Nähe zu Betrieben Ihrer Branche ☐ ☐ ☐ ☐ ☐   ☐ ☐ ☐ ☐ ☐
- Nähe zu Zulieferbetrieben ☐ ☐ ☐ ☐ ☐   ☐ ☐ ☐ ☐ ☐
- Nähe zu untbezog. Dienstleistern ☐ ☐ ☐ ☐ ☐   ☐ ☐ ☐ ☐ ☐
- Nähe zu F- u. E-/Hochschul -einrichtgn ☐ ☐ ☐ ☐ ☐   ☐ ☐ ☐ ☐ ☐
- Nähe zu Ämtern und Behörden ☐ ☐ ☐ ☐ ☐   ☐ ☐ ☐ ☐ ☐
- Nähe zu Banken und Versicherungen ☐ ☐ ☐ ☐ ☐   ☐ ☐ ☐ ☐ ☐
- sonstiges: _____ ☐ ☐ ☐ ☐ ☐   ☐ ☐ ☐ ☐ ☐

15.5 Arbeitsmarkt ☐ ☐ ☐ ☐ ☐   ☐ ☐ ☐ ☐ ☐
- Verfügbarkeit von un-/angelernten Ak'n ☐ ☐ ☐ ☐ ☐   ☐ ☐ ☐ ☐ ☐
- Verfügbarkeit von qualifizierten Ak'n ☐ ☐ ☐ ☐ ☐   ☐ ☐ ☐ ☐ ☐
- Verfügbarkeit von engl. sprachigen Ak'n ☐ ☐ ☐ ☐ ☐   ☐ ☐ ☐ ☐ ☐
- Regionales Lohnniveau ☐ ☐ ☐ ☐ ☐   ☐ ☐ ☐ ☐ ☐
- sonstiges: _____ ☐ ☐ ☐ ☐ ☐   ☐ ☐ ☐ ☐ ☐

15.6 Allgemeine Versorgung ☐ ☐ ☐ ☐ ☐   ☐ ☐ ☐ ☐ ☐
- Wasser-, Energie- und Entsorg.kosten ☐ ☐ ☐ ☐ ☐   ☐ ☐ ☐ ☐ ☐
- Telekommunikationseinrichtungen ☐ ☐ ☐ ☐ ☐   ☐ ☐ ☐ ☐ ☐
- Telekommunikationskosten ☐ ☐ ☐ ☐ ☐   ☐ ☐ ☐ ☐ ☐

15.7 Öffentliche Unterstützung ☐ ☐ ☐ ☐ ☐   ☐ ☐ ☐ ☐ ☐
- Behördenservice/-beratung ☐ ☐ ☐ ☐ ☐   ☐ ☐ ☐ ☐ ☐
- Grundstücksbeschaffungsunterstützung ☐ ☐ ☐ ☐ ☐   ☐ ☐ ☐ ☐ ☐
- Dauer von Genehmigungsverfahren ☐ ☐ ☐ ☐ ☐   ☐ ☐ ☐ ☐ ☐
- Regionale Steuern und Abgaben ☐ ☐ ☐ ☐ ☐   ☐ ☐ ☐ ☐ ☐
- sonstige überregionale Steuern ☐ ☐ ☐ ☐ ☐   ☐ ☐ ☐ ☐ ☐

15.8 Sonstige Faktoren ☐ ☐ ☐ ☐ ☐   ☐ ☐ ☐ ☐ ☐
- Nähe zu Repräsentanten der USA ☐ ☐ ☐ ☐ ☐   ☐ ☐ ☐ ☐ ☐
- Nähe zu anderen Bürgern der USA ☐ ☐ ☐ ☐ ☐   ☐ ☐ ☐ ☐ ☐
- Nähe zu englischsprachigen Schulen ☐ ☐ ☐ ☐ ☐   ☐ ☐ ☐ ☐ ☐
- sonstiges: _____ ☐ ☐ ☐ ☐ ☐   ☐ ☐ ☐ ☐ ☐

Herzlichen Dank für Ihre Mitarbeit!

KÖLNER FORSCHUNGEN
ZUR WIRTSCHAFTS- UND SOZIALGEOGAPHIE

HERAUSGEGEBEN VON ERICH OTREMBA († 1984),
EWALD GLÄSSER UND GÖTZ VOPPEL

SCHRIFTLEITUNG: JOCHEN LEGEWIE

Ab Band XXIII im Selbstverlag des Wirtschafts-und Sozialgeographischen Instituts der Universität zu Köln

Bd. XXIII	Ulrich auf der Heide: Städtetypen und Städtevergesellschaftungen im rheinisch-westfälischen Raum. 1977. 294 Seiten, 2 Karten, brosch. (vergriffen)	DM 23,--
Bd. XXIV	Lutz Fehling: Die Eisenerzwirtschaft Australiens. 1977. 234 Seiten, 46 Tab., 37 Abb., brosch.	DM 19,--
Bd. XXV	Ewald Gläßer und Hartwig Arndt: Struktur und neuzeitliche Entwicklung der linksrheinischen Bördensiedlungen im Tagebaubereich Hambach unter besonderer Berücksichtigung der Ortschaft Lich-Steinstraß. 1978. 93 Seiten, 10 Tab., 10 Abb., 2 Fig., brosch.	DM 16,--
Bd. XXVI	Hartwig Arndt: Sozio-ökonomische Wandlungen im Agrarwirtschaftsraum der Jülich-Zülpicher Börde. 1980. 284 Seiten, 19 Tab., 17 Abb., 16 Karten, brosch.	DM 22,--
Bd. XXVII	Werner Richter: Jüdische Agrarkolonisation in Südpalästina (Südisrael) im 20. Jahrhundert. 1980. 157 Seiten, 5 Tab., 17 Abb., davon 1 Karte, 9 Luftbilder, 5 Bilder, brosch.	DM 21,--
Bd. XXVIII	Karl Ferdinand: Düren, Euskirchen, Zülpich - drei Städte am Nordostrand der Eifel, ihre Entwicklung von 1945 bis zur Gegenwart. 1981. 273 Seiten, 72 Tab., 6 Abb., 10 Karten, brosch.	DM 17,--
Bd. XXIX	Eike W. Schamp: Persistenz der Industrie im Mittelgebirge am Beispiel des märkischen Sauerlandes. 1981. 138 Seiten, 36 Tab., 17 Abb., brosch.	DM 18,--

Bd. XXX   Ewald Gläßer und Klaus Vossen
               unter Mitarbeit von H. Arndt und A. Schnütgen:
               Die Kiessandwirtschaft im Raum Köln. Ein Beitrag zur Roh-
               stoffproblematik. 1982. 122 Seiten, 27 Tab., 14 Abb., brosch.   DM 18,--

Bd. XXXI   Klaus Vossen:
               Die Kiessandwirtschaft Nordwesteuropas unter Berücksichtigung
               der Rohstoffsicherung und deren Anwendung in Raumordnungs-
               plänen. 1984. 250 Seiten, 41 Tab., 35 Abb., brosch.   DM 20,--

Bd. XXXII   Horst Brandenburg:
               Standorte von Shopping-Centern und Verbrauchermärkten im
               Kölner Raum - Entwicklung und Auswirkungen auf das Einzel-
               handelsgefüge. 1985. 345 Seiten, 146 Tab., 5 Abb., 26 Karten,
               brosch.   DM 38,--

Bd. XXXIII   Johann Schwackenberg:
               Die Fischwirtschaft im Norwegischen Vestland - Sozio-öko-
               nomische Strukturen und Entwicklungen in einer traditionellen
               Fischereiregion. 1985. 344 Seiten, 63 Tab., 16 Fotos, 48 Abb.,
               brosch.   DM 28,--

Bd. XXXIV   Ottar Holm:
               Die öl- und gaswirtschaftliche Entwicklung Norwegens und ihre
               Auswirkungen auf die sozio-ökonomische Struktur der west-
               lichen Landesteile. 1988. 339 Seiten, 19 Tab., 42 Abb., brosch.   DM 28,--

Bd. XXXV   Wirtschaftsgeographische Entwicklungen in Köln. 1988.
               178 Seiten, 14 Tab., 27 Abb., brosch.   DM 22,--

Bd. XXXVI   Ewald Gläßer:
               Etzweiler, Manheim und Morschenich. Eine sozio-ökonomische
               Analyse rheinischer Bördensiedlungen im Tagebaubereich
               Hambach I. 1989. 72 Seiten, 17 Tab., 12 Abb., 3 Luftbilder,
               brosch.   DM 18,--

Bd. XXXVII   Jörg Sieweck:
               Die Wirtschaftsbeziehungen zwischen der Bundesrepublik
               Deutschland und Nordeuropa unter besonderer Berücksichtigung
               der wirtschaftsgeographischen Verflechtungen. 1989. 314 Seiten,
               10 Tab., 39 Abb., 16 Karten, brosch.   DM 27,--

Bd. XXXVIII   Mechthild Scholl
               Telekommunikationsmittel als Entscheidungskomponente
               betrieblicher Standortwahl. 1990. 240 Seiten, 47 Abb. brosch.   DM 25,--

Bd. XXXIX   Thomas Stelzer-Rothe:
            Standortbewährung und Raumwirkung junger Industriegründungen
            unter besonderer Berücksichtigung des Raumpotentials - dargestellt
            an den Beispielen Brunsbüttel, Stade und Wolfsburg. 1990.
            337 Seiten, 143 Abb., 8 Tab., brosch.   DM 28,--

Bd. XL   Susanne Eichholz:
            Wirtschaftlicher Strukturwandel im Siegerland seit 1950.
            1993. 350 Seiten, 69 Tab., 38 Abb., brosch.   DM 30,--

Bd. 41   Götz Voppel:
            Standortanalyse im Gewerbegebiet Köln-Braunsfeld/Ehrenfeld.
            1993. 118 Seiten, 18/3 Tab., 32/5 Abb., 2 Karten, brosch.   DM 20,--

Bd. 42   Bernard Achiula:
            Rückkehr zu traditionellen Formen? Zur Umweltverträglichkeit von
            Anbau- und Siedlungsformen der Landbewohner im semiariden
            tansanischen Hochland. 1993. 205 Seiten, 17 Tab., 8 Abb.,
            2 Luftbilder, brosch.   DM 23,--

Bd. 43   Margrit Keßler-Lehmann:
            Die Kunststadt Köln - von der Raumwirksamkeit der Kunst in
            einer Stadt. 1993. 356 Seiten, 8 Tab., 11 Abb., brosch.   DM 30,--
            (vergriffen)

Bd. 44   Ewald Gläßer (Hrsg.):
            Wirtschaftsgeographische Entwicklungen in Nordrhein-Westfalen.
            1995. 231 Seiten, 30 Tab., 30 Abb., brosch.   DM 26,--

Bd. 45   Alexander Fuchs:
            Lösungsansätze für den Konflikt zwischen Ökonomie und
            Ökologie im tropischen und subtropischen Regenwald am
            Beispiel der Mata Atlântica Brasiliens. 1996. 294 Seiten,
            31 Tab., 25 Abb., brosch.   DM 48,--

Bd. 46   Jochen Legewie:
            Industrie und Gütertransport in Japan - Veränderungen der
            Unternehmungslogistik seit Mitte der siebziger Jahre. 1996.
            210 Seiten. 23 Tab., 43 Abb., brosch.   DM 42,--

Bd. 47   Axel Stirl:
            Entwicklung und Bestimmungsgründe der Direktinvestitionen
            der Vereinigten Staaten von Amerika in Nordrhein-Westfalen.
            1996. 210 Seiten. 21 Tab., 36 Abb., brosch.   DM 42,--